通向繁荣之路

THE ROAD TO PROSPERITY

经济学家为什么争论

Why Economists Argue

王东京 著

中国财经出版传媒集团
中国财政经济出版社

图书在版编目（CIP）数据

通向繁荣之路：经济学家为什么争论 / 王东京著.
-- 北京：中国财政经济出版社，2024.6

ISBN 978-7-5223-3199-7

Ⅰ.①通… Ⅱ.①王… Ⅲ.①经济学－Ⅳ.①F0

中国国家版本馆CIP数据核字（2024）第110482号

责任编辑：蔡丽兰　郁东敏　　　责任校对：胡永立
封面设计：今亮后声　　　责任印制：党　辉

通向繁荣之路：经济学家为什么争论
TONGXIANG FANRONG ZHILU: JINGJI XUEJIA WEISHENME ZHENGLUN

中国财政经济出版社 出版

URL：http://www.cfeph.cn

E-mail：cfeph@cfemg.cn

社址：北京市海淀区阜成路甲28号　邮政编码：100142

营销中心电话：010-88191522

天猫网店：中国财政经济出版社旗舰店

网址：https://zgczjjcbs.tmall.com

北京中科印刷有限公司印刷　各地新华书店经销

成品尺寸：145mm×210mm　32开　13.75印张　251 680字

2024年6月第1版　2024年6月北京第1次印刷

定价：68.00元

ISBN　978-7-5223-3199-7

（图书出现印装问题，本社负责调换，电话：010-88190548）

本社图书质量投诉电话：010-88190744

打击盗版举报热线：010-88191661　QQ：2242791300

序　言

罗伯特·卢卡斯1995年获得诺贝尔经济学奖后，评奖委员会主席魏林评论说："卢卡斯已使20世纪70年代前的大部分经济理论站不住脚。"而此前美国著名经济学家艾克纳也公开宣称："经济学的某些重要命题，还不能用事实证实。"

他们这样说，让我有一种恍然大悟之感。实不相瞒，我在大学求学时期，就注意到不少经济理论存在相互踩脚的现象。而且有些历史上曾经轰动一时的理论，后来却被事实证明错了；有些当初被人们视为异端邪说的理论，站在今天看却又是对的。当时我很年轻，不明白为何会这样，也没去刨根问底。

于今回想，自己求学时对经典著作未做深入思考，应该还有一个原因。那时候，老师要求学生背经典，考试也考经典，为了通过考试，同学读书大多是囫囵吞枣、不求甚解。我也如此，明知有些理论相互打架，也只是认为自己愚蠢，理解不透彻，而不会怀疑那些鼎鼎大名的经济学家。

1992年初我到中央党校任教，给高中级干部讲授经济学，每堂课安排半小时的“对话交流”。自己饱读经典，本以为能够应对自如。可想不到，学员的提问却时常令我汗流浃背，回答不清楚。我这才发现，自己在大学读了十年经济学，原来只是一知半解。知耻而后勇，于是我下决心补课，重读经典。

不再为考试读书，那次我花了两年多时间，不仅读得安心，也读得用心。功夫不负有心人。之前我脑子里的诸多疑惑，一个个有了答案；对两百多年来经济学家为什么争论，也似乎找到了答案。后来我将读书笔记整理成《领读经济学名著》一书出版，迄今已再版多次。

某些经济理论为何打架？我现在可以解释。经济学原理大致可分两类：一类是根据一定时期的经验事实，用归纳法提炼的理论。这类理论一般称为“经济学定律”。要知道，任何一条经济学定律，皆要受特定“时空条件”的约束。若时过境迁，约束条件改变，之前的定律也就不再成立了。

所以在我看来，今天的经济学者批评前人的理论（定律），大多并非理论（定律）本身错了，而是现在的“时空条件”变了。这也同时提醒我们，在借鉴前人理论（定律）解决现实问题时，务必留意“时空条件”是否相同，切不可照葫芦画瓢、简单照搬。“时空条件”差之毫厘，推理往往失之千里。

第二类理论原理，是根据特定假设前提，用演绎逻辑推导的理论命题（假言判断），经济学家通常称之为“定理”。与定律不同，定理不受“时空条件”约束，但假设与推论之间必须存在真实的因果关系。否则，定理很容易被质疑，甚至被推翻。

回溯经济学说史，以往经济学家针对某些“定理”的争论，焦点也的确集中在两方面：一是“假设与推论”之间的逻辑是否严谨，若不存在内在的因果关系，该定理则不成立；二是假设与推论是否皆是可以观察的事实。若非事实，便无法用事实验证。而不能用事实证实的理论，人们怎可能轻易相信呢？

自亚当·斯密1776年出版《国富论》以来，历代经济学家围绕“国家致富”作了大量探索。摆在读者面前的这本书，不是系统讲原理，而是讨论经典作家存在争议的某些观点，并提出我的质疑与补正。要特别说明的是，我的分析只是一己之见，希望对，但不一定对，权当抛砖引玉，供读者参考吧。

王东京

二〇二四年四月十日

于北京大有庄

目　录

政府与市场

增长与发展

经济均衡与就业

财政与金融

产权与价格

产业组织与规模经济

公平与效率

国际分工与贸易

公理性假设与研究方法

政府与市场

经济学家米塞斯1920年发表《社会主义国家的经济计算》一文，指出资源不可能通过"计划"优化配置。此观点遭到了兰格等人的批评，哈耶克是米塞斯的坚定捍卫者，宣称计划经济是"通往奴役之路"。

20世纪30年代西方发生经济大萧条，让人们开始对市场进行反思。1936年，凯恩斯的《就业、利息和货币通论》出版，更是彻底动摇了人们的"市场信念"，很少再有人相信"市场万能"的神话。

卢卡斯指出：市场比任何计划模型都聪明，政府不必对经济进行干预。政府的任务，就是制定一些相对稳定的政策规则，为经济活动提供一个稳定的环境，消除"人人预防，人人自保"的信任危机。

无形之手与有形之手

关于政府与市场的关系，亚当·斯密有个非常形象的比喻。他说，资源配置有两只手：一只是看不见的市场无形之手；另一只是看得见的政府有形之手。斯密还强调：资源配置应首先让看不见的手进行基础性调节，发挥主导作用；而只有在市场覆盖不到的地方，政府才可拾遗补缺，发挥看得见的手的作用。

亚当·斯密虽讲得清楚，然而到20世纪30年代，经济学界围绕计划与市场的关系发生了一场国际性的大论战。当苏联建成第一个计划经济体后，许多学者为计划经济大唱赞歌，也有学者极力反对。奥地利经济学家米塞斯1920年发表了《社会主义国家的经济计算》一文，他指出，资源不可能通过“计划”优化配置。此观点后来遭到兰格等人的批评，哈耶克却是米塞斯的坚定捍卫者，并直言不讳地宣称：计划经济是通往奴役之路。

1937年是一个重要节点，该年科斯发表了那篇大名鼎鼎的《企业的性质》，其分析独具匠心。科斯说：资源配置在企业内部是计划；在企业外部是市场。于是科斯问：如果计划一定比市场有效，企业就会无限制地扩大，可为何地球上不见有哪家企业扩张成一个国家呢？相反，若市场一定比计划有效，那么企业就不应该存在，可人类社会为何会有企业出现？

由此科斯得出结论：计划与市场各有所长，不能相互替代。两者的分工，决定于交易费用的高低。

“交易费用”人们耳熟能详，无需我解释。科斯的意思是，资源配置用“计划”还是用“市场”，就看何者交易费用更低。若计划配置比市场配置交易费用低，就用计划配置；否则就由市场配置。

逻辑上，科斯这样讲肯定没有错。可困难在于，交易费用的高低，是事后才能知道的结果，事前人们很难预知用计划或市场配置资源何者交易费用更低。既如此，又如何在两者间作选择呢？

猛然一听，此问题确实有些棘手。不过仔细想，我们对交易费用其实并非全然无知。至少有一点可以肯定，但凡市场失灵的领域，计划配置的交易费用就要比市场配置低。比如“公共品”的提供，由于公共品消费不排他（你享用不妨碍我享用），供求规律起不了作用。此时公共品若由市场配置，交易费用会远比计划配置高。

为便于读者理解，让我举灯塔的例子解释。

灯塔属典型的公共品，灯塔若由市场配置会有两个困难：一是难以定价。由于灯塔消费不排他，且不论多少人同时享用，也不改变建造灯塔的成本，因此市场无法给灯塔提供的“服务”定价。另一个困难，也是由于灯塔消费不排他，过往船只中谁享用或谁没享用灯塔服务无法辨别，于是给灯塔主人收费造成了困难，若强行收费，势必引发冲突。

由此见，无论是服务定价还是收费，由市场配置灯塔皆会产生额外的交易费用，这也是古今中外灯塔要由政府提供的原因。

与灯塔类似，诸如国家安全、社会公正、助弱扶贫等也都具有公共品属性，为节省交易费用，此类项目也应该由政府提供（配置）。中央之所以强调“更好地发挥政府作用”，我理解，就是指政府在上述领域应当仁不让，承担起自己的职责。

是的，公共品（服务）不同于一般竞争品，它只能由政府提供。反过来，非公共品即一般竞争性资源的配置，就应交给市场，政府必须走开。当然，这并不是说市场配置无交易费用。交易费用仍然有，但相对政府配置会低很多。想想从前的计划分房，曾引发出多少矛盾冲突？今天何以用货币购房取代计划分房，重要一点，就是过去计划分房的交易费用太高。

写到这里，我想到了近年来中央的一个提法："让市场在资源配置中起决定性作用。"何为"决定性作用"？对此学界有多种解释，而我认为有三个重点。第一个重点是让供求决定价格。价格是市场信号，价格若不由供求决定，市场信号不反映供求，则资源配置必方寸大乱。令人遗憾的是，至今却仍有人坚持政府要管价格，认为不如此就无法照顾穷人。其实，政府照顾穷人可给穷人补贴，大可不必管价格。管价格的结果只会适得其反，令短缺商品更短缺。

我认为的第二个重点，是由价格调节供求。事实上，价格调节供求的过程，就是结构调整的过程。如某商品价格上涨，表明供应短缺，受价格指引企业会多生产；某商品价格下跌表明供给过剩，企业会少生产。这样看，生产什么或生产多少要由企业做主，政府不能指手画脚。要知道，政府并不知未来怎样的结构是好结构，官员也不会比企业家更懂得市场需求。

另外再一个重点，是推动生产要素市场的全方位开放。让价格引导资源配置，前提是允许生产要素自由流动。试想，假若要素市场被固化，资本不能在行业间自由转移，价格何以引导资源配置？倘如此，"让市场在资源配置中起决定性作用"岂不是一句空话？

近几年中央三令五申，企业也纷纷要求放宽行业准入限制，遗憾的是至今并未完全落实到位。我的观点：政府与其反复发红头文件，还不如“立法”规定，今后除了国家安全与自然垄断行业外，其他行业，无论国企还是民企进入一律无需行政审批。

企业为什么存在

企业为什么存在？在大多经济学者看来，科斯1937年发表的《企业的性质》一文已经为这个问题画上了句号，无需再讨论。科斯的这篇大作我读过无数遍，关于企业边界（计划与市场的边界）的分析让人醍醐灌顶。1991年，他因在交易成本和产权理论研究方面的贡献获得诺贝尔经济学奖，是实至名归。

科斯在经济学界大名鼎鼎，既然他画了句号，我这里为何要旧话重提？说实话，我认为科斯只是解释了企业与市场的边界为何由交易成本决定，并未说清为何会有企业存在。事实上，交易成本只能决定企业配置资源的规模；而企业的出现，并非因为市场有交易成本。读者可以自己作验证，你随便去找一位企业家，问他当初为何办企业，十之八九不会说“为了节省交易成本”，你信不信？

在科斯的文章发表前，对企业的存在，经济学家有过多种解释。经济学鼻祖亚当·斯密是从分工的角度分析，著名例子是制针。他说，制针共有18道工序，如果没有分工，让一个人独立完成，一天难以制成一枚针，而通过分工协作，一天可制出4800枚。后来经济学家厄舍据此得出结论说：企业是为了取得分工的收益而存在。

与斯密不同，美国经济学家奈特则用“不确定性”解释。他说，经济活动通常需要协作，而协作一方面要有人作为管理者负责指挥，同时也要有人将自己置于管理者的指挥之下。问题是，谁来做管理者？奈特解释，由于市场存在不确定性，管理者只能是那些对市场变化具有特殊判断力（专门知识）的人。当管理者与被管理者建立起某种组织联系时，就出现了企业。

科斯也不赞成斯密的解释。一方面，他同意分工能提高效率，但认为分工并非企业存在的理由。他指出：实现分工的收益不一定需要建立企业（一体化），也可以通过市场交易实现。比如有A、B两人分工，A专门纺纱，B专门织布，然后A可将纱锭拿到市场出卖，B则从市场购买纱锭，这样通过市场交换，A、B分工的收益皆能实现，没必要成立企业。于是科斯推断说，若A、B组成企业，一定是企业替代市场的交易成本更低。

同时，科斯对奈特的论证也提出了质疑。科斯承认市场存在不确定性，也不否认需要有人对市场变化作预判，可他认为这并不意味着有判断力的人就得亲自进入企业，他们可以通过出卖自己的“建议”取得收入。科斯还说，企业的存在其实与不确定性无关，在不存在不确定性时也需要指挥，而有判断力的指挥者之所以进入企业，是因为在市场出卖“建议”（指挥）的交易成本高。

科斯不同意斯密和奈特的观点，而我也不完全同意科斯的分析。那么企业到底为何存在呢？回答此问题，我认为需要说清楚三点：第一，要素所有者组建企业的动机是什么；第二，要素所有者中谁会是企业家；第三，企业规模由何决定。只有将上面三点讲明白，才算真正从学理层面解释了企业的存在。

先说企业形成的动机。有一点可以肯定，要素所有者同意组建企业，他们一定有共同的目标，否则不会同意合作。这个共同目标是什么呢？我认为不是科斯所说的节约交易成本，而是追求规模经济收益（即通过扩大产量增加收益）。我曾说过，经济学的资源稀缺假设是指人的生命有限，要素所有者要在有限时间里争取自己的最大化收益，就必须实行要素整合。只有将要素整合成企业，才可能扩大产量，取得规模经济收益。

这样就带出了第二点，要素一旦整合就要有企业家指挥，那么谁是企业家？奈特认为，由于市场存在不确定性，具有市场判断力（知识）的人会成为企业家。这看法显然不对。我的看法，在资本、劳动力、技术等要素中，何种要素更稀缺，该要素的所有者就是企业家。若资本更稀缺，则资本雇佣劳动，资本所有者成为企业家；若技术更稀缺，则技术雇佣资本，技术所有者是企业家。

再说第三点：有了企业和企业家，企业规模由何决定？有两种说法：通常的解释，最佳规模是由边际收益等于边际成本所决定的产量；而科斯却说是由企业配置资源与市场配置资源的交易成本决定。到底哪一种说法对？我认为两种说法都对。要知道，科斯讲的企业规模不是指产量，而是指企业配置资源的规模。资源规模与产量不是一回事，前者由交易成本决定，后者由边际收益等于边际成本决定。

回到操作层面，最后说说讨论这个问题有何启示。我认为对创业者有三点提醒。

首先，创业要选准投资方向。前面分析过，企业形成的动机是追求规模经济收益，但取得规模经济收益有个前提，那就是产品有需求。若某产品已经过剩，再增加投资无疑会雪上加霜。产品卖不出，怎可能取得规模经济收益？故对创业者来说，选准投资方向是第一要务，否则选错方向，必满盘皆输。

其次，创业者要有要素整合能力。若有读者准备创业，你不妨扪心自问：你是否拥有相对稀缺的生产要素？目前资本与创新性技术相对稀缺，如果你拥有资本或创新性技术，当然可以创立企业。但若你既无资本也无创新性技术，你凭啥整合别人的生产要素？别人也不傻，你想空手套白狼也许能得逞一时，但不可能长久，更不可能成为企业家。

再次，创业的重点是将企业做优做强。一般地讲，企业可通过扩大产量取得规模经济收益，但规模并不是越大越好。企业最佳产量由边际收益等于边际成本决定。如果生产一旦超过最佳产量，边际收益会小于边际成本，规模经济收益反而会递减。由此给我们的启示是，创业并不是一味将企业做大，不必盲目扩张。

市场为何失灵

亚当·斯密1776年出版《国富论》后的一百多年里，经济学者对自由市场一直推崇备至。不承想，20世纪初地球上出现了第一个计划经济体，跟着30年代西方又发生了经济大萧条，这两件事不得不让人们对市场进行反思。而1936年，凯恩斯《就业、利息和货币通论》的出版，更是彻底动摇了人们的“市场信念”，很少再有人相信“市场万能”的神话。

市场并非万能，这一点今天大多经济学家都认可。目前大家的分歧，是市场为何会失灵。我看到的权威教科书有三点解释：一是信息不充分；二是经济活动有外部性；三是社会需要提供公共品（服务）。实话说，我不完全同意以上解释，至少我认为信息不充分与外部性不是市场失灵的原因，公共品会令市场失灵，但除了公共品，市场失灵还另有更深层的原因。

在我看来，以往经济学者大费周章地证明市场失灵，无非是想说明政府不可或缺，可以弥补市场缺陷。也正因如此，我不赞成将信息不充分作为市场失灵的原因。理由简单，因为信息不充分政府也会失灵。我是经历过计划经济的，大学时期总听教授讲“计划经济是全国一盘棋”，可那时的重复建设却触目惊心。何故？请教过教授，教授说是由于政府信息不充分。

这就是了，信息不充分政府也失灵，我们怎能指望政府为市场纠错呢？事实上，在信息不充分的情况下，资源由市场配置比计划配置的代价要小得多。恰恰是由于信息不充分，资源才需要通过市场配置。若信息是充分（或者对称）的，资源就可由政府配置，用不着市场。从这个角度看，我们不能把市场失灵归咎于信息不充分。

再看经济的外部性。许多经济活动会有外部性，比如造纸工厂排放废水、废气给周边造成污染。问题是，经济有负外部性市场就一定失灵么？在20世纪60年代之前，经济学家大多是这样看，其中最具代表性的经济学家是庇古，他对解决负外部性问题提出的方案是，先由政府向排污企业征税，然后补偿给居民。此主张曾一度成为西方政府解决负外部性问题的经典方案。

当然也有学者不赞成庇古。1960年，科斯发表了《社会成本问题》一文，他在该文中指出，只要产权能够明确界定，市场就能解决负外部性问题。以上面的企业污染为例，科斯说：政府若对企业的排放权予以限制，或者明确赋予企业排放权，通过“排放权交易”一样可解决污染问题，市场不会失灵。

让我们再看第三个原因，即公共品。经济学说，公共品有两个显著特点：一是消费不排他，二是公共品的消费增加而成本却不增加。灯塔是典型的公共品，1848年穆勒在他的《政治经济学原理》一书中就是以灯塔为例解释市场失灵。他写道：“虽然海中船只都能从灯塔的指引中获益，但要向他们收费却办不到。除非政府强制收税，否则灯塔会因无利可图而无人建造。”

穆勒之后，公共品会导致市场失灵已成共识。可1974年科斯针对穆勒发表了《经济学的灯塔》，于是争论再起。科斯说，只要授权灯塔提供者可以向过往船只收费，市场就会有人提供灯塔。不过他的这一观点并未得到学界认同。萨缪尔森曾坦言，即便给灯塔提供者授权，收费也照样困难：由于对灯塔消费增加而成本不增加，灯塔服务无法定价；同时，由于消费不排他，对过往船只是否消费了灯塔难以判别，因而也无法收费。

萨缪尔森的分析是对的。想深一层，政府若授权灯塔提供者收费，可正如萨缪尔森所说，灯塔服务没有边际成本，怎么保证灯塔提供者不漫天要价？此其一；其二，退一步讲，即使灯塔服务能够合理定价，但如果有船主说他凭借经验就可安全通行，用不着看灯塔，灯塔提供者凭啥向他收费？这样看，有公共品存在市场必失灵无疑。

前面我说，市场失灵不单因为存在公共品，除了公共品还有更深层的原因。这原因是什么呢？我认为是市场的分配机制。这并非我的新发现，当年马克思在分析资本积累趋势时就讲过。马克思说，资本主义市场分配呈现为两极：一极是财富积累；一极是贫困积累。而且马克思断定，这种两极分化的结果必发展为阶级冲突，最后剥夺者要被剥夺。读者想想，这不是市场失灵是什么？

也许有人会说，马克思分析的是资本主义的市场分配，社会主义的市场分配不会两极分化。我可不赞成这看法。众所周知，市场分配的基本规则是“按要素分配”，只要要素占有或人们的禀赋存在差别，收入分配就一定会出现差距，若差距过大就一定会产生社会矛盾。这是说，社会主义与资本主义的不同并不在于市场会否失灵，而在于政府能否主动调节并缩小收入差距。

将市场分配形成的过大收入差距看作市场失灵，理论上不应该错。中国政府之所以高度重视扶贫，目的其实就是调节收入差距，弥补市场分配机制的缺陷。有一个事实值得我们思考，以往计划经济时期人们的收入差距并不大，可为何搞市场经济后收入差距就拉大了？原因有多方面，但主要是与市场分配机制有关。

最后顺便说政府职能。市场失灵需要政府发挥作用，政府的作用为何？弗里德曼讲有四项：国家安全、社会公正、公共品与助弱扶贫。若从弥补市场失灵看，我认为政府的职能只有两个：前三项为公共服务；第四项为调节分配。简言之：政府的作用一是提供公共服务，二是调节收入差距。

“合成谬误”不是市场失灵

经济学家研究发现，现实世界存在大量事与愿违的现象：从局部看，人们的某种行为是对的，而加总起来的结果却是错的。萨缪尔森称此现象为“合成谬误”。无独有偶，奥尔森在1965年出版的《集体行动的逻辑》一书中也提出过类似的论断：“个人理性行为往往无法产生集体理性的结果。”此判断学界简称“奥尔森困境”。

不能否认，“合成谬误”的确客观存在。美国学者哈丁提出的“公地悲剧”便是典型的例子：假设有一个牧场，对某个牧民来说，养羊越多，赚钱会越多。可当所有牧民都争着多养羊，结果导致草场退化，最后谁也无法养羊。再一个例子，从单个农场主看，粮食增产，他可以增收；但若全球粮食都增产，粮食供过于求，导致粮价下跌，反而会增产不增收。

这样的例子多，举不胜举。而我们在这里要讨论两个问题：第一，应该怎样看待“合成谬误”？第二，应该怎样处理“合成谬误”？我的观点，“合成谬误”并非市场失误，而是供求规律作用的必然结果。或者说，“合成谬误”本身就是经济规律，规律只能利用，不可能改变。

我曾多次说过，对经济学概念不可望文生义。比如“价格歧视”一词并无贬义，却容易让人想到“不公平对待”。“合成谬误”也如此，明明是经济规律，却让人以为是某种需要纠正的错误。说来也难怪，萨缪尔森当年提出“合成谬误”，目的是要证明市场失灵，需要政府干预。今天凯恩斯主义者力主国家干预，也正是基于“合成谬误”这一假设。

应当追问的是，“合成谬误”真的会导致市场失灵么？我认为不会。相反，“合成谬误”恰恰证明了市场有效。读者不要误会，我不否认市场有可能失灵，在国家安全、社会公正、公共服务等领域，市场会失灵。但不能说“合成谬误”也是市场失灵。理由很简单，若不存在“合成谬误”，供求规律就无法起作用。

经济学讲得清楚，供求规律有两层含义：一是供求决定价格，二是价格调节供求。举个例子：若所有纺织厂都扩大生产，产品一旦供过于求，价格会下跌，企业会减少生产；若企业都减少生产，产品慢慢供不应求，价格上升，于是企业会增加生产。显然，这个过程正是市场价格机制引导资源配置的过程，怎能说是市场失灵呢？

人们将“合成谬误”视为市场失灵，据说理由是产品过剩会造成资源浪费。这种看法其实是一种误解。不错，产品长期滞销是资源浪费，却与“合成谬误”无关。按照经济学逻辑，价格若由市场供求决定，产品供过于求价格会下降，只要价格足够低，最后市场必能出清。由此推理，如果某个企业产品长期积压，造成了资源浪费，一定是企业未按供求规律定价。

转谈第二个问题吧——“合成谬误”应该怎样处理？事实上，“合成谬误”可分为“市场主导”与“政府主导”两种类型。上文提到的“公地悲剧”与纺织品供过于求，显然属于第一种类型。对市场型“合成谬误”，我认为应交给市场调节，政府只需做三件事：一是界定产权，二是让企业自负盈亏，三是照顾低收入者。只要做到这三条，其他政府不用管。

设想一下，牧民在草场养羊，假若牧场产权有明确界定，就不会发生“公地悲剧”。同理，纺织品供过于求，若企业是自负盈亏的市场主体，纺织品会降价出清。可令人奇怪的是，前些年国内有些企业产品大量压库却不降价，甚至成为“僵尸企业”也不肯破产倒闭。你知道为什么？经济学的解释是，此类企业并非真正的市场主体，背后有政府财政给予它们补贴。

对政府主导类“合成谬误”的处理，关键是要明确政府作用的边界。前面说过，在国家安全、社会公平、公共服务等领域市场会失灵，所以在以上领域，政府就应主动发挥作用。比如某地发生地震灾害后，食品、服装、帐篷等严重短缺，若由市场自发调节，价格飙升会危及社会稳定。在此情况下，政府不仅可通过行政调拨增加供应，对价格也可以直接管制。

但要指出的是，政府调节也可能导致“合成谬误”。有前车之鉴。20世纪末，国内一度出现卖粮难，为避免谷贱伤农，当时就有地方政府出面调结构：有的要求农民将耕地改为水塘养鱼，有的则要求农民大面积种蔬菜，结果鱼和蔬菜严重供过于求，价格大跌。有农民抱怨说，政府调结构是“你调我调大家调，调来调去卖不掉”。

问题就在这里，既然政府调节也存在“合成谬误”，我们怎能靠政府去纠正市场的“合成谬误”呢？从逻辑上讲，政府主导调结构，至少应具备三个前提：政府要能提前预知怎样的结构在未来是合理的结构；政府官员要比企业家更懂市场；行政手段要比市场手段更有效。可当市场在完全竞争条件下，这三个前提并不成立，这就决定了政府不宜主导调结构。

写到这里，最后我要再说一遍：“合成谬误”并不是市场失误，也不能说是市场失灵，它本身是客观经济规律。规律不可能改变，即便要照顾穷人，政府也只能利用规律，绝不可违背规律。

市场允许“搭便车”吗

“搭便车”理论最早是由美国经济学家奥尔森在《集体行动的逻辑》中提出的，不过也有学者认为首提者不是奥尔森。其实，由谁最早提出不重要，重要的是“搭便车”到底是不是科学的理论。

查阅文献，我发现经济学者对“搭便车”现象有不同的解释，不过含义大同小异。大致是说：有人未支付成本，却获得了由他人支付的成本所带来的收益；或者是支付较少的成本，获得了与自己的支付成本不对称的更多收益。而这种“搭便车”现象的存在，往往导致市场失灵。

读者也可将“搭便车”理解为“坐享其成”，虽不完全准确，但意思差不多。

真实世界里真有“搭便车”这回事么？从研究经济规律的角度看，我认为市场经济不可能允许这种现象存在，可不少经济学家却认为存在。下面是学者证明存在“搭便车”现象常举的例子，让我择要列举。

案例一：某交通路口由于没有红绿灯，交通十分拥堵。现在已知安装红绿灯的成本为5万元，一年有1万辆车通过。这样，假设车主每人肯出5元钱，便可安上红绿灯，而安上红绿灯后每个车主皆可节省10元堵车成本。显然，安装红绿灯是有效率的选择。可是有的车主却不肯出钱，而等别人出钱安装红绿灯后，他也跟着受益，于是出现了“搭便车”的现象。

案例二：某公司员工希望加工资，雇主迟迟不予理睬。无奈之下，工会决定组织罢工逼雇主就范。工会发出动议后，多数员工参加了罢工，而有个别员工未参与罢工。后来举行了罢工，雇主答应了给员工加工资。结果不仅参加罢工的员工加了工资，那些未参与罢工的员工也加了工资。有学者说，后者搭了前者的便车。

案例三：某寺庙起初只有一个和尚，那个和尚每天自己挑水吃；后来又来了一个和尚，于是两个和尚抬水吃；过了不久第三个和尚来了，结果却反而没水吃了。想来有趣，此乃中国民间的一个小故事，不知经济学者为何会将此作为搭便车的证据。而且解释说，每个和尚都指望别人挑水而自己不劳而获，才导致三个和尚都没水吃。

案例四：甲、乙两人相邻而居，甲从保险公司购买了房产保险，乙未购买保险。某一天乙的房子发生了火灾，请问保险公司要不要救火？若不救，火势蔓延会烧到甲的房子；要是救，那么甲会想，既然不买保险保险公司也救，何不让别人买保险而自己搭便车？如此一来，救火反而会令保险公司少卖保险。

读者是否觉得以上案例能证明“搭便车”理论成立？我可不这样看。若用事实作验证，它们皆似是而非。

如案例一的红绿灯，这例子无非想证明公共品的存在会导致搭便车。要知道，红绿灯的例子是由穆勒1848年提出的“灯塔”演化而来，穆勒当年举灯塔的例子，是证明公共品消费不排他，既无法收费，也无法定价，所以灯塔需政府提供。这是说，政府提供灯塔并不是为了避免有人搭便车，而是私人不投资公共品。

从验证的角度看，我认为案例一不成立，是因为让车主出钱安装红绿灯的“假设”不真实。我说过，验证理论首先要看“假设”是不是事实，若“假设”不是事实，推断则无法验证。请问读者，不论中国、外国，你们有谁见过红绿灯是由车主出钱安装的呢？如果谁都没见过，那么案例一的“假设”就是学者虚构出来的。“假设”不真实，推断当然不足为信。

再看案例二。罢工的例子是要证明集体行动会导致搭便车。此例子的假设是：有人参加罢工而有人不参加罢工；而推论是罢工后雇主给员工都加了工资。在我看来，案例二的

“假设”是事实，但推论却不是事实。事实是，雇主是否答应加工资取决于企业对员工的需求，而不是看员工是否参加了罢工。

我所知道的，中关村就曾有公司员工集体罢工要求雇主加薪，并表示不加薪就辞工走人。可雇主只同意给部分员工加薪而不同意给所有人加薪。为什么？因为有些员工市场供给充足，可随时找到替代。相反，有的员工虽未参加罢工雇主却给加了工资，读者不要以为这些员工是搭了罢工者的便车。雇主不蠢，真正的原因是这类员工稀缺，雇主不希望他们辞工。

案例三是说私人品也会出现搭便车。我认为这完全是个虚构的例子，假设和推论皆非事实。一个和尚自己挑水吃，但两个和尚未必一定抬水吃。当年我在人民大学念书时两人合住一屋，可打开水要么各自打，要么轮流打，不会一瓶开水两人一起打。再有，“三个和尚没水吃”的推论也不是事实，我曾到过一些较大的寺庙，里面的和尚皆近百人，可从未听说有哪家寺庙的和尚没水吃，说明寺庙中并不存在搭便车的事。

案例四也是讲私人品，不过错得更离谱。甲购买保险而乙未买保险，乙的房子发生火灾会危及甲的房产安全，保险公司当然要救。可若说保险公司给乙救火会导致甲想搭便车而不再买保险，这推论绝对是错的。买保险与不买保险的区别在于：前者发生损失保险公司赔偿，后者发生损失保险公司不赔偿。甲要是需要保险公司赔偿，怎会不买保险呢？

分析至此，我的结论是：虽然人们有搭便车的想法，但想法归想法，市场经济不可能容许这现象存在。天下没有免费午餐，只要不限制竞争，没有人可以长期搭便车。也正因如此，我认为经济学者不应在这话题上白费工夫。

“逆选择”的真实原因

优胜劣汰是市场竞争的普遍法则，然而大千世界无奇不有，劣胜优汰的“逆选择”却随处可见，而且学界也有大量研究。我在这里讨论“逆选择”，当然不想去重复别人的观点，而是要分析导致逆选择的真实原因，并据此推出逆选择的一般原理。

据我所知，较早关注逆选择的学者是格雷欣。格雷欣是英国女王伊丽莎白一世的顾问，也是银行家。在他所处的时代，货币实行双本位制，黄金与白银皆作货币流通。格雷欣发现，当一种货币贬值时，另一价值较高的“良币”会被储藏；而价值较低的“劣币”却充斥市场。这种“劣币驱逐良币”现象，即为“逆选择”。

阿克洛夫的“旧车市场模型”是逆选择的又一著名例子。旧车市场上，由于买者与卖者信息不对称，卖者知道车的真实质量，买者却不清楚。买者为避免中计，往往只愿按旧车平均质量支付价格，可这样一来，卖者会将质量较差的车先沽出。结果是：质量差的车频频成交，而质量好的车却被挤出市场。

另一个例子是保险市场，原因也是信息不对称。不过与旧车市场不同，保险市场是卖方对买方的信息不充分。如医疗保险，保险公司（卖者）对购保者健康状况不清楚，而购保者自己却清楚。于是迫于无奈，保险公司只好按历史出险概率制定一个均价。而按均价卖保险，买者当然多是有病的人，没病的人往往不买保险。

再一个例子是就业市场。几年前一位在外企工作的朋友告诉我，外企裁员通常是先裁那些薪酬高的员工。赶上大裁员，薪酬越高被裁的可能越大。一般地讲，员工薪酬高表明能力相对强，不然公司不会付给他比别人高的工资。问题就在这里，能力强的员工被裁减，能力弱的员工被留下，就业市场也出现了逆选择。

还有一个例子是婚姻市场。国内为何会有“剩女”？不要以为是“剩女”的条件差，相反多数是因为条件好。沙普利曾研究过婚姻市场，他假定：一是男女人数相等；二是对每个异性的偏好可排序；三是可自由选择。沙普利说，若能满足以上三点，便不会有“剩女”。可事实并非如此。比如某女子将所有男子的偏好排了序，可她对排在第一的男子也不中意，而又不肯降低标准，结果别人嫁了，她却成了

“剩女”。

现实中类似的例子还有很多。如：假冒商品挤正牌商品，走私商品挤进口商品，盗版软件挤正版软件等，举不胜举。既然举不胜举也就不用多举，接下来我要解释的是，市场为何会出现这类逆选择？对此学界有各种解释，但大多都是就事论事，理论上没有找到通解。

在我看来，理论的魅力不在解释个别现象，而是要解释一类现象。这样掌握了理论，才能举一反三、触类旁通。那么导致逆选择的真实原因是什么呢？我的答案是四个字“价格锁定”。当然，并不是说有价格锁定，就一定会出现逆选择；但反过来则可肯定，有逆选择就一定有价格锁定。换句话讲：若价格不被锁定，市场不可能有逆选择。

是这样么？应该是。近几年我自己反复验证，上面的判断也没有被推翻。比如上面提到的各类逆选择案例，原因虽各有不同，但归根到底都是由于价格锁定。何以见得？下面让我们分别作验证。

劣币驱逐良币，当年格雷欣指出的原因是，两种货币中由于一种货币贬值，当其实际价值低于法定价格时，贬值的货币继续流通，价值相对高的另一种货币会被储藏。我的看法，这里逆选择的关键不在货币贬值，而在法定价格被锁定。若非如此，一种货币贬值后法定价格能及时调整，劣币不可能驱逐良币。

旧车市场的逆选择，阿克洛夫认为是由于买卖双方信息不对称。事实上，对买卖双方来说，所有商品信息皆不对称，可为何新车市场没有逆选择而旧车市场却出现逆选择？究其原因，是买方锁定了价格。想深一层，若卖方能按质量差别定价，买方怎会锁定均价？去市场查访一下就知道，在真实旧车市场，并不存在逆选择。

保险市场有逆选择我不否认，但原因也是价格锁定。保险公司面对众多的客户，收集客户真实信息不仅难，且成本非常高。两害相权取其轻。这样与其支付过高的信息成本，倒不如锁定均价更便捷。由此看，保险市场的逆选择是保险公司经过成本权衡后的理性选择。

再有，劳工市场的逆选择，症结也在劳动力价格（工资）锁定。当经济不景气时，企业需要降成本，但由于工资存在刚性，工资不能减，企业只好裁员。而高薪员工的工资高，一旦裁员这部分人自然首当其冲。设想一下，假若员工集体同意减薪（价格不锁定），企业不裁员，劳工市场也就不会有逆选择。

最后看婚姻市场，“剩女”问题其实很简单，只要择偶标准（价格）不固定，婚姻市场必是靓女先嫁，也不会有逆选择。真正困难的是那些假冒与走私产品，其逆选择不是因为价格锁定，而是非法经营，即使调整“正品”价格也不可能杜绝，故对制假、走私等，得靠政府依法打击。

回到现实，我想指出三点：第一，市场逆选择是价格锁定的结果，比如某些底端产品长期积压、不能卖出，其实是与价格锁定有关；第二，凡是由价格锁定造成的逆选择，都是市场选择，考虑到相关约束，有些具有合理性，无需一概排斥；第三，但凡不是由价格锁定的逆选择，皆非市场选择，政府应该加以调节。

理性预期与政府干预

1980年，著名经济学家萨缪尔森在《经济学》第11版中，对20世纪70年代末西方经济论战的新动向作了一个引人注目的提示：过去，经济论战只是在货币主义和后凯恩斯主义两个学派之间进行，但现在论战却是在三派之间进行了。这突然闯入的第三派，便是从货币学派中分离出来的理性预期学派。

20世纪70年代末，美国芝加哥大学年轻教授罗伯特·卢卡斯崭露头角。人们正在猜测他是否可能成为弗里德曼的学术继承人时，卢卡斯却与美国明尼苏达大学的托马斯·萨詹特、尼尔·华莱士及一些年轻学者一起，树起了“理性预期学派”的旗帜。

所谓“预期”，就是指对未来的预测。从经济学的角度讲，从事经济活动的人为了追求自己的利益，总是要先对未来经济走势的变化作出估计和预判，然后再决定自己如何行动，这种行为即是预期行为。

经济学家十分重视研究人的预期行为。凯恩斯在《就业、利息和货币通论》一书中，就曾讨论过厂商和消费者预期对经济的影响。不过凯恩斯所讨论的预期，只是人们对未来经济前景的主观预测，而这种预测通常是不可靠、不确定的，甚至由于人的情绪突然波动，盲目乐观可能瞬时变为盲目悲观。因此，凯恩斯把这种预期因素看成是经济不稳定或周期波动的原因之一。

货币学派在论述自然失业率及通货膨胀时，也很重视人的预期。但与凯恩斯学派不同，他们是用人们对未来货币政策变化的预期，论证为何会出现普遍的失业。而且他们所说的预期，也是指人们在没有足够信息的基础上“骑驴看唱本”，随时准备修改自己计划的预期，这种预期属于“适应性预期”，而不是理性预期。

到了理性预期学派，他们所指的预期，则有一个大的前提，即参与经济活动的主体都是具有完全理性的、明智的人，他们在对经济活动变化进行判断时，会利用一切可用的统计、历史、逻辑以及经济变量的因果关系等知识，经过周密和冷静的分析。

“预期”前提的这一重大变化，在经济学界曾经引起过极大的震动。有些学者将该理论称为“预期革命”；也有不少人将此看作是经济学说史上的“第六次革命”。也许读者会问：这个新冒出来的“理性预期学派”影响如此之大，他们究竟有哪些惊世骇俗的见解呢？

在卢卡斯看来，斯密所说的“经济人”像幽灵一样，主宰着人类的一切经济活动。为了私人利益，每个“经济人”在进入市场前，都会对市场情况进行充分的了解和研究。比如政府要推出新政策，而在政策实施前，公众会对政策对自己有何不利影响了如指掌，并提前采取措施予以预防。因此，政府政策无论怎么翻新，在人们的理性预期面前都会失效。

不过也有学者不赞成卢卡斯的观点，指出：政府突然颁布的某些新政策，往往出人意料，让人们来不及反应，可以使政府达到某种目标。对此卢卡斯的回应是：公众会吃一堑，长一智。第一次错了，第二次绝不会再错，国家干预的效果最终会被抵消。所以，卢卡斯发出了这样的疑问：政府在经济活动中究竟能起多大作用？

不知读者怎么看，我认为这个问题的确值得深思。试想一下，政府用增加货币供应的办法降低失业率，真的行得通吗？正如卢卡斯所分析指出：公众一旦对未来经济变动形成理性预期，必然会“上有政策，下有对策”，比如人们预期到可能出现通胀，必会要求提高工资。倘如此，政府增加货币供应就无法增加就业，反而会因为需求增加而导致更大幅度的通胀。

对比之前的货币学派，如果说货币学派还勉强承认在人们的适应性预期没有跟上来之前，凯恩斯的干预政策在短期内还会起到一些作用，那么，在理性预期学派那里，政府干预连短暂的刺激作用也不会有，而且所有的反危机措施将一律无效。

在人们以往的观念里，政府高高在上，拥有至高无上的权力，似乎没有什么力量能与之相对抗。而理性预期学派却认为，政府并不能呼风唤雨，实际上面对着千千万万的抗衡者。每个抗衡者看上去很平凡，但十分理性，他们掌握的信息并不比政府少，预期的合理程度也不比政府低，政府的所有意图他们都能预测到，防范措施往往会走在政府动手之前。他们的行动虽是分散的，却可以产生共同的效果，使政府干预劳而无功。

既然政府不能有什么作为，于是理性预期学派提出了与凯恩斯学派决然相反的主张。卢卡斯指出：市场比任何计划模型都更聪明。政府不必对经济进行任何干预。政府的任务，就是制定一些相对稳定的政策规则，为经济活动提供一个稳定的环境，消除“人人预防，人人自保”的信任危机。只有公众解除了防范心理，不再与政府对抗，一国经济才会趋于稳定。

货币学派掌门人弗里德曼早已在经济学界驰名，他主张政府应采取“单一规则”的货币政策调节经济，除此之外，政府要尽量放手。而卢卡斯却强调，人们的理性预期会完全抵消国家干预政策的作用，应推行更为彻底的“不干预主义”。也正因为如此，经济学界评价卢卡斯“比弗里德曼还弗里德曼”。

国家的作用：诺斯悖论

美国经济学家诺斯于1981年出版的《经济史中的结构与变迁》一书，创建了一套研究“产权、国家和意识形态”的理论体系。其中“国家的存在是经济增长的关键，而国家又是人为经济衰退的根源”的观点，广受人们关注，并被学界称为“诺斯悖论”。

在诺斯此前出版的《西方世界的兴起》中，他提出过一个重要观点，即“有效的产权制度对经济增长至关重要”，可他同时又指出，“有效的产权制度在历史上并不多见”。为何会如此？他的解释是，因为产权界定是一件很扯皮的事，由产权界定所引起的纠纷，无论在国家之间还是在日常生活中皆屡见不鲜。

他用海湾战争的例子来佐证上面的论点。据称，海湾战争的原因之一，是伊拉克和科威特关于石油的产权之争。两国的油田在地底下是相通的，并且向科威特倾斜，伊拉克觉得自己吃了大亏，在双方争执不下的情况下，竟然诉诸武力，并最终酿成了战争悲剧。

他还进一步分析指出，即使产权能明晰界定，但保护产权的代价也同样会让人不堪承受。对此，诺斯又举了一个海洋运输的例子。在茫茫大海上，武装海盗令人十分憎恶，他们神出鬼没，随时觊觎着过往商人的钱财，使人惶惶不安。在这里，产权是明晰的，商人拥有船上货物的产权，但要保护商人的产权，却十分困难。无论商人自己成立武装组织，还是花钱雇用护航队，费用都相当高，有时甚至超过海盗掠夺造成的损失。

诺斯说，界定和保护产权的成本很高，要降低这方面的成本，就必须凭借国家之力。事实上，国家的作用不仅是提供公共品（服务），同时还有界定和保护产权的职责。何况国家拥有暴力机器和至高无上的权威，相对于企业和公民个人来说，由国家负责界定产权和保护产权，其成本要低得多。

于是也就带来了一个问题：既然产权制度好坏决定了经济兴衰，而国家在制定产权制度方面大权在握，那么无论经济增长还是衰退，都应该与国家直接相关，正所谓“成也萧何，败也萧何”。由此推理，所以诺斯提出了本文前面的那个“悖论”。

接下来的问题是，经济一旦出现衰退，会造成人们收入下降，政府税收也会减少，对国家有百害而无一利。可国家明知如此，为什么会设计出效率低的产权制度呢？回答这个问题，诺斯认为应从国家的作用入手进行分析。

国家是什么？关于国家的定义，学者历来众说纷纭，但归结起来主要有两种：一种认为，国家是统治者剥削被统治者的工具；另一种则认为国家是公民达成契约的结果，它要为公民效力。而在诺斯看来，这两种观点都对，但都有片面性。他指出，国家既追求统治者利益最大化，也追求社会总产出最大化。一旦这两个追求发生冲突，便会出现低效率的产权制度。

诺斯举了西班牙近代初期土地政策的例子。随着人口的增长，土地日益匮乏，提高农业生产率显得更为重要，但西班牙国王早就授予羊主团放牧羊群的专有权。地主料到迁移的羊群会随时来吃掉他们的庄稼，不愿精耕细作，土地产出率自然不高。可国王为什么不废除羊主团的特权呢？原来，国王的大部分收入来自羊主团。尽管取消他们的特权后，社会收入会增加，但在短期内将危及国王的利益。

上面的分析可谓入木三分。的确，纵观人类历史，正是统治者和整个社会的利益冲突，才引发了无数次的战争、政变、暴乱，导致政权频繁更迭，统治者“你方唱罢我登场”，令社会动荡不安，国家也随之时兴时衰。

那么怎样提升产权制度的效率呢？诺斯认为需要改造社

会意识形态。在商业社会，患得患失的“经济人”无处不在，他们满脑子私利，一有机会就想搭别人的“便车”。比如：若不交税也可享受国家提供的公共服务，就会有人绞尽脑汁逃税。诺斯指出，面对这种情况，就得对人们的道德观念予以改进。

其实，关于意识形态对经济的影响，马克斯·韦伯早在20世纪初出版的《新教伦理与资本主义精神》一书中就作过论述。他所说的“资本主义精神”，简单讲便是“从牛身上榨油，从人身上赚钱”。他认为，正是这种社会观念，极大地激发了人的潜力，造就了西方文明。而在中国和印度，由于“农本商末”意识根深蒂固，人们排斥商业活动，因而抑制了经济成长。

不过诺斯所说的意识形态，指的是世界观，即什么是对错，什么是美丑。他希望通过道德教化，提高人们的诚实、信赖、良心等优秀品质，让人们不再老只打自己的小算盘，甚至损人利己。在一个人们具有良好情操的社会里，人们会主动申报纳税，居民会积极参与公共设施建设等，这些都将大大降低政府的监管费用。正因如此，各国政府对改进意识形态也都乐此不疲。

应当说，诺斯提出的“国家和意识形态理论”给了人们很多启示。首先，既然国家可为“救世观音”，又可为“洪水猛兽”，为了趋利避害，就得将政府行为纳入法治化轨道，把政府官员的“一切公权力”都装进制度的笼子。其次，诺斯也提醒人们，意识形态是一把“双刃剑”，对经济发展的作用举足轻重，人们在重视物质生产的同时，千万莫忘了推动意识形态的改进。

公共选择与投票悖论

当人们面临某种公共选择时，往往会想到投票，认为只有投票才能保证结果公正。的确，公共选择不同于私人选择，你个人选择买什么样的住房与他人无关，用不着投票决定。可公共选择关乎公众权益，需要尊重民意。可问题是：民意表达是否一定要通过投票呢？

我的看法，投票是民意表达的一种方式，但并非唯一的方式，也未必是最好的方式。何以见得？让我们看经济学家是怎样分析的。

美国经济学家布坎南认为，公共选择的最高准则，是“一致同意”。可他又同时指出，由于人们的利益存在差别，要求“一致同意”会产生昂贵的成本，甚至有可能达不成任何协议。舍优求次，于是只好降低同意的“百分比”，比如从100%同意，降为80%、70%，或者是51%，这样就形成了“多数同意规则”。

相对于“一致同意”,“多数同意”显然可降低决策成本，但由于每项决策都是在有少数人反对的情况下通过，这样又难免使公共选择带有某种强制色彩。而对此人们通常的看法是，少数服从多数是一种“民主”选择的过程，虽然会使少部分人受损，却可让大部分人获益。从整个社会角度看，仍不失为一个“好”的决策。

可法国学者孔多塞却不是这样看。孔氏怎么看？请读者仔细看下面的例子。

假定有三家公司同属一主管部门，现在主管部门决定将其合并为集团公司，集团公司的总经理将从三家公司现任经理中产生，他们分别是牛经理、杨经理和马经理。

可供选择的方案有：职工普选（A）、主管部门任命（B）、按资金实力确定（C）。最终到底采用哪种方案，由三位经理采用投票的方式决定。

以上三家公司中，牛经理公司职工人数最多，资金实力最弱，与主管部门领导关系还行。因此，牛经理会希望职工普选，最反对按资金实力确定。

杨经理公司职工人数最少，资金实力居中，但跟主管部门领导关系“铁”，因此他赞成主管领导任命，而最反对职工普选。

马经理公司资金实力最雄厚，但与主管部门领导积怨很深，因此他最赞成按资金实力确定，反对主管部门任命。

现在有趣的事发生了。按多数同意规则，三个投票者中总有两人认为方案A优于方案B，方案B优于方案C，方案C优于方案A。如此一来，哪个方案最终能通过，则取决于投票的次序。比如先对A和B投票，牛经理和马经理更偏好A，则A方案通过；若先对A和C投票，马经理和杨经理更倾向C，则C方案通过；若先对B和C投票，牛经理与杨经理更倾向B，于是B方案通过。

这一有趣现象，最早由孔多塞发现，后来美国学者阿罗又作了进一步研究。他发现，如果让两个以上的投票者就两个以上的方案表决，有可能出现循环的结果，而且出现的概率会随着投票人数和供选方案增多而上升。经过严格数学证明，他得出了一个令人震惊的结论：任何多数同意规则，都不可能万无一失地保证投票结果符合多数人意愿。此结论学界称为“阿罗不可能性定理”或“投票悖论”。

阿罗的“投票悖论”，对人们无疑是一种警告。由此给我们的启示是，公共选择固然要尊重民意，但尊重民意未必一定要投票，我们不必迷信投票，更不可唯票是举。事实上，正如市场可能失灵一样，投票也有可能会失效。尽管失效的概率很小，但这并不意味着阿罗的警告无足轻重。飞机失事的概率不到三万分之一，但一旦掉下来，对乘客可就是百分之百的灾难。

为了帮助读者理解，我再作三点补证。

第一，关于阿罗“多数人同意”不一定代表多数人的利益的结论，我这里可用一个真实的例子佐证。二十多年前，我家乡村委会为了增加农民收入，计划在村后珊珀湖搞珍珠养殖。经集体投票，多数人也同意办珍珠养殖场。可不料几年下来，湖水被严重污染，村民怨声载道而群起反对，于是十年前不得不叫停。

第二，按“多数人同意规则”选干部，选出的未必是好干部。古人云：为官一任，造福一方。所谓造福一方，是说当官要为老百姓办事。问题也在这里，官员只要办事，就可能得罪人。办好事会得罪坏人，办坏事会得罪好人。读者想想，要是官员的职务晋升只看选票，当官的谁会去得罪人？若一个官员为了不丢选票而不办事，碌碌无为，是“好好先生”，绝非好官。

第三，投票竞选必然产生成本，而且成本呈递增趋势。从经济学角度看，投票竞选类似于市场竞买，谁花费的推介成本高，谁就有可能胜出。正因如此，竞选成本会不断攀升。以美国为例：1980年美国总统的竞选成本是1.62亿美元；而到2000年则上升为5.29亿美元；到2012年超过20亿美元。要知道，竞选成本是非生产性费用，成本过高对社会无疑是浪费。

读者不要误会，我说民意表达不一定要投票，但我并不反对投票。前面说过，投票也是民意表达的一种方式，若供选方案和投票者不多，需投票表决当然可以投票。不过我要强调的是：公共选择不能只靠投票。民意表达其实有多种方式，除了投票，民主协商也是重要方式，而且更符合中国国情。我这样讲读者能同意么？

投票与协商的边界

在前篇文章中，我说表达民意不一定要通过投票，也可以采用协商方式。而我写这篇文章，则是要在前文基础上，进一步分析投票与协商的选择边界，讨论民主在何条件下可以投票；在何条件下应该协商；亦或在何条件下两种方式应该并用。

据学者考证，“民主”一词源于希腊文（demos，人民；kratein，治理），通常解释为“主权在民”。而人们所讲的民主政治，则是指国家事务由人民当家作主。时至今日，学界没人不同意让人民当家作主，可对人民怎样当家作主，却有不同的解释。难题在于，人民是由众多个体构成的群体，彼此间存在利益差异。人民当家作主，不是每个人都说了算；但也不是每个人都说了不算。由此看，实行民主需要相应的机制。

人类对民主机制的探索，最初是在私权领域，而最典型的是商品交换。是的，商品交换的过程，的确就是民主协商的过程。举个例子：假定有甲、乙两个人，甲生产布匹，乙生产斧头。现在甲需用布匹交换乙的斧头，布匹与斧头的交换比例怎么定？当然得由甲和乙讨价还价确定。这里的讨价还价，就是协商。而且这里的协商有两个前提：一是交换自由；二是交换平等。若交换一方对另一方强买强卖，就不是协商。

早期的商品交换，是物物交换。货币出现后，随着交换范围扩大，风险也扩大了。为了防范可能出现的风险，交换双方在商定好相关条件后，口说无凭，便将议定条款以书面形式写下来，并签字画押，这样人类就出现了商业契约。1762年，法国思想家卢梭在《社会契约论》中将契约精神定义为“自由、平等、守信”，很多学者认为这是卢梭对亚里士多德“正义论”的发挥；而我认为是他对当时商业契约原则的提炼。

商业契约是私权契约，而从私权契约到公权契约，则是人类民主的一次大跨越。私权契约不同于公权契约，前者属经济民主，后者属政治民主。时下流行的观点说，经济民主可以协商，政治民主只能投票。

从历史上看，公元前5世纪雅典城邦的政治民主确实是投票，但这并不能证明政治民主就只能投票。我可举出反例：公元前494年罗马城发生了一件大事，许多平民集体撤离罗马城，去圣山建造自己的城市。由于平民出走，罗马城生产停顿、兵源匮乏，迫不得已，贵族只好派代表与平民协商。“保民官制度”，就是那次协商出的成果。

于是就带来了一个问题，公权领域的民主应该投票还是协商？我的看法是不能一概而论。经济学说，制度选择决定于制度的运行收益与成本。如果如此，在投票和协商间作选择，就需要对两种制度的收益和成本作比较。投票（或协商）的收益，可用决策结果所代表的民意来表示，所代表的民意越广泛，收益就越高；投票（或协商）的成本，可用形成决策所发生的交易费用衡量，交易费用越高，成本就越高。

若从这个角度分析，便有两个推断。

推断一：从收益维度看，投票体现“众意”，协商体现“公意”。就代表民意的广泛性而论，前者明显不如后者。理由简单：因为现实中通行的投票规则是“多数同意”而非“一致同意”。既然不是“一致同意”，投票的结果当然只代表部分人的利益。而协商不同，协商是为了寻求和体现最大公约数。

对“公意”与“众意”的这种区别，卢梭讲得清楚：“公意着眼于大众的公共利益，众意着眼于小众人的利益，只是少数人意志的总和。”

推断二：从成本维度看，投票的交易费用会递增，协商的交易费用却相对稳定。论成本，前者也不如后者。说过了，投票体现的是众意，若存在两个以上的利益群体，为争取中间者投票，不同群体难免要竞争，而这种竞争类似于市场竞价，必会推高投票的交易费用。为何说协商的交易费用相对稳定呢？因为协商是谋求公共利益，用不着投票，不会出现拉票行为。

照此推断，从收益与成本两个维度看，协商皆优于投票，那么公权领域的民主是否都应协商？原则上应该是，但也不能一刀切。

事实上，我上面的推断暗含了一个假设，即公共选择皆体现公意。可真实世界并非如此。多数公共选择需体现公意；但也有少数公共选择无关公共利益，只需体现众意。所以我的观点：需体现公意的选择必须协商，只需体现众意的选择可以投票。

可分以下三种情况。

第一种情况，选择事关公共利益且同时存在负外部性。此类选择应该协商。举个例子，某县拟引进某化工项目，投产后可增加财政收入和就业，但同时也会给周环境造成污染。若由全县人民投票决定，赞成者肯定是多数。而投票通过，多数人无疑就绑架了少数人。如果由协商决定，项目也可能会引进，但厂方会被要求控制污染，或给少数人合理的补偿。

第二种情况，选择事关公共利益，但不存在负外部性。此类选择应该协商与投票并用。我想到的例子，是政府投资建公共图书馆。人们职业不同，有人去图书馆看书的机会多，有人去看书的机会少，甚至有人不去图书馆。由于受益程度不同，对政府建图书馆有人赞成，而多数人可能不赞成。图书馆到底要不要建？可取的办法是先协商，然后在协商的基础上再投票。

第三种情况，选择无关公共利益、但需要体现众意。此类选择可以投票。如某单位年底评“先进”，选谁当“先进”只需体现众意，因为无论结果怎样不会影响公共利益。不过需要提醒的是，选官就不同了，官员行使公共权力涉及公共利益，故选官不能以票取人，应通过多方沟通，协商决定。

增长与发展

1939年哈罗德发表了《论动态理论》一文，并在1948年出版的《动态经济学导论》一书中，进一步将自己的理论系统化。他得出的结论是：经济增长如同走钢丝，前景不容乐观。

索洛对经济增长持乐观态度，认为技术进步和资本深化不仅可提高劳动者工资，也能避免企业利润降低。由此带来的经济稳定，是一种高水平稳定。他提醒人们，不要被哈罗德的结论吓倒，我们应该看好未来。

纳克斯认为，欠发达国家必须谋求各部门、各企业的平衡增长。罗森斯坦·罗丹也指出：只有给经济一次全面的大推进，才能迅速改变落后面貌。而赫尔希曼的看法却相反，主张集中有限的资本和资源，优先发展主导产业。

马尔萨斯预言错得离谱

有一则关于龟兔赛跑的古老童话：在森林运动会上，乌龟拼其全力，也赶不上兔子速度的百分之一，敏捷的兔子一会儿就把乌龟甩得很远。当兔子到达终点的时候，乌龟还在离起跑线不远的地方爬行。二百多年前，英国经济学家马尔萨斯就借用这个童话，分析了生活资料增长和人口增长之间的关系。

这位相貌和蔼的学者，用鲜明的笔触向世界预言：如果人口增长像兔子般狂奔不止，以乌龟般爬行的生活资料便永远不可能与其保持平衡，社会上就会出现一部分人口完全得不到或只能得到很少一点物质资料，在这种情况下，贫困、饥荒、犯罪、战争和瘟疫便会接踵而至，人类社会将是一片黑暗。此语一出，立即引起强烈社会反响，其影响长达一个世纪。

《人口论》问世，还有一则有趣的故事：马尔萨斯的父亲是卢梭的朋友，对法国大革命非常赞赏，经常在早餐席上向自己的儿子推荐英国社会革命运动的激进倡导者葛德文和康多塞的思想。儿子不同意父亲的看法，在辩论中，调动了自己的一切才思，力图驳倒父亲。辩论告一段落，他把自己的观点记录下来，并寄给朋友。在写的过程中，他觉得自己的论据意想不到的充分，于是决定印成论文，匿名发表。这就是1798年初版的《论人口原理和它对于社会将来的影响，附关于葛德文、康多塞及其作者的臆测之评论》。

1803年该书发行第二版时，他公开了自己的名字，把5万字的小册子，扩为20万字的大部头，并改名为《论人口原理及其对于人类幸福的过去和现在的考察，附我们预测将来关于除去或缓和由人口原理所生的弊害之研究》。马尔萨斯由此大负盛名。

马尔萨斯的人口理论从下述两个假定出发：第一，食物为人类生存所必需；第二，两性间的情欲是必然的，且几乎会保持现状。在马尔萨斯看来，第一个假定为无可辩驳之公理，第二个假定人们亦不能否定。

他分析指出：尽管人类在智力方面远远胜过其他动物，但在繁殖上却与动物无多大区别。人口在无任何限制的情况下，会呈几何级数增长：1、2、4、8、16、32、64……几乎每25年就会翻一番。但是，人类依存的生活资料即使在最有利的条件下也仅以算术级数增长，即1、2、3、4、5、6、

7……在土地收益递减规律的作用下，实际增长速度甚至比算术级数还要慢，土地给日益增长的人口提供粮食，将越来越困难。

显然，马尔萨斯的人口理论并不是仅仅阐述那些人们容易接受的看法，他的目的是要“有力而精确地将人口增长与食物增长相比较”，研究“将人口限制在生活资料水平的各种方式”，探索其“原则和影响”，并从中得出“有实际意义的推论”（普乃斯博士语）。

是的，纵观《人口论》全书，马尔萨斯的确是要提出这样一个推论：由于人口数量和所需生活资料数量之间存在着巨大的差距，而生活资料又是人类生存所必需，因此，必然存在着某些限制人口增长的因素，强使人口增长同生活资料的增长保持平衡，或使人口数量被迫减少到食物可供养的限度之内。

何为限制人口增长的因素？马尔萨斯认为这种限制因素有两类：预防性限制和积极限制。前者是指晚婚、晚育、不结婚、不生育等限制出生的因素；后者是指所有缩短生命的因素，如战争、饥饿、疾病等。如果不是从人们的态度而是从人们的感受出发，这两种限制又可称为痛苦的限制和罪恶的限制。

《人口论》初版刊行后，便受到学界诸多学者的批评。为了缓和人们的批评，马尔萨斯在第二版中又增加了一条

“道德限制”，即采取节制结婚和生育的措施，降低出生率。他还指出，随着人类文明的发展，人口限制将从积极限制为主向预防性限制过渡，从痛苦和罪恶的限制为主向道德限制为主过渡。并强调只有道德限制，才是使人口和食物平衡的最佳方法。

马尔萨斯的人口理论，不仅对后人研究人口问题产生了影响，而且也影响了许多国家的人口政策。但与此同时，也备受指责，有学者将其称之为“令人恐怖的恶魔，是使人类希望破灭的黑暗”。

英国研究马尔萨斯的著名学者博纳在其《马尔萨斯及其业绩》一书中写道：“亚当·斯密留下了万人赞赏而无人阅读的著作，马尔萨斯留下了无人阅读而万人痛骂的著作。”不过从学术研究角度讲，他提出的要重视经济增长（特别是粮食增长）和人口增长的关系，的确推动了人们对这个问题的认真思索。

在《人口论》出版二百多年后，我们现在回头看，马尔萨斯的预言确实错了，而且错得离谱。当年他站在一个即将开始的新时代门槛上，却未意识到工业革命正在走来。而在他之后的一个多世纪里，全球粮食增长远远超过了人口增长，不仅利润并未降低，而且工资水平也大幅度提高了。

恩格斯在《政治经济学批判大纲》一文中特别提到这个问题。他指出：“马尔萨斯的理论是一个不停地推动我们前进的、绝对必要的转折点。由于他的理论，总的说来由于政治经济学，我们才注意到土地和人类的生产力，而且只要我们战胜了这种绝望的经济制度，我们就能保证永远不再因人口过剩而恐惧不安。我们从马尔萨斯的理论中为社会改革取得了最有利的经济论据，因为即使马尔萨斯是完全正确的，也必须立刻进行改革，原因是只有这种改革，只有通过这种改革来教育群众，才能够从道德上限制生殖的本能，而马尔萨斯本人也认为这种限制是对付人口过剩的最容易和最有效的办法。”

哈罗德：增长如同走钢丝

从19世纪下半叶到第二次世界大战前期，经济学家一直恪守萨伊定律，任何人卖是为了买，供给能自动创造需求，生产过剩危机永远不会出现，经济的稳定增长可以自动实现。于是经济学家便把眼光转向微观领域，着重研究资源配置问题，即怎样把土地、劳动和资本这些有限的生产要素，有效地分配到各种用途上去。这一时期的经济学，被称为“新古典经济学”。

新古典经济学的乐观情绪，被1929年的大危机一扫而光。面对着空前严重的失业和经济萧条，人们不得不放弃萨伊的教条，寻找解决危机的新理论。1936年，英国经济学家凯恩斯出版了他著名的《就业、利息和货币通论》一书，提出了一整套克服萧条的理论，人称“凯恩斯革命”，宏观经济学也由此应运而生。

然而凯恩斯的理论也存在明显的缺憾，他的分析是短期的、静态的。在他的理论里，人口、资本和技术都不能变动，事实上，长期看这些都是可变的因素。因此，凯恩斯虽然可以解释短期的经济萧条，但对说明长期的经济增长无能为力。

而凯恩斯理论的这个缺憾，后来由他的学生——哈罗德给予了弥补。哈罗德早年毕业于牛津大学，后转入剑桥大学，在凯恩斯的指导下从事研究，成为凯恩斯的门生。哈罗德不愧是一位出色的学生，他继承了老师的衣钵，又发展了老师的理论，把凯恩斯的分析长期化、动态化，从而开创了经济增长理论的先河。

1939年，哈罗德发表了《论动态理论》一文，对长期经济增长进行了考察，并在1948年出版的《动态经济学导论》一书中，将自己的理论进一步系统化。几乎与此同时，美国经济学教授多马也进行了类似的研究，并建立了一个与哈罗德非常相似的模型，后人将它们合二为一，称“哈罗德－多马模型”。

哈罗德和多马的经济增长模型，分别利用不同的假设，试图说明一个共同的问题：在什么条件下，经济增长既能保证充分就业，又不会导致通货膨胀，而且能够长期、稳定地持续下去。为此，他们使用了三个增长率。

一是“实际增长率”。实际增长率是经济运行的客观结果，它是两个因素相乘的结果：一个是储蓄率，另一个是投资效果系数。一个国家的国民产出，可以分为两部分，一部分被当前消费掉，另一部分被节省下来，称为储蓄。储蓄在国民产出中的比重，就是储蓄率。投资效率系数代表着投资的效果，在一个相当长的时期内，可以看作是一个稳定的常数。假设一国的储蓄率是20%，投资效率系数为0.25，则我们可以预计，该国经济的实际增长率是5%。

二是"有保证的增长率"。此增长率是从凯恩斯理论引申出来的。在凯恩斯理论中，经济要实现稳定增长，需要满足一个重要的条件：储蓄等于投资。理由是如果储蓄太多，消费不足，企业产品必然出现积压，企业就会压缩生产，致使经济走向萧条；反之，如果储蓄不足，消费旺盛，企业产品就会供不应求，企业就会扩大生产，从而使经济走向高涨；只有储蓄等于投资，企业生产既不扩大，也不缩小。这种情况下的增长率，才是有保证的增长率。

三是"自然增长率"。有保证的增长率强调储蓄和投资相等，实际上是突出资金对经济增长的影响，并没有考虑就业和技术进步的作用。自然增长率则是"人口增长和技术进步的范围内所允许达到的增长率"，也是实现充分就业所需要达到的增长率。假如一国的人口按1%速度增长，技术进步使劳动生产率按2%的速度增长，该国经济的自然增长率就是3%。

有了以上三个增长率，哈罗德进一步分析了经济稳定增长的条件。首先实际增长率必须等于有保证的增长率。如果不等，经济必然不会稳定。比如说，实际增长率低于有保证的增长率，这时企业投资的动力减弱，投资减少，经济就会走向萧条，而且，经济越萧条，企业投资会越少，从而出现连锁反应，导致实际增长率不断降低。这很像一辆汽车在沙地上行驶，如果低于某一特定的速度，车轮就会陷入沙土中，而且车速越慢，陷得越深。反过来，如果实际增长率高于有保证的增长率，经济就会持续高涨，两个增长率之间的差距会越来越大。

哈罗德认为，从长期看，考虑到人口增长和技术进步，只要求实际增长率等于有保证的增长率是不够的，还必须使实际增长率等于自然增长率。理由是，如果实际增长率低于自然增长率，说明投资增长低于人口增长和技术进步速度，从而会造成失业；反之，如果高于自然增长率，就会造成劳动力短缺，机器设备不能充分利用，致使产能过剩。因此，经济增长要保持长期稳定，就必须满足以下条件：

实际增长率＝有保证的增长率＝自然增长率

上面的分析逻辑井然。的确，经济增长如果能符合上述条件，储蓄全部转换成投资，资本积累恰好与人口增长和技术进步的步调相协调，当然不会出现失业，也不会出现通胀，如果这样的情况果真出现了，则无疑是经济增长的“黄金时代”。

然而问题在于，哈罗德为长期稳定经济增长提出的条件，是一个十分苛刻的条件。读者想想，满足这个条件的增长路线真的存在吗？如果存在，经济真正沿着这条路线增长的可能性又有多大呢？

哈罗德的理论问世以后，人们纷纷提出质疑。罗宾逊指出，哈罗德的理论所描述的“是一个没有历史的世界……也是一个没有政治的世界，在这个世界中，没有利益冲突……”其实哈罗德自己也承认，三个增长率间并无内在联系，它们往往是不相等的，相等只是一种“侥幸的偶然”，而且不可能稳定下来，一旦出现了细微的背离，与均衡状态的差距就会越来越大。因此在他看来：经济增长就如同走钢丝，前景不容乐观。

新剑桥学派：从分配研究增长

20世纪30年代，在英国剑桥大学活跃着一个由现代经济学者组成的学术团体，他们在凯恩斯的指导下进行研究，被称为“凯恩斯小组”。而这个小组的代表人物是罗宾逊和卡尔多。罗宾逊是个凯恩斯主义者，但她稔熟马克思的《资本论》，试图整合凯恩斯与马克思的经济学说，并因此而扬名于世。

迄今为止，垂名史册的女性经济学家只有两位：一位是罗莎，隶属于马克思主义经济学阵营；另一位便是罗宾逊。卡尔多是罗宾逊的同事，此人是一位少见的双料人物，作为一流的理论家，他的观点得到了经济学界的普遍重视，作为一流的政策顾问，他的意见曾为世界各国政府所倾听。1956年，罗宾逊和卡尔多联袂创立了经济增长理论。

新剑桥经济增长理论有点与众不同，它是从收入分配入手研究增长的。不过，在收入分配问题上，罗宾逊和卡尔多对剑桥学派的传统观点并不以为然。马歇尔是剑桥学派的早期代表人物，为了以示区别，故人们称罗宾逊和卡尔多为“新剑桥学派”。新剑桥学派对李嘉图的分配理论倍加推崇，认为产品的价值来源于劳动，工资和利润都是对产品价值的分割，因而工资和利润的对立，归根到底，是资本家和工人阶级的对立。

为帮助读者理解新剑桥学派的增长理论，让我借用一个民间故事来解释。有两个小男孩，是兄弟俩，他们每月从父亲那里领零花钱，花不完的交给母亲存着。哥哥生性节俭，每月的零花钱总是要存一半；弟弟则喜欢花钱，总是要花掉四分之三。每月领了薪水，父亲就拿出30元交给小哥俩，哥俩约好，月份逢单数，哥哥得20元，弟弟得10元，月份逢双，则反过来。

就这样，一年之后妈妈便发现了一个规律，就是每逢哥哥多得钱，哥俩的存款总数就多，为12.5元，而每逢弟弟多得，存款就少，为10元。因此，要保持零花钱不变，而要增加哥俩的存款，就得让节俭的哥哥多得，让爱花钱的弟弟少得。

新剑桥学派无疑深谙其中的道理。和李嘉图一样，他们将整个社会划分为两大阶层，一个阶层是工人，另一个是资本家，国民收入在他们之间进行分配，工人获得工资，资本家获得利润。工资和利润此消彼长，如果工资在国民收入中的份额增加，利润的份额就会减少；反过来，也是一样。工人和资本家的收入，一部分用于消费，消费之后的剩余，经济学上称为储蓄。储蓄在收入中所占的比例，就是储蓄率。

对不同收入阶层来说，储蓄率通常是不一样的。工人由于收入较少，大部分工资得用来维持基本的生活，遇到特殊情况还得借债，因此其储蓄率较低。相比之下，资本家的收入高，尽管从绝对数看，其生活花费可能会比工人多，但从相对数上看，生活费在收入中所占的比例却比工人低，因此，其储蓄率较高。

由于工人和资本家的储蓄率不同，工人的储蓄率较低，而资本家的储蓄率相对较高，因而从全社会的角度看，如果分配的天平向资本家倾斜，将较多的国民收入以利润的形式让资本家拿走，全社会的储蓄就会增加；反之，如果我们减少资本家的利润，而增加工人的工资，其结果必然是全社会的储蓄减少。

对经济增长来说，储蓄的变化意味着什么？新剑桥学派认为，储蓄增加以后，资金供给就相对宽裕一些，在市场供求规律的作用下，资金供给的增加会降低资金的价格，即降低利息率，这会刺激投资，提高经济增长的速度。储蓄减少则会产生完全相反的结果。由此可见，分配结构的变化会影响储蓄，并通过储蓄进一步改变经济的增长速度，利润增加必然带来经济的高涨，而工资增加则会减缓增长的步伐。这便是新剑桥学派经济增长的基本结论。

将以上结论扩展到政策层面，新剑桥学派认为，要保持经济长期稳定增长，政府就必须使用分配政策，调整利润和工资在国民收入中所占的份额。这种积极干预的主张，可以说与凯恩斯的见解一脉相承，因此新剑桥学派又称“凯恩斯左派”。他们维护经济增长的观点，实际上就是凯恩斯的“相机抉择”。

比如说，由人口增长和技术进步所决定的自然增长率是5%，如果由于某种原因，经济的实际增长速度达到了6%，必然会导致通货膨胀。为此，政府就得采取措施，减少资本家利润，增加工人工资。反过来，如果经济实际增长率低于5%，就必然会出现失业，这时，政府就应该站出来对工人说：“你们想得到工作吗？请把兜里的钱掏出来，交给资本家吧。”

罗宾逊和卡尔多主张靠政府干预调整分配格局，维护经济稳定增长，此观点一经公开，结果两边不讨好，同时遭到了来自资本家和工人的指责。记得当年我读研究生时，对新古典增长理论也有不少的困惑。我的疑问是：政府的目标是多重的，除了经济增长之外，还需保持分配的相对公平。如果收入分配已经极端不均，而经济增长却在下滑，那么政府应该采取什么样的措施呢？是进一步加剧工人的贫困，来推动经济的回升？还是容忍经济萧条，避免触动收入分配这颗

“炸弹”？

的确，这是一个两难选择。不知其他学者有何高见，我现在的观点是，研究分配与经济增长不能仅关注利润与工资的分配，还应将政府税收纳进来一并考虑。比如在经济萧条期，政府减税对促进经济增长会更有效。读者赞成我的观点吗？

新古典看好未来

新古典增长理论，是由美国麻省理工学院罗伯特·索洛教授在20世纪50年代开创的，他始终坚信市场的力量，在这一点上与马歇尔为代表的新古典学派可谓如出一辙。由于索洛研究经济增长所取得的突出成就，1987年被授予诺贝尔经济学奖。

与哈罗德不同，索洛对长期经济增长持乐观态度，认为只要让市场机制充分发挥作用，经济就不是走钢丝，长期稳定增长是有保证的。他指出：在经济增长过程中，技术进步和资本深化扮演着重要角色，不仅提高了劳动者的工资，而且避免了利润降低，由此带来的经济稳定，是一种高水平稳定。

这个令人鼓舞的结论是怎样得出的呢？在索洛的增长模型中，有一个和自然增长率类似的概念，叫作“均衡增长率”，即与人口增长速度相适应的增长率。若实际增长率与之相等，则说明经济增长与人口增长保持协调，因而既可以实现充分就业，又不会因劳动力短缺而推动工资上升，从而造成通胀。

这个增长率之所以称为“均衡增长率”，是因为索洛认为，只要经济增长保持在这个速度上，即使出现了暂时的偏离，经济系统内部的市场机制也会把它重新拉回到均衡的位置。比如，如果由于某种原因，经济的实际增长率低于均衡增长率，则必然会导致失业，在市场机制的作用下，劳动力供过于求，工资水平就会降低，从而使投资回报上升，这样将会刺激企业增加投资，推动经济增长。反过来，实际增长率高于均衡增长率，则必然出现劳动力短缺，工资上涨，投资利润率下降，从而抑制投资，降低经济增长速度，并一直持续到和均衡增长率相等为止。

对经济增长的长期稳定性充满信心，这只是索洛乐观态度的一部分。另一部分则是，在经济增长的稳定状态下，工资和利润都能达到较高的水平，这也是索洛和古典经济学家的重要分歧所在。

我们知道，古典经济学也承认经济增长稳定，但对工资和利润的看法却不像新古典学派那样乐观。这一点，我们可以从亚当·斯密那里得到一些证据。比如斯密在1776年出版的《国富论》中写道：“经济增长不会无限制地进行下去，最后，会由于自然资源的匮乏而告终。因为，一个国家一旦将它的土壤、天时和地理位置的潜力充分发挥以后，就无法再前进了，但也不会后退，不过这时的工资和利润都可能非常低。”

马尔萨斯则把斯密的“悲观论调”发挥到了极致。他认为，经济增长的长期均衡，只能维持人类基本生存的需要，人类注定要过着朝不保夕的生活，不要奢望有什么改善。这幅阴暗的景象令人毛骨悚然，以至于卡莱尔批评马歇尔的经济学是“恐怖的科学”。

现在看，马尔萨斯的预言肯定是错了。事实上，在他之后的一个世纪里，经济的增长远远超过了人口的增长，利润并没有降低，而工资却大幅度地提高了。这一切是如何发生的呢？让我们来看看新古典增长理论是怎样解释的。

索洛注意到，在工业革命之后的一百多年里，资本的增长超过了人口的增长，每个工人占有的资本量增加了，也就是说，出现了资本深化。资本深化的例证包括：农业机械和农业灌溉系统的增多，铁路和高速公路的出现，计算机和通信设施的广泛使用。在上述每一个产业中，社会都投入了大量的资本品，增加了每个工人的资本量，结果是人均产出有了极大的提高，作为这种提高的回报，劳动者的工资也大幅度增长了。

在资本深化过程中，资本报酬会发生什么样的变化？可以断定，若没有技术进步，投资回报会持续降低，用经济学术语说，即投资收益递减。对投资收益递减规律，我们不妨这样理解：最有价值的投资项目总是最先实施，越到后来的投资，价值会越小；当一个完整的商业网点系统在繁华的都市建立起来后，新的投资只能向城市的郊区扩展，这些投资收益无疑会降低。

不过索洛同时指出，投资收益递减并不是经济发展的事实，尽管伴随着商业周期，利润有很大的波动，但在20世纪的历史上，利润下降趋势并未出现。相反，技术进步使得同样投入能够带来更多的优质产出。他解释道：这样的技术进步包括核电站、数控机床、杂交水稻等，其中最引人注目的则是电子学和计算机。所有这些，都极大地改变了我们周围的世界。

是的，我们今天看到钉马掌的行业没落了，而汽车、电子等一批新兴产业成长了起来，纵横交错的海底电缆，将整个世界联成了一体。每当早上醒来，我们便可在互联网上读到美国当天的报纸，或者通过通信卫星，看一看香港的电视节目。那些令人眼花缭乱的产品，其性能和质量在不断提高，而售价却日趋下降，这股神奇的力量的确是来自技术进步，人类正是利用技术进步降低了成本，扩大了产出。在投资报酬递减和技术进步这场竞争中，技术进步至少是取得了暂时的胜利。

索洛是个乐观主义者，他相信依靠市场的力量，经济增长能够在长期中趋于稳定，而且是稳定在一个较高的水平上。因为资本的深化可以推动工资的提高，而技术进步又会抵消收益递减规律的作用，从而抑制利润的降低。正是基于这样的观点，新古典增长理论宣称："不要被哈罗德的结论和马尔萨斯的预言所吓倒，我们应该看好未来。"

经济周期众说纷纭

不知读者对经济周期问题怎样看。说实话，多年来我对“经济周期说”一直心存疑惑。不是说经济不会扩张或收缩，经济增长不可能走直线，有波动很正常；但我认为这种波动并无固定的周期。为何这么说？我写这篇文章就是要对此问题作分析。

所谓周期者，循环变化之固定时长也。照此定义，自然界变化无疑是有周期的。春夏秋冬四季更替，365天为一周期；白天与黑夜变化，24小时为一周期。可经济增长是否也存在这种周期呢？有经济学家说不存在，而多数经济学家却说存在。在“存在”论者中，对经济周期到底多长又众说纷纭。有人说是5年，有人说是10年，有人说是20年，也有人说是50～60年。

最早研究经济周期的学者，应该是英国经济学家杰文斯，在1875年出版的《货币与交换机制》一书中，他将经济的周期性波动归因于太阳黑子的周期性变化。他解释说，太阳黑子的周期性变化会影响气候周期变化，气候周期变化会影响农业收成，而农业收成会影响整个经济。于是他推断，太阳黑子每10年出现一次，经济增长也大约10年为一个周期。

杰文斯的分析不能说毫无道理。然而时代变了，今天工商业产值比140年前不知增加了多少倍，农业在整个经济中的占比已大幅下降；而且相对于140年前，农田水利设施与农业科技也是今非昔比。气候变化对农业虽有影响，但影响已微不足道。远的不说，中国近40年农业连年丰产，经济持续快速增长，足以证明杰文斯的“10年周期”不成立。

杰文斯之后，经济学家又从不同的角度解释经济周期。比如熊彼特就用“创新”解释。他说，创新是一种新的生产要素组合，这种新组合会刺激经济增长。当新组合出现时，老的要素组合仍然存在，于是就给创新者提供获利条件。而一旦新组合的技术扩散而被多数企业获得，最后的阶段——经济停滞也就临近了，要等到下一次新的创新出现，经济才会出现新的繁荣。

霍特里则用“纯货币理论”解释。他指出，名义国民收入决定于货币量和货币流通度，故一国的国民收入增长波动，实际是银行信用交替扩张和紧缩信用导致的结果。另外，还有学者用“固定资产更新周期”“产品生命周期”等理论作解释。然而综其大观，这些理论只是解释了经济何以产生波动，并未证明经济波动为何有周期。

先看熊彼特。熊彼特将前后两次“创新”确定为一个周期，为50～60年。并举证说：第一个周期从18世纪80年代到1842年，为工业革命时期；第二个周期从1842年到1897年，为“蒸汽和钢铁时期”；第三个周期自1897年开始，为电气、化学和汽车时期。

显然，熊彼特作出上述判断，依据的是历史事实；而对每次创新为何间隔50～60年却未予论证。从证伪的角度，一个理论若有一个反例就被推翻。而我想到的是第三次科技革命，此次技术革命肇始于20世纪40年代，而第四次技术革命最近几年才刚刚兴起，中间相隔近80年，可见“50～60年的周期说”值得怀疑。

再看霍特里。霍特里的解释我认为也不可信。事实上，货币政策与经济波动互为因果。货币政策调整可能引起经济波动，而经济波动也可能促使货币政策调整，不能绝对地说是货币政策引起经济波动。特别是20世纪70年代后，西方不少国家采用弗里德曼的“简单规则”货币政策，货币政策扩张与紧缩并无明显周期，而且中国近十年也如是。不然请问读者：你认为中国货币政策多少年会扩张一次？我赌你说不出。

在我看来，用“固定资产更新”解释经济周期更是错得离谱。对某个具体企业来说，固定资产更新当然有周期，但一个企业固定资产的更新周期却不可能引发整体经济波动。要知道，固定资产更新引发整体经济波动得有前提，那就是所有企业要在同一时间更新，可现实情况并非如此。同样道理，企业的“产品生命周期”也各不相同，因此用产品生命周期解释经济周期也是错的。

我对“经济周期说”提出质疑，其实是想推出下面三点结论。

结论一：流行理论说经济周期含“繁荣、衰退、萧条、复苏”四个阶段。于是有人认为近年来中国经济下行，表明已从繁荣走向衰退，而且还会继续走向萧条，然后才能复苏。我不同意这判断。中国经济发展从高速转向中高速，是政府“稳增长”的结果。今后一个时期，增长还会稳定5%左右。读者若不信，可以拭目以待。

结论二：学界提出的所谓“经济周期”，只是历史经验的归纳，历史未必代表未来，经验也未必就是规律。前面分析过，经济增长难免有波动，但经济波动并不存在固定的周期。面对经济下行，我们应保持定力，不要见风是雨，自乱阵脚。曾记否？十年前国际上就有人危言耸听，说中国经济将硬着陆。可放眼看世界，风景还是中国这边独好。

结论三：今天学界大行其道的经济预测，依据也是经济周期。我要指出的是，经济活动的主体是人，人的行为不可能简单重复。这是说，对人的行为选择要根据学理逻辑作推测，而不应迷信用历史数据作预测。世易时移，人的行为会因时而变，比如人类对生态环境的重视程度，工业化前后就大不一样。再说，未来具有太多的不确定性，哪怕用大样本数据作回归分析，我认为结论的可靠性也不大。

平衡发展与不平衡发展

一个经济欠发达国家（地区）要想迈入发达国家（地区）的行列，应该选择全面投资，实行平衡发展战略；还是只对重点部门加大投入，实行不平衡发展战略？对此经济学家见仁见智，众说纷纭。为便于读者理解，让我先以一个家庭为例，对此问题展开讨论。

一对收入微薄的农村夫妇，养育了三个孩子，尽管家境贫寒，但这对夫妇发誓要让小孩念大学。这倒不是因为他们知书达礼、深明大义，而是因为他们知道，越是穷苦的家庭，就越要让小孩读书，只有小孩有了出息，将来他们才老有所养。尽管这对夫妇的谋划十分明确，但无奈经济拮据，要让三个小孩都上大学根本不可能。

怎么办呢？现在只有两个选择：一是把有限资金平摊在三个小孩身上，让每个人都读书，但这样只能维持他们到初中毕业；二是就保重点，只让资质好的老二上学，并供他上大学，然后再让老二帮助其他兄弟。究竟应该选择哪个方案，恐怕值得这对夫妇认真思量。

同样的道理也适合贫困落后、资源有限的欠发达国家。以提出“恶性贫困循环论”而著名的经济学家纳克斯认为，欠发达国家要打破困扰它们的两个恶性循环，必须在各部门、各企业之间平衡地谋求经济增长。因为，只有全面地投资于工业、农业、外贸等国民经济各部门，使一切部门同时扩大，才能形成广大的市场，并对经济增长起到决定性的作用。但在投资方面，他主张对发展薄弱和有关键作用的部门多投资，以便实现各部门的协调发展。

如果说，纳克斯主张的平衡发展，强调的是经济全面发展的必要性，那么罗森斯坦·罗丹所主张的平衡发展，强调的则是大规模投资的重要性。他认为，发展中国家只有大规模地、全面地投入资本，给整个经济一次大推进，才能迅速改变自己的落后面貌。

罗森斯坦·罗丹主张“大推进”的理由有二。一个理由是，经济过程是一个整体，具有“不可分性”：欠发达国家必须进行基础设施建设，而这些建设规模大，周期长，不一次投入足量资本，会令工程或者不配套，或者半途而废，形成不了生产力；而现代工业资本密集度高，只有投入大量资本，兴建许多相关工厂，才能互相创造需求，提供市场，使整个工业得到发展。

另一个理由，他认为单独兴建的某个工厂，往往会因找不到社会需求而被迫关闭，而只有在一个地区兴建大量相关工厂，才能收到规模经济的效益，而且还将促使一些共同使用的运输、道路、货站、通信等设施和服务性专业企业建立，从而大大降低各个企业的生产成本，有利于它们的竞争和发展。

然而也有经济学家对上述观点不以为然。以赫尔希曼为代表的经济学家公开反对平衡发展战略，而力主不平衡发展战略。他的观点，是要集中有限的资本和资源，优先发展一部分主导产业，以此为动力，带动其他产业乃至整个经济的发展。

赫尔希曼在其《经济发展战略》一书中系统地阐述了这一思想。他认为，发展就是一系列连锁着的不平衡，经济发展往往采取踩跷跷板的形式前进，从一种平衡走向新的不平衡。落后国家既然资本有限，就不应该首先投资建设基础设施，而应先向直接生产部门即工农业生产部门投资，因为这些部门投资少，很快就会增加产出和收入。待直接生产部门发展起来并产出了较大收入后，再将一部分收入投向基础设施部门。他认为只有这种投资政策，才符合经济最优化原则。

为了论证上述投资政策的合理性，赫尔希曼提出了“联系效应”。所谓联系效应，就是指国民经济各部门之间存在着一种相互联系，这种联系又分为“前向联系”和“后向联系”。“前向联系”是指一个产业同购买其产品的产业之间的联系，如钢铁工业的前向联系是机器制造业、汽车工业等。“后向联系”是指一个产业同向它提供原料的产业的联系，如钢铁工业的后向联系是采矿业等。

赫尔希曼认为，一国在选择优先发展的部门时，应当选择前、后联系效应最大的部门优先发展。据他观察，欠发达国家的经济部门，其联系效应比较微弱：其中农业最缺少联系效应；初级产品没有后向联系；矿业的前向联系也很小。因此，欠发达国家只有将资源集中投入到前、后联系效应较大的部门，才可带动其他部门更快发展。

时至今日，平衡增长和不平衡增长的争论仍在继续，但究竟孰是孰非，不仅在理论上难以定评，在历史经验的分析中，也不易作出明确的、一致的结论。例如，斯特里顿以18世纪英国的纺织工业和钢铁工业为例，证明了不平衡增长的成功，而俄林从其他发达国家中却找不出不平衡增长取得成效的史例。

冷静地分析，平衡增长和不平衡增长其实各有可取之处。平衡增长强调一揽子投资项目之间应有良好的协调，此观点无疑是正确的，但在发展初期就要求全面同步发展则是不现实的。不平衡增长关于前向联系和后向联系的论证，颇为发人深省，但低估了不平衡增长可能加剧既得利益者和利益受损者之间的矛盾。

最后再说我的观点。在我看来，平衡增长和不平衡增长之间并无实质性冲突，两者可并存不悖，因为它们所追求的目标都是平衡，只不过不平衡发展是以创造短期的、事先的不平衡来求得长期的、事后的平衡。所以我们不必将两者对立起来。

“中等收入陷阱说”存疑

近几年中国经济下行压力加大，有学者断言是遭遇到了“中等收入陷阱”。早就听到过类似的说法，只是当初并不以为然；近来读报纸、看电视，发现拿“陷阱”说事的人越来越多，不少人还据此料定中国经济已到拐点，从此会走下坡。而背后的潜台词是，既然“中等收入陷阱”是一道迈不过的坎，规律如斯，面对经济下行就只能听天由命，谁也无力回天。

是这样么？说实话，我不同意将目前国内的经济下行与“中等收入陷阱”挂钩，甚至对“中等收入陷阱”这一提法，我认为也有诸多疑点。最近我查阅文献，发现有个现象很奇怪，众人皆说存在“中等收入陷阱”，口口相传，可并未见到有哪位学者对为何存在“陷阱”给出论证。简单的分析是有的，不过都似是而非，难以令人信服。问题是，用一个有待论证的“理论”给中国经济下定判，这样做是不是有些失之草率呢？

我看到的文献，“中等收入陷阱”的发明者是世界银行。2006年世行发表“东亚经济发展报告”，首次提出了此概念，意思是说，进入中等收入阶段的国家通常会面临一个两难境地：在工资成本方面，无法与低收入国家竞争；而在高新技术方面，又无法与高收入国家竞争。上下被挤压，于是中等收入国家很容易陷入增长停滞期。乍一听似乎不无道理，然而深入想，却疑点多多。让我指出以下三点。

首先，中等收入国家的工资成本比低收入国家高，这当然是事实；而在高新技术方面，与高收入国家比存在一定差距，也是事实。然而这事实怎可推出中等收入国家必陷入停滞呢？

若换个角度比较：中等收入国家的工资成本虽比低收入国家高，但技术水平却比低收入国家高。技术水平虽不及高收入国家高，可工资成本也相对低。可见，与低收入国家比，中等收入国家在技术上具有优势；而与高收入国家比，在工资成本方面具有优势。由此看，中等收入国家大可不必妄自菲薄，谁说中等收入国家只能拿自己的短处比人家的长处？天下没这道理吧。

其次，一个新理论能否成立需经过事实验证，只有经过验证未被推翻才算成立；若一旦被事实推翻，理论便不成立。“中等收入陷阱”是否成立？赞成者大多举东南亚与拉美国家为证：马来西亚1980年人均GDP为1812美元，而到2008年达8209美元后就徘徊不前了；再看阿根廷，1964年人均GDP约1000美元，20世纪末上升到了8000多美元，2002年下降到2000多美元，2008年又回升到8236美元。东南亚与拉美类似的例子多，这些国家经过数十年努力，人均GDP一直未超过1万美元。

以上举证不能说没有说服力，但我要指出的是，科学验证的重点是证伪而非证实。比如“天下乌鸦一般黑”，大家均认定乌鸦是黑的，但若有人举证有一只乌鸦是白的，“乌鸦是黑的”就被推翻了。验证“中等收入陷阱”也如是，只要能举证有一个国家从中等收入到高收入未落入陷阱，则“陷阱说”就立不住。

有这方面的例子吗？当然有。比如：今天高收入的美国当年就未遇到陷阱；日本也如此，1972年人均GDP约3000美元，到1984年就突破1万美元，由低收入国家到高收入国家只用了12年；韩国的时间更短，只用了8年，1987年人均GDP约3000美元，1995年就达到了11469美元。

再次，历史经验说，不论低收入国家还是高收入国家，经济都可能出现停滞。老牌工业化国家英国，第一次世界大战后便风光不再，今天在经济上已成二流国家；美国堪称世界经济老大，可20世纪70年代也曾出现停滞，2008年还爆发了金融危机。低收入国家经济停滞的例子更多，俯拾即是。可令人不解的是，既然增长停滞在任何收入水平的国家都可能出现，并非中等收入国家所独有，那么有何必要危言耸听，搞出一个所谓“中等收入陷阱”呢？

回头再说中国经济。当下我国经济下行的原因有多方面：一是受三年新冠疫情的影响，再加上西方国家的围堵和“卡脖子”，对外出口受阻，外需明显减弱；二是国内产能过剩，调结构需要时间；三是中国已成全球第二大经济体，2023年GDP总量达到了126万亿元，基数如此之大，增速放缓不足为怪。显然，以上这些因素皆与所谓的“陷阱”无关，是特定时期的特殊问题。若硬性将这些问题与“中等收入陷阱”挂钩，无疑是庸人自扰，除了误导决策，我看不出有半点用处。

曾说过多次，对中国经济前景我一贯看好，今天仍不变。事实上，中国具有自己的竞争力：经过40多年改革开放，工业基础雄厚，技术水平虽赶不上发达国家，但比低收入国家要先进得多；工资成本虽比低收入国家高一些，但比高收入国家要低得多。这正是我们的优势，只要我们扬长避短，利用好自己的优势，长远看，对中国经济前景我们没有理由不乐观。

当下最要紧的有两点：一是调结构。产能过剩必须调结构，阵痛在所难免，增速也会低一点，但这是必须付出的代价，决策层要有心理准备，也要有足够的自信与定力。二是继续扩内需。外需不足必须由内需补，舍此别无选择。中国有14亿多人口，4亿中等收入群体，扩内需可谓得天独厚，我敢肯定，若能将国内需求带动起来，10年内保持5%左右增长不会成问题。

“世界末日”模型招致非议

20世纪70年代，西方国家处于发展的“黄金时代”，经济一派繁荣景象。正当人们沾沾自喜时，罗马俱乐部却给狂热的“增长热”当头一瓢凉水。1972年3月，它的首部报告——《增长的极限》问世，作者梅多斯等人预言：“我们这个星球增长的极限将在今后一百年内发生。最可能的结果，是在人口和工业生产能力方面发生颇为突然、无法控制的衰退。”

此言一出，立刻掀起一场轩然大波，在全球范围内激起了有关增长极限的大争论。《增长的极限》盛行一时，被译成三十多种文字，发行数百万册，并作为联合国文件向世界各国散发。罗马俱乐部由此一举成名于天下。

作者在报告中开门见山地指出，该文研究的五项基本因素——人口、工业化、粮食生产、污染以及资源消耗，都是指数增长，也就是以一个固定的百分比增长。指数增长的速度，可用增长一倍所需的时间衡量。其计算方法，是用70除以增长率，如人口年增长率为2%，那么，人口翻一番的时间就大约是35年。

指数增长的特征，可用下面的例子来说明：在一个池塘的水面上，长着一株睡莲幼苗，每天长大一倍。如果对睡莲幼苗的生长不加控制，它会在30天内盖没整个池塘。在开始相当长一段时间里，幼苗似乎很小，不惹人注意。但到了第29天，会覆盖半个池塘；而再过一天，池塘内的生物将“全军覆没”。可见，指数增长很容易麻痹人。刚开始增长并不明显，但到达某个阶段后，就可能变得“非常迅猛”，令人猝不及防。

梅多斯认为，上面提到的五种因素，都像睡莲的幼苗一样，以指数形式增长。就人口来说，1970年，世界人口总数达到36亿，增长率为每年2.1%，倍增时间只要33年。于是梅多斯据此提出预言：再过33年，世界人口将达到72亿左右。如果不采取有效措施，到2036年，世界人口将高达144亿！

与此同时，工业化所需的原材料、燃料，也是以指数形式增加。既然人口和工业对原材料和燃料的需求，像滚雪球般增长，梅多斯就很自然地提出了一个引人深思的问题：我们这个小小的地球，能否承受如此之重负？

比如以粮食为例。粮食的主要生产资源是土地。由于修路、建房以及城市建设，现有的耕地不断被侵占。另一方面，据联合国粮农组织的报告，开发耕地又很困难。如此一来，耕地面积就有减无增。同时，人口急剧增加，迫使人们不顾后果地掠夺资源，导致资源枯竭，污染愈演愈烈，人类生存条件大大恶化。

梅多斯进一步指出，上述五种因素既相互影响，又动态变化，构成“世界系统”。为此，他与合作者一起精心构建了一个“世界模型”，利用计算机对以上因素进行定量分析。经过分析，得出的结论是，如果目前的情况不发生重大改变，人口和工业的增长，最迟会在下一个世纪内停止，整个世界将因为环境和资源危机而崩溃，地球有朝一日将自行毁灭。

梅多斯等人的结论如此令人沮丧，且又事关整个人类的未来命运，因此，学界将他们的模型称为“世界末日”模型。世界末日为期不远了！人类要避免灭顶之灾，唯一的办法是在1975年停止人口增长，到1990年停止工业投资增长，从而达到一种“零增长”的全球性均衡状态。这就是“梅多斯们”向各国首脑提出的建议。

由于作者都来自声名赫赫的麻省理工学院，有深厚的学术背景，他们的言论自然很具有权威性，而且他们的模型使用了先进的计算机技术，就更显得无懈可击；再加上1973年发生了空前的石油危机，世界经济的发展趋势似乎被他们不幸言中，这就更增加了他们结论的可信性。

《增长的极限》一经问世，就引起了世人的广泛关注。一时间，在西方的报纸杂志、电视广播，甚至会议室、研讨会上，有关增长极限的争论之声不绝于耳，到处可闻。当时人们达成的共识是，“不能盲目反对发展，但应该反对盲目发展”。

半个世纪后，梅多斯的预言，却招致了众多非议。有学者批评说，把人口、经济、资源等因素的增长率，固定在某一时期的水平上是不合实际的。一个显而易见的事实是，随着经济水平的提高，人口的增长会变缓，甚至还会出现负增长。

同时还有学者指出：“世界末日”模型也没有足够重视技术进步的作用。经济学家佩吉曾批评道：地壳的厚度从25英里到40英里不等，现在油井钻孔最深也不到10英里。钻得越深，储量越多，随着技术的进步，能够获得的石油也就越多。

而在我看来，“世界末日”模型的另一缺陷，是忽视了价格机制的作用。经济学的供求原理说，当一种资源供给短缺时，价格就会上涨，迫使人们节约使用，并去开发新的替代资源。因此，资源问题未必是制约未来经济发展的唯一决定因素。

不过话要说回来，尽管“世界末日”模型受到了诸多批评，但它并不完全是空穴来风。的确，当今世界潜伏着种种危机，需要全人类高度关注、严阵以待。毕竟人类只有一个地球，虽然地球宽容而博大，但若不加节制地任意索取，终会有山穷水尽的一天。自古是前人栽树，后人乘凉。如果今天把“资源”都耗尽了，将来怎么给子孙交代？

经济均衡与就业

200年前，法国经济学家萨伊在《政治经济学概论》中提出："供给可以自动创造需求。"因为人们卖出自己的商品，是为了购买别人的商品。这样，一种商品的供给，就意味着对另一商品的需求。

凯恩斯1936年出版的《就业、利息和货币通论》，全面否定"萨伊定律"，掀起了所谓"凯恩斯革命"。然而到20世纪70年代西方经济陷入"滞胀"后，凯恩斯理论却千夫所指、四面楚歌。

威茨曼在《分享经济》中指出：企业总收入若由劳资双方按照一定的比例分享，便可减少失业。他因此被称为自凯恩斯后提出最有效对付失业办法的第一人，可他的理论却始终未被政府采纳。

萨伊定律的困惑

早在200年前，法国经济学家萨伊在《政治经济学概论》中提出“供给可以自动创造需求”，并指出市场经济是一台具有自动修复功能的灵巧机器，既不会出现生产普遍过剩的经济危机，也不会出现普遍的失业。这一观点，后来被经济学者称为“萨伊定律”。

有这样一则故事。某天晚上，有几个小伙子在法国里昂一家餐馆里一起喝啤酒，其中一位趁着醉意把几瓶啤酒砸在外边马路上，嘴里还嘟囔说“为工厂作贡献”。说者无心，但却让坐在一旁的萨伊陷入了沉思：将商品毁掉是给工厂作贡献么？莫非是企业生产的商品没有需求？

经过一番苦思冥想，萨伊否定了毁掉商品为企业作贡献的看法。他的论证是这样的：人们卖商品，是为了买商品，即为买而卖，货币只是交换媒介，企业卖出商品拿到货币后，会立即购买自己所需要的商品。这样一种商品的出售，就意味着对另一商品的购买。于是他得出结论：供给可自动创造需求，生产不会过剩。

在该定律提出后最初的一百年里，虽不断有人提出质疑，但多数经济学家仍认同。直到20世纪30年代西方国家发生经济大萧条，生产出现普遍过剩，为对付萧条，凯恩斯于1936年出版了《就业、利息和货币通论》，并由此掀起了一场“凯恩斯革命”。凯恩斯挑战的是传统理论，而首当其冲则是萨伊定律。

萨伊定律错在什么地方？凯恩斯说，在早期物物交换时代，甚至是金银货币时代，萨伊定律能够成立；但当纸币出现后，萨伊定律就站不住了。凯恩斯的理由，是货币可以储藏，当人们卖出商品后如果不马上买，货币被储藏，商品便会出现过剩。

这种看法流行至今，而且自凯恩斯之后，经济学教科书皆将“储蓄等于投资”看作经济总量均衡的前提，也是基于以上理由。

而我的看法却与凯恩斯不同。在我看来，商品过剩的症结不在货币；正相反，是货币的出现，在某种程度上促进了交换。

想想物物交换的情形吧。如生产斧头的厂商需要购买服装，而生产服装的厂商却不需要斧头，这样交换就不能完成，斧头与服装皆会被积压。但要是有货币作等价物，买卖两便，交换即可完成。可见，货币的出现有利于交换，减少了过剩。

也许有人问，货币被储藏，需求怎会不减少呢?

对此要分两种情况：货币若是金银，需求可能会减少。如果有人预计未来金银升值而将金银储藏，所对应的商品会因为缺少货币可能滞销。但若货币是纸币，由于纸币不能储藏只能储蓄，需求不会减少。理由简单，银行是靠存贷利差赚钱的企业，吸收存款后一定会千方百计贷出去。如此张三的储蓄就变成了李四的需求，需求不会变。

所以我的观点，如果仅从总量看，供给确实可创造需求。其一，货币是一般等价物，也是特殊商品。既然是商品，那么特殊商品（货币）的供给，可创造对普通商品的需求；而普通商品的供给，则可创造对特殊商品（货币）的需求。其二，企业生产商品需购买设备与原材料，这样创造供给的过程，同时也是创造需求的过程。其三，供给可以引导需求。50年前没人用手机，而今天有了手机供给，市场也便有了对手机的需求。

不过这是从总量看，若想多一层，比如从结构看，供给就未必等于需求了。举例说，市场需要100套住房、5000斤大米，而厂商供给的却是110套住房、4000斤大米，由于结构不匹配，此时房产显然会过剩。

当年萨伊本人其实也意识到了这一点，但他认为结构失衡只是局部的短期现象，未作深入分析。可事实表明，结构失衡往往引起总量失衡，中国今天的产能过剩，就是结构失衡所致。

是的，总量平衡并不代表结构平衡，两者不是一回事。由此看，从政策层面解决产能过剩问题，重点不在需求侧，而是在供给侧。那么怎样才能使供给结构与需求结构保持平衡呢？

思来想去，我认为至少有三个条件要满足：一是价格由市场供求决定，让企业按价格信号的指引生产；二是放松市场准入限制，让生产要素能够自由流动；三是推动市场信息公开透明，让商品流通成本足够低。

反观中国的现实，我们所以出现产能过剩，原因其实就在以上三方面：过去人为压低地价与能源价格，使某些产能过剩项目（如钢铁、电解铝等）得以上马；同时，由于市场准入存在某些限制，资本不能自由进入，导致某些产业发展滞后而成为短板，这样反过来加剧了其他产业相对过剩；另外，流通成本过高，造成了某些有市场需求的产品也大量压库。

正因如此，2015年中央经济工作会议提出推进供给侧结构性改革。此举旨在一箭双雕：通过调整结构改进供给；通过改进供给扩大内需。看政府最近几年释放的信号，这判断不会错。中央高层曾多次强调，要更大程度让市场定价，缩小政府定价的范围；要放宽市场准入，鼓励各类资本平等竞争。

读者不要误会。我主张通过改进供给来扩大内需，而且将化解产能过剩的重点也放在供给侧，这并不意味着今后我们可以忽视需求管理。事实上，需求管理也有大量工作要做，比如调节收入差距、扶贫助弱、提振消费等，对这些，政府皆责无旁贷。

凯恩斯理论千夫所指

凯恩斯1936年出版了《就业、利息和货币通论》，一度风光无限，其理论被不少国家奉为“国策”；而20世纪70年代西方经济陷入“滞胀”后，却千夫所指、四面楚歌。平心而论，站在凯恩斯所处的时代看，《就业、利息和货币通论》并无大错。于今凯恩斯理论失灵，是因为时过境迁，其立论的基础已发生改变。

许多经济学者认为，《就业、利息和货币通论》是经济萧条的产物。意思是说，当经济遇上萧条时，《就业、利息和货币通论》就可派上用场。的确，在20世纪70年代前，西方国家用《就业、利息和货币通论》应对萧条屡试不爽，凯恩斯也因此被称为“战后经济繁荣之父”。1998年中国应对亚洲金融危机，2008年应对国际金融危机，也直接或间接借鉴过凯恩斯理论，至少“扩大内需”的提法，是来自这本书。

学界还有一种观点，说西方经济陷入滞胀是“凯恩斯革命”惹的祸。此批评并非空穴来风。萨伊定律说，供给能自动创造需求。凯恩斯不同意萨伊的观点，他力主扩大需求，并提出要用扩张性财政政策与货币政策刺激投资。可问题就在这里，投资是一把双刃剑，刺激投资能扩大当前需求；但长期看却会加剧过剩、引发通胀。

其实，将滞胀归罪于凯恩斯并不公允。要知道，凯恩斯是个学者，而他本人也曾说过，《就业、利息和货币通论》是医治经济萧条的药方。西方国家战后走出萧条后仍照方吃药，吃坏了身体怎能怪凯恩斯呢？这样讲当然不是为凯恩斯辩护，其实我自己对《就业、利息和货币通论》也有疑问。我的疑问是，它到底是不是医治萧条的灵丹妙药？

前面我说，站在凯恩斯写作的时代看，凯恩斯的分析没有错。当时没有错现在为何会错？我说是立论基础变了。在凯恩斯看来，20世纪30年代西方世界发生经济大萧条，原因是社会有效需求不足。而有效需求不足，则是边际消费倾向递减、投资边际收益递减、流动偏好等三个心理规律所致。这是说，三个心理规律是《就业、利息和货币通论》的立论基础。

为何说立论基础发生了改变？

让我们先来讨论边际消费倾向递减规律。所谓“边际消费倾向”，是指新增收入与新增消费的比例。凯恩斯发现，当人们收入增加，消费也会增加，但消费增加却赶不上收入增加，于是新增消费在新增收入中的比例不断下降。凯恩斯说这是一个规律。若果真如此，整个社会的消费需求当然会不足。

然而值得研究的是，边际消费倾向递减真的是规律么？在凯恩斯时代应该是，但那只是阶段性规律。第二次世界大战后随着消费信贷的兴起，最近30年欧美国家居民储蓄率急剧下降。有数据说，20世纪40—80年代美国居民储蓄率保持在7%～11%之间；到1990—2000年，则降至5.12%；2001年首次出现−0.2%；2005年再次降至−2.7%。储蓄率负增长说明了什么？说明消费增长已快于收入增长，边际消费倾向递减并非恒久不变的规律。

由此推论，凯恩斯的投资乘数理论也难以成立。凯恩斯主张刺激投资，理由是投资有乘数效应。何为投资乘数？凯恩斯将其定义为（1−边际消费倾向）的倒数。举个例子，若边际消费倾向为80%，则投资乘数（1−80%）的倒数为5，意思是投资1元钱可带动5元钱需求。可要指出的是，凯恩斯对投资乘数有个约定，即边际消费倾向递减，不能等于1，否则投资乘数会无穷大。而我们观察到的事实是，今天的边际消费倾向不仅有可能等于1，甚至会大于1，这样投资乘数理论不攻自破。

关于投资需求不足，凯恩斯指出有两个原因：一是投资边际收益递减；二是流动偏好。若其他要素投入不变，增加投资其边际收益无疑会递减。投资边际收益递减，企业家就会减少投资。可流动偏好与投资需求是何关系？凯恩斯说，由于投资边际收益递减，要刺激投资就得降低利率，可由于人们普遍存在流动偏好，利率又不能过低，不然就会陷入流动性陷阱。

为便于读者理解，让我对流动偏好与流动性陷阱作解释。所谓流动偏好，是指人们有保持现金的习惯。而所谓流动性陷阱，则是指利率过低时人们会将现金统统保留在自己手中。那么流动偏好是不是规律呢？第二次世界大战前应该是。可凯恩斯绝对想不到，战后信用卡消费会悄然兴起，而且很快风靡全球。不要说西方发达国家，就连我们中国的年轻人现在也很少用现金，购物、打车一律刷卡或刷手机。可见流动偏好到今天也不是规律。

假若边际消费倾向递减与流动偏好皆不是规律，《就业、利息和货币通论》的三大立论基础，其中两个就被动摇了。基础被动摇，整个理论大厦当然会坍塌。

不过尽管如此，我认为评价凯恩斯的《就业、利息和货币通论》，还是要讲两句话：一是它对医治萧条曾发挥过积极作用，不然就解释不了西方国家为何一度将此奉为国策；二是从现实看，由于它的立论基础已不成立，对凯恩斯理论绝不可照抄照搬。

不能照搬凯恩斯理论，时下已成为国内经济学者的共识。可总供给与总需求该如何平衡呢？中央政府提出的思路是推进“供给侧结构性改革”。显然，供给侧结构性改革不同于凯恩斯的理论。凯恩斯强调需求管理，供给侧结构性改革则强调改进供给。可是有人说，西方供给学派早就提出过改进供给，中央政府的思路与供给学派岂不是一回事？

当然不是一回事。供给学派虽也主张改进供给，但主要措施只是减税。而供给侧结构性改革的措施，则是“三去一降一补”，减税只是降成本的措施之一。说得更明确些，供给侧结构性改革的要义有三：一是立足供给侧；二是改革资源配置机制；三是解决结构性问题。一言以蔽之：就是要通过改革推进结构调整，增强供给结构对需求结构变化的适应性与灵活性。

中国经济已进入新发展阶段，推进供给侧结构性改革势在必行。但要提点的是，虽然凯恩斯理论有诸多疑点，但并不等于可以不再重视需求管理。保持总供给与总需求平衡是经济稳增长的前提，与凯恩斯理论的对错无关，我们既不可因噎废食，更不可顾此失彼。

储蓄为何等于投资

关于总供给与总需求均衡，凯恩斯曾提出一个恒等式：储蓄等于投资。之后，此等式便在学界流行开，到今天已成为宏观经济学的重要基石。学经济学的读者知道，在20世纪30年代之前，经济学并不分宏观与微观，是凯恩斯1936年出版了《就业、利息和货币通论》，才另起炉灶搞起来宏观经济学。

对经济学要不要分宏观、微观，学界一直有争论，不过这不是本文重点，这里不讨论。我认为亟待研究的是，“储蓄等于投资”到底是不是总供求均衡的条件。如果是，怎样理解“储蓄等于投资”；如若不是，总供求均衡的条件又是什么？在我看来，这不单是个学术问题，也事关政府调控经济的思路，有必要澄清。

我曾说过，所谓“凯恩斯革命”，否定的是萨伊定律。凯恩斯认为，物物交换时代供给可创造需求，但当纸币出现后，供求便不可能自动平衡了。他的根据，是边际消费倾向递减规律。此规律说，随着人们收入增长，消费也会增长，但消费增长跟不上收入增长，令消费在收入中的比重下降，储蓄增加。若储蓄不能全部转化为投资，总供给与总需求就会失衡。

凯恩斯的这一观点，追随者众多，也有不少学者撰文支持。权威教科书给出的解释是：一个国家假定只有企业与居民两个部门，不存在税收，也没有政府支出和进出口，这样从收入（供给侧）角度看：

国民收入＝工资＋利润＋利息＋地租＝消费＋储蓄

而从支出（需求侧）角度看：

国民收入＝投资＋消费

总供求平衡，意味着总收入等于总支出，即：

消费＋储蓄＝投资＋消费

上面等式两边都含消费，故左边的储蓄，必等于右边的投资。

看上去，上述论证逻辑井然，无懈可击。然而往深处想，这恒等式其实也有疑点，至少有三个问题值得追问：第一，储蓄的含义究竟为何？是单指居民存款还是包括其他项目？第二，储蓄等于投资是指“事实相等”还是“应该相等”？第三，总供求平衡是否必须将储蓄转化为投资？

凯恩斯的《就业、利息和货币通论》我读过无数遍，总觉得他讲得不够清晰，且疑点诸多、自相矛盾，下面说说我的看法。

先说储蓄。照凯恩斯的说法，收入减消费的余额为储蓄，显然，他讲的储蓄就不只是存款。比如你有10000元收入，3000元用于消费，余下7000元为储蓄。假如7000元储蓄中你用5000元买了字画收藏，用1000元买了股票，剩下1000元存银行，这样看，在凯恩斯那里储蓄是一个比银行存款更宽的概念，我们不妨称为“广义储蓄”。

于是问题就来了，若广义储蓄不单指银行存款，那么储蓄大于存款的部分是什么呢？当然不可能是消费，只能是投资。如上例中居民购买字画收藏与购买股票皆是投资行为，这一点凯恩斯其实也注意到了。问题是储蓄本身包括投资，说储蓄转化为投资岂不是同义反复？可见，凯恩斯讲“储蓄转化为投资”时的“储蓄”，并不是广义储蓄，而是狭义储蓄，即居民存款。

再想深一层，如果凯恩斯所讲的储蓄是广义储蓄，而广义储蓄包括投资与存款，这样问题又来了：由于供给侧的国民收入=消费+储蓄=消费+投资+存款，而居民存款是为了从银行取得利息，故存款对居民来讲也是投资。换句话说，居民不仅仅是消费者，同时也是投资者。既然存款也是投资，供给侧的国民收入也就等于消费加投资了。

所以对第二个问题我的观点很明确：若在年底对当年国民收入存量进行核算，广义储蓄肯定等于投资，两者是事实相等。但若储蓄是指狭义储蓄（存款），则储蓄与投资是应该相等。因为存款虽是居民投资，但却不是企业投资，存款若不转为企业投资，总供求同样会失衡。

再谈第三个问题，总供求流量保持平衡，狭义的储蓄是否必须转化为投资？从国民收入预算角度看，我认为不能一概而论。前面说过，供给侧的国民收入=消费+投资+存款，需求侧的国民收入=消费+投资。这样要保持总供求平衡，存款可向两个方向转化：若社会投资不足，存款可转化为投资；若投资（产能）过剩，存款则应转为消费。

放眼看，大量的中外实践证明，储蓄转化为投资可以扩内需，储蓄转化为消费也可扩内需。想想消费信贷吧，消费信贷肇始于欧美，今天风行全球，其实就是支持储蓄转化为消费。凯恩斯当年自己说，他主张储蓄转化为投资，是因为投资有乘数效应。可事实上，消费也有加速效应，而且迄今为止经济学并不能证明，对拉动需求来说，扩投资就一定胜于扩消费。

综上可见，“储蓄等于投资”并非总供求均衡的唯一条件。关于总供求均衡，我赞成马克思的分析。在《资本论》

中，马克思将社会资本再生产分为生产资料与消费资料两大部类，他指出，社会总资本再生产，必须坚持“价值补偿”与“实物补偿”两个平衡。在我看来，“两个补偿”才是总供求平衡应该遵循的原则。

现在的难题，是怎样实现“两个补偿”。有一点可以肯定，绝不能固守“储蓄等于投资”的教条，否则会作茧自缚。当然，我们也不能走过去计划经济时期政府统购包销的老路。可取的办法，是要让市场在资源配置中起决定作用，同时政府也要对市场失灵作相机调节。

持久收入与消费函数

关于消费与收入之间的关系，从亚当·斯密到马歇尔，大多经济学家都认为消费是收入的函数，或者说消费要由收入决定。应该说，古典经济学的“消费函数理论”没有错；可在马歇尔之后，经济学家对如何定义“收入”却产生了不小的分歧。

费雪在1930年出版的《利息理论》中，将“收入”定义为一连串消费事件。比如某人拥有10万元，若用7万元购买了生活品，这用于消费的7万元便是他的收入；余下的3万元不是收入而是他的资产（如储蓄、股票等）。显然，在费雪看来收入有广义与狭义两种：狭义收入等于消费；而广义收入则大于消费。

另一位学者是凯恩斯。凯恩斯虽然认同消费函数，但他认为消费不会随收入同比例增长。1936年，他出版了《就业、利息和货币通论》，为说明一个国家为何会消费不足，提出了“边际消费倾向递减规律”。意思是：随着人们收入增加，消费也增加，但消费增加却赶不上收入增加，这样消费在收入中的比重（消费倾向）会下降。从增量看，一个人收入越高，消费在收入中的占比就越低，故收入增长与消费增长并不同步。

然而事实却否定了凯恩斯的推断。20世纪50年代，消费信贷在欧美悄然兴起，不少人的消费支出开始超出他们的收入，比如有人本来买不起房，但有了消费信贷后，他们便可通过银行贷款购买住房。这现象的出现，无疑是对凯恩斯理论的挑战，同时给人这种印象：消费并不受收入约束，可以超过收入。

果真如此么？莫迪利亚尼提出的“生命周期假说”对此作了否定的回答。此假说指出：在人生的不同阶段，消费与收入会有不同的安排。通常的情形是：年轻时消费会大于收入，有负债；中年时收入会大于消费，有储蓄；老年时，消费会大于收入，用储蓄弥补缺口。前后算总账，一个人一生的消费，最终仍取决于他一生的收入。这样看，消费并未超过收入。

针对凯恩斯消费与收入可以不同步的观点，弗里德曼提出“持久收入假说”予以反驳，此假说指出：决定消费的是持久收入而非现期收入。何为持久收入呢？弗里德曼说是指三年以上相对固定的收入。

他的论证并不复杂，下面让我作简要介绍。

假设有7个人，他们的周薪都是100元，而且发薪的日子并不确定，有可能是除星期天外的任何一天。如果以这7个人为对象，并随机地选取一天来调查他们的现期收入和现期消费，比如我们选取星期三这天，只有1个人的收入为100元，其余6个人的收入皆为零。如果是现期收入决定消费，那么有100元的人当天可消费为100元，其余6个人的消费支出为零。可实际情况如何呢？事实上，另外6个人也有消费，甚至有人当天的消费支出超过了100元。同样的情况也会出现在星期天，在这一天中，7个人的收入都为零，但他们消费的平均值却可能是正数。

由此，弗里德曼得出结论说：人们在消费方面的现金支出，不一定要与他们当期的现金所得相适应，当人们认为可以动用能够预计的持久收入时，当期消费支出可能会超过他的现期收入，如购买汽车分期付款、住房按揭等。但从长期看，消费终归还是由收入决定，准确地说，是由消费者的持久收入决定。

弗里德曼的持久收入假说，在一定意义上挽救了消费函数。不过尽管如此，我认为此假说却有一个难题，它仍解释不了美国2008年发生的房贷危机。比如照弗里德曼的假说，消费者按持久收入消费，银行按客户的持久收入贷款，请问怎会出现房贷危机呢？

对此问题的解释，我有两个推论：其一，假若有消费信贷安排，一个人的消费水平由持久收入决定，否则仅由现期收入决定；其二，在消费信贷的条件下，一个人的消费水平不仅取决于持久收入，同时也决定于信贷杠杆率。第一个推论好理解，因为消费信贷就是将人们的未来收入折现为当期收入。第二个推论复杂些，让我举例解释。

假定某人自己有100万元，想购房，假定银行不提供房贷，显然，他此时只能购买100万元的房产。现在假定有消费信贷，比如银行可提供50%的贷款，那么他用100万元就可购买到200万元的房产，杠杆率是2倍；而银行若提供90%的贷款，他用100万元便可购买1000万元的房产，杠杆率是10倍。由此见，信贷杠杆对消费具有举足轻重的作用。

读者不要误会，我提出上面的推论，并不是否定弗里德曼的“持久收入假说”，相反，我自己完全认同这一假说。因为它不仅挽救了消费函数，同时也给了我们两点启示。

第一，按照持久收入假说，凯恩斯提出的边际消费倾向递减规律便不存在，因为人们一旦愿意预支未来收入作为现期消费支出，边际消费倾向就会发生不规则的变化，而不一定是递减的。政府若以此“规律”为根据，用增发钞票的办法刺激消费，很可能带来滞胀的恶果。

第二，政府若为了应付萧条而临时减税、刺激消费，那么按持久收入假说，减税措施是无效的，因为居民这种临时性的额外收入，只会很少用于消费，其余将转化为储蓄。反之，政府若为了应付通胀而临时增税、抑制消费，按持久收入假定，其增税措施也是无效的，因为临时增税将使居民预期收入减少，而当年消费只占其中一小部分。

供给学派与供给侧改革

一国经济要实现稳定增长，总供给与总需求必须保持平衡。对此学界似乎并无分歧。分歧在于，当总供给与总需求不平衡时，政府应该怎么办？20世纪70年代以来，经济学者一直在讨论这个问题。

迄今为止，学界有两种相互对立的观点。凯恩斯的主张，是立足于需求管理，重点扩需求；而供给学派却主张立足于供给管理，重点促供给。这是说，以需求管理为主还是以供给管理为主，是凯恩斯学派与供给学派的分界所在。

往前追溯，经济学家大多是重视供给管理的。萨伊定律说："供给能自动创造需求。"萨伊的意思是，一个国家只要管理好供给，就不会出现普遍生产过剩和失业。20世纪30年代之前，萨伊定律一直被奉为经济学的信条，从未动摇过。然而1929—1933年发生了经济大危机，西方国家失业率达到25%以上。凯恩斯于1936年出版《就业、利息和货币通论》，发起了对萨伊定律的“革命”，政府管理的重心从供给侧转到了需求侧。

对凯恩斯理论我已作过分析，不再重复。只指出一点，凯恩斯对战后西方经济繁荣居功至伟，他也因此被誉为“战后经济繁荣之父”。遗憾的是好景不长，到20世纪70年代西方经济就陷入了滞胀。面对滞胀，人们不得不对凯恩斯理论产生怀疑。时势造英雄，供给学派于是应运而生，这样西方国家政府管理经济的重心，又从需求侧回到了供给侧。

其实，从政策主张看，供给学派与凯恩斯并无大异。所不同的是，凯恩斯主张政府直接扩投资，而供给学派则主张通过减税扩投资。

毋庸讳言，凯恩斯学派和供给学派的理论我们都曾借鉴过。1998年应对亚洲金融危机，2008年应对国际金融危机，办法皆是扩内需；2015年，中央经济工作会议提出供给侧结构性改革（简称供给侧改革），也强调“降成本”，而其中举措之一，就是减税降费。

于是国内有经济学者对供给侧改革出现了三大误解：一是将供给侧改革等同于西方供给学派；二是认为供给侧改革就是政府调结构；三是认为供给侧改革的目标仅是“三去一降一补”。

我在这里要指出的是，中国的供给侧改革，并不同于西方供给学派的观点。前者重在调结构，后者重在减税扩投资。事实证明，当年里根推行全面减税不仅未解决美国的结构问题，反而加深了结构性矛盾。

是的，供给侧改革不同于供给学派，那么供给侧改革是否要由政府调结构？当然不是。要知道，供给侧改革有三个关键词，其中第一个关键词就是“改革”，这里的“改革”，是改革过去那种主要靠政府计划配置资源的体制机制，让市场起决定作用，同时更好发挥政府作用。换言之，供给侧改革强调的是从供给端发力，主要通过市场机制调结构，而不是由政府调结构。

我曾说过，政府调结构有三个前提：第一，政府要事先知道未来怎样的结构是合理的结构；第二，政府官员要比企业家更懂市场；第三，行政手段要比市场手段更有效。可事实上这三个前提并不存在。

在经济全球化背景下，市场变化莫测，政府怎可能知道未来10年、20年怎样的结构是合理结构呢？而且企业家整天在市场摸爬滚打，政府官员也不可能比企业家更懂市场。再有，行政手段在公共品领域有效，但在一般竞争性领域，市场手段却比行政手段更有效。

最近听到一种议论，说某资源产业去产能后，现在又出现供给短缺、价格上涨，证明当初不该去产能。我不否认存在这种现象，但不能因此否定供给侧改革。所以出现这种现象，原因是有些地方官员没有领会供给侧改革的要义。中央政府曾多次强调，供给侧改革要让市场在资源配置中起决定作用。可是有些地方去产能用的却是计划经济的老办法，由政府派任务、下指标，结果事与愿违请问这与供给侧改革有何关系？

学界还有一种误解。有人认为，供给侧改革的目标就是“三去一降一补”。言下之意，只要完成了“三去一降一补”，供给侧改革便大功告成，可以鸣锣收兵。为何说这也是一种误解？中央政府讲得很清楚，“三去一降一补”只是供给侧改革的近期任务，长远目标是建立供给适应需求变化的体制机制，实现供需动态平衡。

正因为存在这种误解，某些地方才会急于求成，不惜用行政手段调结构。2022年暑期我赴南方调研，就有不少地方官员介绍说，当地政府为了去产能、去库存，不仅给企业下指标，还规定时间表，要求限期完成。这种做法，显然背离了供给侧改革的初衷。供给侧改革当然要落实“三去一降一补”，但办法却不是行政手段，而是要用市场机制推动“三去一降一补”，并由此将近期任务与长远目标相衔接。

最后我要特别指出的是，用市场机制调结构，并不是说政府可以置身事外。推动供给侧改革，政府应重点做好以下三件事。

第一，进一步放开价格。让价格由市场决定，充分发挥价格反映供求、调节供求的功能。

第二，进一步开放市场。关键是要打破行业准入限制，让生产要素自由流动。

第三，提供公共品并保护产权。但凡市场不提供的公共品，政府皆要提供，而且对公有经济产权和非公经济产权，都应实行严格保护。

奥肯法则不可照搬

经济学发展200多年，有个现象不知读者是否注意到：经济学中有些定理其实并不是定理："配第－克拉克定理"如是；"霍夫曼定理"也如是。这些所谓的"定理"，都是来自对经验事实的归纳。严格地讲，它们不是定理而是定律。定律要受特定时空的约束，离开了特定时空，定律就可能会失灵。

我们这里讨论的"奥肯法则"，同样也是来自经验事实，是定律。1962年，美国经济学家阿瑟·奥肯根据对统计数据的研究发现，一个国家的短期失业率与经济增长率（国民生产总值增长率）之间呈反向变化关系，而且比值为1∶2。其意思是说，失业率每上升1%，经济增长率会下降2%；若经济增长率提高2%，则失业率会下降1%。

阿瑟·奥肯的这一发现，学界称作"奥肯法则"，后来有西方学者用其他国家数据作过验证，据说准确得令人吃惊。于是我们国内就有学者搬字过纸，试图用“奥肯法则”来解释中国的失业与增长，并将近几年的经济下行，看作是“失业的代价”；甚至有学者说，政府要实现低失业，就必须保持高增长。

我不同意上面的看法。往深处想，增长率是数量指标而非质量指标。失业率上升，未必会减少产出（数量）；若增长率下降而经济质量提高，创造的就业机会多，失业率也不一定上升。

经济学家研究失业的文献很多，对失业类型的划分也各不相同。归纳起来，大致有摩擦性失业、结构性失业、工资性失业（自愿失业）、周期性失业、非自愿失业等五六种，但不论哪种类型的失业，我认为对企业产出皆不会有实质性的影响，增长也不会因为失业而下降。何以下此判断？让我逐一作解释。

先看摩擦性失业。所谓摩擦性失业，是指信息不对或市场组织不健全所造成的失业。比如大学生毕业后要找到合适的工作需要时间，短期内有可能会失业。再比如存在季节限制的建筑业，由于冬天冰冻期不便施工，企业会减少雇工，也会出现短暂失业。为何说这种短暂失业不会影响企业产出？理由是，大学生之前本来就未工作；而冰冻期不能施工，即便企业不辞退员工，也不会有产出。

再看结构性失业。市场需求千变万化，产业得适时调整，而产业调整要求劳动力供给能与之适应，否则就会导致结构性失业。有两种情况：一是企业工艺改进，员工可能由于缺乏新工艺所要求的技术被解雇；二是新产业发展与夕阳产业收缩，也会出现结构性失业。

结构性失业会减少企业产出么？我认为不会。因为无论是工艺改进还是新产业替代旧产业，产出不仅不减少，而且还可能会增加。

再看工资性失业。按古典经济学的假设，在劳动力过剩时，只要工资可伸缩（比如将工资降到所有人被雇为止）则不会有失业。可工会的存在与最低工资法的限制使得工资具有刚性，而且有人不愿接受低工资，于是也会导致部分人自愿失业。我认为此类失业也不会减少企业产出。读者想想，工资是企业雇工的边际成本，若工资高于（雇工）边际收益企业会扩大生产么？当然不会。企业不扩产，自愿失业也就不影响产出。

再看周期性失业。这类失业是由经济发展的周期引起：在经济复苏和繁荣期，企业会扩大生产，增加就业；而在经济衰退和谷底期，由于社会有效需求不足、前景暗淡，企业会压缩生产，大量裁员。这是说，周期性失业是由于压产在先，即压产是失业的原因，失业是压产的结果。由此见，周期性失业也不会减少企业产出。

凯恩斯还曾提到一种失业，曰“非自愿失业”，即人们既不挑选工种，也愿意接受较低工资但却仍找不到工作。这种失业原因复杂，既可能属于摩擦性失业，也可能属结构性与周期性失业。上面分析过，不管非自愿失业出于何原因，皆不会影响企业生产，也就不会降低增长率。

综上分析，增长下降并非由于失业所致，这样，增长下降当然也就不是失业的代价。而且可以肯定的是，假若真如奥肯所说美国失业率与增长率的反比值是1∶2，那也不符合中国今天的实际。2015年，中国GDP增速为6.9%，到2019年下降为6%，由于发展质量在不断提升，同期失业率却并未上升。据官方公布的数据，2019年中国的城市登记失业率为3.62%，是5年来最低。

我不主张照搬奥肯法则，还有一层原因：多年来我们已习惯了高增长，现在一下子从“高速”降为“中高速”难免不适应，因此我担心有人会以增加就业为由，主张追求高增长。而我要指出的是，无论增速多高，摩擦性失业、结构性失业、自愿失业等都会存在，而只是对缓解“周期性失业”有助，而如果失业是由经济周期所引起，调周期可不是一件容易的事。

可以预见，今后我国每年保持5%左右增长将是常态，所以我们不能再寄希望通过提高GDP增速来减少失业。事实上，增加就业并不一定要追求高速度，而应立足于高质量发展。政府可以做的事情很多，如提供就业信息服务等公共平台，便可减少摩擦性失业；提供职业技能培训，可以减少结构性失业；为非自愿失业者提供失业救济，则可减轻社会震动。

最后再说一遍：奥肯法则是根据经验数据提炼的，绝不可盲信；而且由于发展阶段与国情不同，我们更不可生搬硬套、作茧自缚。

分享制为何叫好不叫座

20世纪70年代，美国经济陷入“滞胀”：失业增加；通胀居高不下。诺贝尔经济学奖得主萨缪尔森当年在他那本畅销全球的《经济学》教科书中说，要是有谁能为医治“滞胀”找到满意的药方，可以获得诺贝尔经济学奖。1984年，美国经济学家威茨曼出版了《分享经济》一书，果然一时洛阳纸贵、声名鹊起。

我读到《分享经济》，大约是1985年秋。于今回顾，当时我是相信威茨曼已找到治理滞胀的良策。然而现在30多年过去了，却不见有哪个西方国家采纳他的方案。美国2008年发生金融危机后，受其影响，中国2000万农民工下岗返乡，国内也有学者建议借鉴威茨曼的方案，政府也似乎未予重视。

要问的是，学界对威茨曼赞誉有加，而且称他为自凯恩斯后提出最有效对付失业办法的第一人，可为何他的理论在东西方国家皆不被政府采纳呢？其实，威茨曼的核心观点归结起来就一句话：企业总收入要由劳资双方按照一定的比例分享。他之所以提出这一观点，是与他对失业的独特观察视角有关。

众所周知，凯恩斯认为失业是由社会有效需求不足引起的，而威茨曼却将视角转向企业内部，指出失业的根源在固定工资制。威茨曼说，在供求规律作用下，产品价格随供给增加而下降，企业销售量越大，产品价格会越低；而另一方面，由于工资存在刚性，企业利润下降而工资不能降，为了生存，企业不得不裁减员工。

举例说吧。假如某服装厂有员工100人，每人平均日工资为200元，在经济繁荣期，服装厂每天总收入为3万元，扣除2万元工资还有利润1万元。而在经济萧条期，服装厂每天总收入仅1.5万元，如果员工的工资不能下调，还是2万元，那么企业不仅没利润，而且总收入还不够发工资。倘如此，企业当然要关门停产、员工失业。

从上面的例子可见，导致失业的原因，是现行的固定工资制度。怎样才能避免失业呢？为此威茨曼设计了一个分享经济的方案。此方案的要点是，企业不按人头设固定工资，而只规定出劳资双方分享企业收入的比例。一旦比例确定，不管将来企业收入如何，双方都按事先确定的比例进行分配。

为何说此方案能避免失业？还是用上面的例子解释：假如服装厂经劳资双方协商，同意将企业总收入按1∶2的比例分配，即企业主得总收入的1/3，员工得2/3。经济繁荣期，企业每天总收入为3万元，则企业主可得1万元；全体员工可得2万元。经济萧条时，企业每天总收入若为2万元，则企业可得6666元，全体员工得13334元。倘如此，企业仍有盈利，也就没有必要辞退员工了。

事实上，分享制的好处还不仅在此。威茨曼说，若从企业用工的边际成本与收益分析，相对于固定工资制，分享制更是妙不可言。

如上例中员工的日工资200元是企业用工的边际成本；在固定工资制下，企业会要求每个员工创造的日收益不得低于200元，否则边际收益低于边际成本，企业不会雇工。但分享制不同，即使员工每天只创造150元的收益，但按1∶2的分享比例分配，企业仍可得50元利润，员工工资则降为100元。

是的，分享制的优点，是能让企业最大限度地吸纳就业。只要员工工资不固定，边际收益小于边际成本企业也有利可图，仍会扩大生产，增加就业。威茨曼还说：就业增加意味着产品增加，而产品增加价格会递减，假若所有企业都实行分享制，则社会整体物价水平会下降。这是说，分享制可一石二鸟，不仅能扩大就业，同时可以防通胀。

回头再说分享制为何不被采纳。思来想去，我想到的原因有三：从企业内部看，企业主会接受分享制，但员工却可能抵制。工资有棘轮效应，涨工资皆大欢喜，降工资员工会怨声载道。特别是那些掌握关键技术的员工，明知自己不会被裁，当然不会同意降工资。而恰恰是这些员工在企业有话语权，决定着分享制能否实施，此其一。

从政府的角度看，推行分享制的困难，是降工资容易触犯众怒。当年英国首相撒切尔夫人曾为平衡财政预算消减社会福利，结果呢？就连她的母校牛津大学也不肯授予她荣誉博士学位。读者想想，西方国家搞的是多党制，哪个党派上台都需要选票，所以无论谁执政都不可能以身犯险，冒天下之大不韪。此乃第二个原因。

以上讲的是西方国家，第三个原因则中西皆然。据我所知，西方国家一般有法定最低工资的限定；2007年，中国出台新劳动法，对法定最低工资标准也作了规定。于是问题就来了，要是我们推行分享制，政府虽无选票之虞，但会触及法律。2008年夏天我赴珠海调研，听说当地员工起诉雇主违反法定最低工资的案件不断，当时我就意识到，只要有法定最低工资限制，分享制不可能实行。

由此见，分享制叫好不叫座，原来事出有因。问题是对法定最低工资怎么看？劳动力是重要的生产要素，工资是劳动力价格。市场经济下企业其他要素价格都已由市场定，照理工资也应由市场定，政府不该管。但由于过去长期搞计划经济，工资起点太低，政府又不能不管。是以为难，如何是好呢？

不过我认为有一个两全之策：法定最低工资仍可执行，但政府必须同时减税。这样给企业留下利润空间，让劳资双方在法定最低工资之上进行收入分享。舍优求次，应当也是一种可取的选择吧！

市场均衡与非市场均衡

“非市场均衡”是相对于“市场均衡”的一种状态。经济学所说的“市场均衡”，是指在价格机制作用下的供求平衡；而所谓“非市场均衡”，则是指供求也保持平衡，但这种平衡不是由价格机制发挥作用，而是政府调节的结果。用一句话概括：“非市场均衡”是由政府调节所形成的供求平衡。

我们在这里需要讨论的是：为何会存在“非市场均衡”？哪些产品供求需要政府调节？或者“非市场均衡”与“市场均衡”如何分工？对上面这些问题，我认为从分析“自然平衡”与“非自然平衡”入手也许会更容易理解。事实上，“非市场均衡”与“非自然平衡”道理相若，明白了后者，也就理解了前者。

说远一点，从自然秩序研究人类行为，先行者是亚里士多德。公元前300多年，他在《政治学》和《尼各马可伦理学》等著作中就用自然秩序分析政治与伦理；中国的老子也是这方面的高人，提出“道法自然”，就是强调人类行为要遵从自然法则；若从经济学角度看，用自然秩序推出经济均衡的学者，是重农学派的代表人物魁奈。

何为自然平衡？通俗地讲，一切符合自然秩序（自然法则）的状态，即为自然平衡。若读者觉得此定义过于抽象，我不妨借用“水平规律”来解释。

假定有两个相互连通的湖泊，两者的水位怎样平衡？有两种可能：若两湖水位相同，根据“水平规律”水会保持静止，不会流动；若两湖水位不同，水会从水位高的湖泊流向水位低的湖泊。这是说，水流动或不流动皆符合自然法则，故为自然平衡。

何为非自然平衡呢？非自然平衡是指通过人类干预所达到的平衡。还是以水为例。某地有一河流，水位西高东低，按照水平规律，水会自西向东流动。可现在有人在河上修筑了大坝，水不再向东流了，这种状态是否是平衡状态？事实上，这种情况并未改变水平规律，由于修筑了大坝，现在形成了一种新的平衡。不过这种平衡不是自然平衡，而是非自然平衡。

回头再说市场均衡与非市场均衡。在某种意义上，市场均衡与自然平衡类似，共同点是两者都不存在外力干预。在分析“水平规律”时我说，两个湖泊的水位是通过水流动或不流动保持平衡。在商品市场上，“价格”就好比是湖中之水，供求也通过价格涨跌保持均衡。此点不难理解，读者只要懂得“价格如水”，也就懂得了市场均衡。

难以理解的是“非市场均衡”。说过了，非市场均衡是政府调节供求所形成的均衡。要追问的是：供求本可以由价格涨跌达到均衡，政府为何要出面调节？对此，我们也可从非自然平衡中找到启示。长江发源于青藏高原，一路经云南、四川、湖南、湖北、江西等省市流入大海。此乃自然规律，可人们为何要在沿岸修筑大堤呢？答案是，若不修筑大堤，涨水季节可能会泛滥成灾。

这就是了，政府调节供求就如同修筑大堤，目的是趋利避害。举个真实的例子。2008年汶川地震后食品严重短缺，当时有商贩将食品卖成了天价。按供求规律，食品涨价无可厚非，可灾民却因买不起昂贵的食品而怨声四起。逼不得已，所以政府要打击那些囤积居奇的商贩，同时又从各地紧急调拨食品增加供给。想问读者，你觉得政府当时这样处理有何不妥吗？

或许有人说，地震是特殊情况，一般情况下政府不应调节供求。我不同意这看法。请读者再看一个例子。早些年国内商品房供应不足，加上炒房者推波助澜，市场一度形成涨价预期，而涨价预期又带动更多人炒房，如此恶性循环，最终导致了金融业脱实向虚。面对这一局面，你认为政府该不该调控?

由此可见，非市场均衡的存在是因为某些产品由市场来均衡存在负作用，政府调节是要弥补市场均衡的缺陷。那么到底哪些产品的供求需要政府调节呢?

在我看来，至少有以下三类：第一类，事关国家安全的产品，如国防军工以及关键核心技术产品；第二类，事关社会公正（或社会稳定）的产品，如地震时期的食品、服装等生活必需品；第三类，公共品与公共服务，如消费没有排他性的公共设施。

以上是从产品类别看。再往深处想，非市场均衡之所以存在，归根到底是它与市场均衡比，其交易成本相对低，不然供求是用不着政府调节的。由此类推，非市场均衡与市场均衡如何分工，关键也在交易成本。科斯1937年发表的《企业的性质》对计划与市场的边界作过分析，相信读者都读过，恕我不重复。

这里我要特别指出的是，政府调节供求可形成非市场均衡，但并不等于政府可以改变供求规律。就像人类可利用“水平规律”蓄水发电，但改变不了水平规律。同理，政府调节市场也只能利用供求规律。引申到政策层面，含义是政府若不希望某商品价格过高，可取之策是增加供给，而不是限制价格。

归纳上述分析，可得出两点结论：第一，供求均衡存在两种形态，市场均衡是通过价格机制作用实现的均衡，非市场均衡则是通过政府调节供求所达到的均衡；第二，两种均衡形态分工的边界，决定于交易成本。这是说，只有当市场均衡的交易成本过高时，政府才可以调节供求，形成非市场均衡。

总量失衡与结构失衡

近年来国内部分产业出现产能过剩，产品压库严重，经济学者关于“去库存”的争议不小，不过分歧不在要不要去库存，而是怎样去库存。有两派观点。一派说：目前国内出现严重库存，是供求总量失衡所致，去库存的重点是扩需求。而另一派说：造成过多库存的原因是结构失衡，去库存的重点是改进供给。

两种看法貌似对立，但我认为只是说法不同，讲的却是同一回事。从供求总量看，产品库存增加当然是需求不足，若市场有需求，产品不会过剩；但从供求结构看，说需求不足是由于产品供销不对路也没错。市场需要的是木材，可供给的却是水泥，水泥没人买当然会压库。

所站的角度不同，对库存的解释不同。问题是解释不同，应对的办法会不同，所以对库存需要有科学的解释。何为科学的解释？我认为就是要用理论解释事实，而不能用事实解释事实。比如下雨天有人摔倒是个事实，如果你的解释是由于天下雨，那你就是在用事实解释事实。科学的解释，是路面摩擦力小。这是说，只要有足够的摩擦力，下不下雨人都不会摔倒。

让我再举一个例子，比如水的沸点。我们知道在北京烧开水到100度才会沸腾，而在高原地区，水烧到70度就可能沸腾了。若我们说海拔越高，水的沸点越低；海拔越低，水的沸点越高。这显然也是用事实解释事实。科学的解释，是水的沸点与气压有关，而与高度无关。即便在万米高空的飞机上，只要保持标准气压，水的沸点也是100度。

是的，解释事实必须借助理论。研究库存我们该借助什么理论？在我看来有两个理论框架可以用，一个是马歇尔局部均衡分析的框架，另一个是瓦尔拉斯的一般均衡分析的框架。前者可用于分析一种商品为何会出现库存，而后者则可用于分析整体商品结构为何会失衡。从简单到复杂，让我们先分析一种商品的情形。

马歇尔说，如果商品的价格由供求双方决定，商品不会过剩。以电视机为例，若厂商的定价是每台3000元，消费者出价也是每台3000元，则电视机正好供求平衡，不会压库。反之，若厂商定价3000元，消费者出价2500元，如果此时厂商坚持不降价，那么电视机就会压库。可见，一种商品库存增加，原因是价格不能持续下降。

商品供过于求厂商为何不降价？原因是销售价格低于生产成本，企业就会亏损。换句话说，是厂商的销售价格被成本锁定了。麻烦就在这里，若短期内企业不降价只会增加库存，但若半年不降价企业就得限产（比如关闭部分生产线），这样就会形成产能过剩。而如果超过一年还不降价，于是企业也就成了“僵尸企业”。

以上分析的是一种商品，转从整个市场看，近年来国内为何会出现产品库存与供给短缺并存？对此我们可用一般均衡分析的框架来解释。瓦尔拉斯定律说：市场一定存在一组价格体系，可令全部商品的供给与需求平衡。反过来理解是，市场若不能全部出清，则必存在政府限价或者政府补贴，从而导致了商品的比价（价格体系）不合理。

瓦尔拉斯的推断是对的。比如前几年国内煤炭生产所以过剩，关键是煤炭企业无需支付原料成本。照理说，企业购买原料是要支付成本的，如纺纱厂需要的原料（棉花）就得花钱买；可煤炭企业的原料（原煤）却一直是免费供给，实际上这就是一种变相的补贴。既然原煤免费，企业当然要千方百计扩产，这样煤炭生产过剩就不足为怪了。

如果煤炭过剩是因为原煤免费，可国内钢铁产能为何也过剩呢？原因其实也在价格。前些年原煤价格一路上涨，而电价却受到管制，由于煤电价格未联动，这样一方面造成电力企业出现“政策性亏损”，而钢铁企业却享受了用电优惠。

也正因如此，所以才有了钢铁、电解铝等高能耗行业的产能过剩。

再看“僵尸企业”。说过了，企业产品压库或产能过剩而持续亏损，如果超过一年仍不关停并转即为“僵尸企业”。为何会有“僵尸企业”存在？我的解释是，背后一定有政府支撑。事实确也如此。前些年我调研过一些亏损企业，有的企业资不抵债却仍苟延残喘，就是由于地方政府为了保就业而给了企业财政补贴。要是政府不补贴，那些企业不可能存续到今天。

综上可见，去库存的关键是放开价格，让价格不仅真实反映供求，而且要让价格在资源配置中起决定作用。时下有一种看法，认为供给侧结构性改革就是政府调结构。我不赞成这观点。顾名思义，所谓结构性改革重点在改革，是要通过改革资源配置机制调结构而不是政府调结构，否则就会重蹈过去计划经济的覆辙。

具体讲，让市场去库存有三个要点：第一，进一步缩小政府定价的范围，竞争性商品价格要尽量交由市场决定，让价格体系体现需求变化；第二，放宽市场准入，鼓励要素流动，让供给结构适应需求变化；第三，逐步取消对“僵尸企业”的补贴，让市场进行优胜劣汰。

当然，政府也要同时做好三件事：首先是进一步简政放权，降低企业的体制运行成本。其次，政府要维护公平竞争环境，以降低企业的交易成本。可以肯定，做到了这两点，企业库存产品便会有相应的降价空间。第三件事，是为处置后的“僵尸企业”职工提供保障与再就业培训。兹事体大，对此政府责无旁贷。

机器会增加失业吗

目前仍有不少学者认为，采用高效率机器会增加失业，十多年前国内“网购”刚兴起时，我就曾听一位经营超市的老板抱怨：电商挤压实体店，导致实体店门庭冷落，最后不得不关门，员工也下岗失业。今天这方面例子更多：市场推出无人驾驶汽车，导致部分汽车司机失业；酒店使用“机器人”，导致部分服务生失业。眼见为实，人们当然相信自己看见的。

事实上，“机器导致失业”的说法由来已久。1929—1933年经济大萧条后，就曾有学者将“失业”归罪于“使用机器”。当年美国总统罗斯福也提出：“机器只有在不使人们失业的前提下才能使用。”1970年，著名经济学家缪尔达尔发表《世界贫困的挑战》，明确反对使用“高效率机器”。

再往前追溯，反对“使用机器”的浪潮最早起源于英国。1760年，阿克莱特发明了棉纺机，没想到在推广应用时却遭到了强烈抵制，理由是它威胁到了棉纺工人的就业。而织袜机在使用之初更不幸：1000台新机器被砸毁，工厂被焚烧，甚至发明人也被威胁而四处逃命。后来政府出动了军队，抵制浪潮才得以平息。

此事过去百年后，英国学者威廉·费尔金于1867年出版了《机器针织史》，他研究发现：与18世纪末相比，英国19世纪60年代织袜业雇佣的劳工人数不仅未减少，反而增加了100倍；棉纺业也如是。1760年，当时英格兰仅有5600人从事棉纺业，而到1787年，从事棉纺业的人数达到32万。这是说，在使用棉纺机后的第27年，该行业的就业人数增加了44倍。

怎样解释上面这种现象？法国经济学家巴斯夏在1850年发表的《看得见的与看不见的》一文中开篇就说：一个好的经济学家不仅要重视看得见的结果，更要重视那些看不见的结果。比如使用机器，机器会代替人工，是人们看得见的结果；而机器创造就业，却是人们看不见的。正因为看不见，人们才会抵制使用机器。

对机器为何能创造就业，当然要从“看不见”的角度分析。从某个时点（静态）看，使用机器确实会使一部分人失业。但从长期（动态）看，却可能增加就业。经济学逻辑说，一个企业若选择用机器替代人工，一定是成本更低，利润更高；若如此，企业为了追求利润会越来越多地使用机器，而使用机器越多，所需操作人员也会越多。

举个例子。某服装厂原有50台“半自动”缝纫机，每台机器需1人操作，共雇用50人。现在企业决定购进50台“全自动”机器，新机器一人可操作2台，只需雇25个人，其余25人得下岗；而到了第二年，企业扩大生产，又购进了50台新机器，于是需增雇25人；到了第五年，企业又购进50台新机器，需再雇25人。这样雇工达到75人，大大超过了使用新机器前的雇工数。

转从需求角度分析。假若某服装厂每年生产1000套西服，需雇佣50人；而采用效率更高的机器只需雇佣40人，会有10人失业，这是人们看得见的。看不见的是，采用新机器后生产率提高，供给增加，西服价格下降。此时消费者花同样的钱可购买更多的西服，而以前买不起西服的消费者，现在也能购买西服。若需求增加到20000套，企业需雇佣80人，就业人数则不减反增。

再有一个看不见的角度，即“产业链”。由于纺织企业之间存在竞争，为提高生产效率，企业都会使用效率高的机器。市场对新机器的需求增加，必带动机器生产部门就业增加；而生产新机器需要钢铁，又会带动钢铁行业就业增加；生产钢铁需要矿石，采矿业就业也会增加。由此推理，整个社会就业岗位必然会增加。

若这样看，也就能理解当年英国采用织袜机后，60年间从业人数为何能增加100倍，棉纺业短短27年从业人数为何能增加44倍。从全球就业看，有数据说，第一次工业革命时期全球人口仅十几亿；第二次技术革命时期（1900年）为20多亿；第三次技术革命时期（1950年）增至30多亿；而今天已超过70亿。世界人口增加7倍，就业岗位也增加了7倍，这不也证明新机器（新技术）可创造就业么？

是的，从长期（动态）看，“机器导致失业”并不成立，是个假命题。可从某个特定时点看，机器会增加失业却是真的。短期失业增加，也会影响社会稳定。正因如此，当年罗斯福才提出“机器只有在不使人们失业的前提下才能使用”；而且当时美国也确实推出过一些“限制性”措施。比如纽约电气工会就规定，原来由机器安装的设备，必须拆解后改由工人在现场手工安装；油漆工会规定，一律不得使用喷漆枪，只准使用油漆刷。

不过时过境迁，到20世纪60年代美国就改变了之前的做法。现在需要讨论的是，目前全球经济不景气，我国也面临巨大的就业压力，我们应该怎样应对？2020年世界经济论坛（WEF）发布了一份报告，称5年后将迎来一场“机器人革命”，全球将有8500万个人工岗位被替代。消息传开，一时间人们如临大敌、忧心忡忡。甚至有人建议，为了稳就业，应适度控制使用“高效率机器”。

我不赞成这种主张。前面已分析过，“高效率机器”会替代部分人工，但研发、制造“机器”同样需要人工，而且会创造出更多的就业机会。我这里要指出的是，若为了稳住眼前就业而放弃使用“高效率机器”，产业不能及时升级，将来的代价会更高，会有更多人失业。所以明智的选择：政府在做好“失业保障”和“转岗培训”的同时，鼓励企业使用“高效率机器”。

财政与金融

19世纪初，英国国会围绕政府如何筹资展开了激烈的辩论。有人主张发公债，有人主张加税。李嘉图分析说，政府发行公债最终要靠增加征税来偿还，今天的债就是明天的税，两者是一回事。

以威廉·配第和亚当·斯密为代表的古典经济学家反对赤字预算。而凯恩斯认为，赤字预算可以刺激投资与消费。新古典综合派先驱汉森也认为，财政预算不必年度平衡，应追求周期平衡。

20世纪中叶，货币政策的“权变”与“规则”之争曾轰动一时，凯恩斯主张“权变政策”，可20世纪50年代后期，一股反对“权变”的旋风从美国刮起。弗里德曼提出了“简单规则”货币政策。

李嘉图等价定理引发辩论

讨论政府筹资，经济学者往往会提到“李嘉图等价定理”。该定理说：政府筹措资金，对内发行国债与增加收税，其效果是等价的。李嘉图的理由是，政府发行国债最终要靠增加征税来偿还，故今天的国债就是明天的税，两者并无实质性区别，是一回事。

对李嘉图等价定理，经济学家一直存在争议。19世纪初，拿破仑挥师南北、横扫欧洲大陆，为了共同对抗法国，英国组建了第四次反法联盟。为支持盟军，英国每年需对外援助巨额的军费。围绕如何筹措军费，当时英国国会展开了激烈的辩论。

辩论的焦点在于，军费应该通过加税筹措还是通过发债筹措？以马尔萨斯为代表的一派力主发债。他分析说，每年军援若需2000万英镑，英国平均每人需捐纳100英镑。若采用加税方式，居民每人就得从自己收入中节约100英镑，这无疑会减少国内消费，导致经济紧缩。但如果选择发债，由于国债当年无需还本，居民每人只需支付这100英镑的利息，若年利率为5%，则政府只需向每人增加5英镑的税收。如此，居民消费可大致不变。

另一派则以李嘉图为代表。李嘉图认为，发行国债与加税的差别，仅在于公债要偿付利息。而利息的偿还，不过是将纳税人的收入转移给国债的债权人，并不改变英国的财富总量。所以不论采取哪种方式，英国筹集2000万英镑支援其他国家，自己都会损失2000万英镑，这样势必要减少国内消费。

李嘉图的意思是：政府若不选择加税，居民虽不必每人缴纳100英镑的税；但政府就得发行2000万英镑的国债，假定年利率为5%、偿还期为1年，这样居民照样会紧缩开支。因为人们知道，国债明年到期，届时政府一定会增加征税，如果不提前将100英镑储蓄起来，到第二年政府加征105英镑新税时，将无以应对。

应该说，李嘉图等价定理是对的。不过往深处想，该定理只是有条件的对。换句话说，该定理只有在以下前提下才能成立：第一，政府仅一次发债而不持续发债；第二，政府仅发短期国债而不发长期国债；第三，国债仅用于非生产性支出而不用于生产性支出。若无这三个前提，李嘉图等价定理便不能成立。

何以见得？让我细说理由。

首先，政府若不是一次性发债而是持续发债，发债未必会减少居民消费。李嘉图说，政府发行国债后，国债到期会增加征税。政府一次性发债当然如此，但若是持续发债，政府则可用新债还旧债，是无需加税的。读者可以想想银行存贷。银行吸收居民存款，其实也是向居民发债。存款到期，银行得还本付息，可银行为何能将居民存款用于放贷呢？原因是银行持续吸储，三个坛子两个盖，可以用“新债”还“旧债”。

其次看国债的期限。退一步，即便政府仅一次性发债，但若发行的不是短期国债而是长期国债，居民当前消费会减少么？应该不会。长期国债的特点，是偿还债务有相对长的延付期，而每个人都不会长生不老，要是人们意识到死亡可以逃避将来的税负，或者懂得现在的钱比未来的钱更值钱，自然不会压缩当前消费。消费信贷今天风靡全球，已足以证明这一点。

为维护李嘉图等价定理，美国学者巴罗1974年发表了《政府债券是净财富吗？》一文。他提出了一个观点：由于人类具有关怀后代的动机，人们宁愿自己承担将来的税负，也不会推给后代，哪怕有人知道自己活不到偿还国债的那一天，也会减少自己的开支，而先将100英镑为后代储蓄起来。这样发债与加税一样会减少现期消费，于是“等价定理”成立。

我不否认人类存在代际关爱，但却不同意巴罗的推论。很简单，如果不把消费者当作一个整体，而对其作结构分析，巴罗的推论就立不住。比如将居民分为富人与穷人两类：富人收入多，扣除了本人消费后还会有剩余留给后代；若政府发债用一部分接济穷人，在此情况下，富人消费不会减少，穷人支出会增加。站在全社会角度，发债不仅不会减少消费，反而会增加当前消费。

最后再看国债的用途。政府发债若用于外援或国内非生产性支出，今天的债肯定是明天的税。但若非如此，发债是用于生产投资，就不能武断地讲“今天的债是明天的税”。生产性投资会有收益，政府用投资收益偿债，当然用不着加税。再说，经济发展有周期，经济萧条时发债，繁荣时财政有盈余，政府用繁荣期的盈余，回购之前发行的国债，也不必加税。

事实上，当年李嘉图说发债与加税效果等价，针对的是政府发债用于外援，而且是一次性发短期国债的情形。所以在研究政府筹资时，要特别予以注意，切不可简单套用该定理。对中国来说，目前已进入高质量发展阶段，从动力转换到结构升级，皆需政府加大投入。可目前国家财力有限，政府应该如何筹资？若在发债与增税之间选择，我认为应选择发债。

我曾说过，扩大投资有三个途径：加税、发债与减税。要是希望扩大政府投资，加税不如发债；要是希望扩大企业投资，则发债不如减税。政府今天一方面增加发债，同时又加大结构性减税，双管齐下，是明智之举。而在我看来，只要不加税，就应给政府打满分。

健全财政原则与补偿性财政

经济学家所说的公共财政，其实就是政府预算。预算是一个收支表，它体现一年中政府各项预算支出与可望从税收取得的收入。若收大于支是预算盈余；收小于支是预算赤字；而当税款收入与政府开支大体相等时，年度预算便达到了平衡。

政府如何做年度预算，经济学家一直争论不休。在资本主义初期，经济发展一路充满阳光，人们凭借自由竞争的营利活动，将积累的财富转化成资本，而政府却只是在生产之外为国民提供公共福利，这在许多学者眼里，是社会财富的一种纯耗费。因此，以威廉·配第和亚当·斯密为代表的古典经济学家，几乎一致反对赤字预算，认为赤字预算使政府公共活动扩大，导致私人经济部门相对萎缩，并引起通货膨胀。

在斯密之后的一百多年里，经济学家皆坚守预算平衡的信念。他们相信，尽可能地减少税收负担是经济发展所必要的条件；并且每年预算都应该保持平衡，不能入不敷出；而且预算数额也不应当太大，花钱应很谨慎，支出项目应有严格的限制，坚决节制铺张浪费。

以上这种看法，在经济学上被称为“廉价政府”和“中立税收”，而传统经济学所主张的这套理财方针，也就被称为“健全财政原则”。

然而20世纪30年代大危机后，财政政策却发生了前所未有的变化。政府为了救济成千上万的失业者，扩大了财政开支，而且带动了经济复苏；同时通过开征累进所得税和遗产税，无形中调整了收入分配。这样使人们开始意识到，政府职能不仅仅在于维持国家安全和社会稳定，还可利用财政工具维持经济增长。

理论上讲，政府的确可通过扩展公共预算弥补私营部门投资不足，也可修补经济中出现的某些问题，比如用较高的赤字来对付衰退，用较低的赤字来抑制通货膨胀等。于是，人们又进一步意识到，政府不必作茧自缚、抱住“健全财政原则”不放，完全可以用繁荣时期的财政盈余，去弥补萧条时期的预算赤字。

为了尽快把西方国家从大萧条中“拯救”出来，凯恩斯加入了对国家预算问题的争论。他认为，可以利用预算赤字向经济注入额外购买力，从而增加产量和就业，刺激整个社会的投资欲。他公开批评“健全财政原则”，指出在经济萧条时期，财政收入急剧减少，如果这时仍压低政府支出，以求预算平衡的话，势必使财政收入继续下降，经济进一步恶化，到头来仍然无法平衡预算。如果不死守教条，实行赤字预算，反而可带来经济“繁荣”，并增加财政收入，实现预算平衡。

凯恩斯这种借助赤字预算稳定经济的主张，后来被新古典综合派的先驱阿尔文·汉森教授继承并发扬光大。他出版的《财政政策与经济周期》一书，是第一部支持凯恩斯赤字预算的代表作。

汉森认为，由于财政政策是涉及税收和开支的政策，因此，它本身就是现代经济重要的“内在稳定器”：在经济繁荣时期，个人和企业收入都得到了增加，于是税收也自然会增加；另一方面，失业减少，低收入的人减少，于是失业保险支出和各种福利支出自动减少。这样收多支少，必然会使财政预算出现盈余。反之，在经济衰退时期，个人和企业收入都减少了，于是税收会自动减少；与此同时，失业保险和各种福利支出又自动增加，如此收少支多，财政预算便会出现赤字。

汉森分析指出：财政出现预算赤字并不可怕，因为此时“内在稳定器”会发挥作用。他的意思是，从一个经济周期来看，萧条时期的财政赤字，可以用繁荣时期的财政盈余予以抵补，这样，在一个较长的时期内，财政预算仍可以保持平衡。

虽然汉森阐释了“赤字预算”的理由，但他并不赞同持续的“赤字财政”。他认为，一个国家并不是永远处于经济萧条之中，而是时而繁荣，时而萧条，因此，经济政策就不应以扩张为基调，而应根据经济繁荣与萧条的更迭，交替地实行紧缩与扩张政策。如果存在通货膨胀压力，政府就增加税收，减少开支，以此缓冲过热需求，抑制物价上涨。如果失业率增高，私营部门投资不足，仓库和零售店的存货渐渐堆积，政府就应减少税收，增加福利支付，加大公共工程投资等，以此刺激经济，提高社会总需求水平。

由此，汉森提出了著名的“补偿性财政政策”：在经济萧条时期，政府要借助赤字预算，增加公共开支，降低税率，扩大社会总需求；而在经济繁荣时期，政府要压缩预算开支，提高税率，抑制社会总需求，以增加预算盈余。按照他这种政策主张，财政预算则不必追求年年平衡，而应追求周期性平衡。

汉森提出的不平衡预算原则，对西方各国财政政策产生过深刻影响，在整个20世纪50年代，美国所奉行的正是补偿性财政政策。与扩张性财政政策相比，这种政策最突出的优点是不会产生严重的赤字与通胀。而汉森的这一财政思想，通过他的哈佛财政政策研讨班，足足影响了一代学生，其中就有后来在美国执经济学之牛耳的萨缪尔森、加尔布雷斯和詹姆斯·托宾等人。

追问拉弗曲线

20世纪70年代兴起的供给学派，其影响仍如日中天。然而令人奇怪的是，该学派并没有足够分量的代表作。据我所知，供给学派发端于万尼斯基的《世界运转方式》和吉尔德的《财富与贫困》，可这两本书今天早被人遗忘了，倒是拉弗当年画在餐巾纸上的那条抛物线却流传开，被学界称为“拉弗曲线”。

拉弗曲线能够流传，一个重要原因，是它简单直观。该曲线说：当税率低于一定限度，提高税率能增加政府税收，但若超过这一限度，再提高税率会使政府税收减少。对此拉弗的解释是：过高的税率会抑制经济增长，令税基缩小，而税基缩小，政府税收会随之减少；相反，当税率过高时，减税则可刺激经济增长，扩大税基，而税基扩大，政府税收反而会增加。

有一则趣闻。据说在里根出任总统前，拉弗曾向他推销自己的曲线，当拉弗说到“税率高于某一值人们将不愿工作”时，里根拍案叫绝：“对，就是这样。”并举证说：“二战期间我在‘大钱币’公司当演员，当时收入附加税高达90%。只要拍四部电影就达到这一税率，再拍第五部，收入的90%都要交给政府，我们几乎赚不到钱，所以拍完了四部电影后，我们就不再工作，到国外旅游去了。”

算是英雄所见不谋而合。1981年美国大选，里根胜出后立即聘请拉弗为总统经济顾问，拉弗曲线也因此声名远播，并逐渐成经济学的主流理论。今天学界有一种观点，认为当年里根能带领美国走出“滞胀”，看家本领就是拉弗曲线。此说虽有争议，不过从当时流行的所谓“里根经济学”看，其核心的确就是减税。由此见，拉弗曲线对推动美国减税功莫大焉！

其实，拉弗曲线不仅推动了美国减税，今天国内学者主张减税的依据，也是拉弗曲线，而且我自己以前对拉弗曲线也是推崇备至。可最近研究中国的结构性减税，忽然意识到拉弗曲线存在诸多疑点。比如，最佳税率怎么确定，税率高过最佳税率，减税是否一定增加税收等问题，都值得我们深入追问。

说我现在的思考。理论上，最佳税率应该存在，但在实际操作层面，却无法确定。拉弗曾分析说，当税率为零时，政府税收是零；而当税率为100%时，政府税收也是零，故他认为最佳税率在0与100%之间。这分析肯定没错，可在0与100%之间具体怎样确定？他却没明说。为何不明说？我认为不是他不想说，而是有难言之隐，因为他也说不清楚。

一个国家的税负水平，是指税收总额在GDP中的占比。我查到的有关统计数据显示：2008年23个发达国家的税负水平平均为27.7%，最高为47.1%，最低为14.6%；而24个发展中国家平均为22.7%，最高为37.7%，最低为16%。各国差异如此之大，税率到底多高为最佳恐怕谁也说不明白。问题在于，不知道最佳税率是多少，我们怎知道该不该减税？当年美国共和党内部出现减税与增税之争，原因就是对最佳税率的认定有分歧。

最佳税率难以确定是一方面。退一步讲，即便我们已经知道了最佳税率，拉弗的推断也未必成立。照拉弗的说法，税率向上越过最佳点就进入了税率禁区。而一旦进入税率禁区，拉弗认为政府减税即可增加企业投资，企业投资增加则可扩大税基，这样税率下降，政府税收会增加。

不知读者是否同意他的分析，而我认为减税的结果有两个：政府税收可能会增加，也可能会减少。

让我以企业所得税为例来解释吧。我们知道，所得税取决于两个因素：一是应税所得额（利润）；二是税率。假定某企业投资2亿元，利润率为10%，则利润是2000万元。若现行税率为25%，则政府税收为500万元。现在再假定最佳税率是20%，即现行税率超过了最佳税率。于是拉弗推断：若将现行税率从25%减至20%，企业投资会扩大、利润会增加，最后税收会超过500万元。

不错，减税确实能扩大企业利润留存、增加投资。但我认为拉弗只讲对了一半。事实上，投资增加并不等于利润（应税所得额）增加，两者不是一回事。经济学的边际收益递减规律说，当企业投资达到一定规模后，再增加投资，边际收益会下降。在操作层面的含义是，企业若持续扩大投资，总有一天利润率要下降。若利润率下降，企业即便增加投资，政府税收却未必能增加。

还是用上面的例子。比如政府将税率从25%减至20%，政府当年可减税100万元，这100万元即变为企业的投资，由于边际收益率递减，假定利润率为9%，则新增利润为9万元。于是企业总利润为2009万元（2000+9），若政府按20%的最佳税率征税，政府税收为401.8万元。由此见，减税后政府税收不仅没多过500万元，而且还减少了98.2万元。

让我们换个角度再想，一个国家何时减税呼声最高？当然是经济萧条期。经济萧条意味着生产过剩、产品严重压库，这时候减税固然可刺激投资，但若供给结构不变，加大投资无疑是火上浇油。企业库存不去，利润不能增加，减税怎可能增加税收呢？也正因如此，所以中国政府推动供给侧改革不同于供给学派，我们的重点是调结构。

最后作一点说明，我对拉弗曲线提出质疑，并不是反对减税。研究经济数十年，当然知道税负过重会挤出企业投资。我想说的是，当前中国经济稳增长绝非只有减税一个办法，推动供给侧改革，效果会更好。为配合这一改革，政府减税也应立足于结构性减税，而非全面减税。

利率不是政策工具

我有个思考多年也没想明白的问题：为何大多经济学者都认为“利率、存款准备金率、公开市场操作”是央行掌握的三大政策工具；而且同时又认为利息是货币的价格，利率高低要由货币供求决定。准备金率与公开市场操作可调节货币供应量，能作为政策工具我同意；可利率怎能是央行的政策工具呢？

将利率看作政策工具，大概是历史上每次出现通胀后，央行往往会加息，于是人们就以为加息是为了治通胀。其实这是个误会。通胀只能是由货币供应过多引起，而加息抑制的却是货币需求而非货币供应。货币供应不减，通胀压力不可能释放。央行之所以在通胀后加息，是对储户存款贬值的弥补，并非治通胀。

同时我要指出，那种认为“利息是货币价格”的看法也是误会。事实上，货币的价格不是利息，而是货币的购买力。商品交换是等价交换，若一把斧头的价格是10元，即一把斧头等于10元货币。反过来看，则10元货币的价格就等于一把斧头。货币是固定充当一般等价物的商品，既然是商品，货币之价当然只能用所交换的商品量来表现。

说利息不是货币的价格还有一个依据。读经济史知道，利息不仅早于货币出现，而且在没有货币的地方也照样存在付息现象。早年中国民间实物借贷很普遍，春借粮两斗，秋还两斗半，那多还的半斗，实际就是利息。半斗“利息”除以原来所借的两斗，比值就是利率。在这里，我们根本看不见货币，而利息却存在，显然，利息是货币价格的说法不足为信。

由此推论，“利率由货币供求决定”的观点也是错的。经济学讲供求决定价格，货币供求决定的当然就是货币价格。说过了，货币价格是它的购买力，即所交换的商品量，若货币供过于求，购买力下降（如20元等于一把斧头）；若货币供不应求则购买力上升（如5元等于一把斧头）。可见，货币供求与利率决定并无直接关系。

于是问题就来了，若利息不是货币的价格，利率也不由货币供求决定，那么利息到底为何物？而利率应该由什么决定呢？

要回答此问题，有两位经济学家不能不提：一位是19世纪末奥地利的庞巴维克。他在1889年出版的《资本实证论》中说，由于现在的钱比将来的钱更值钱，如果现在有人要提前预支将来的钱，他就得支付两者的价差，这个价差就是利息。简言之，庞巴维克认为利息乃货币的时差价值。

另一位经济学家是美国的费雪，其代表作是1930年出版的《利息理论》。费雪的观点与庞氏大同小异，但由于他们的角度不同，所引出的含义也不同。费雪说，虽然人性普遍“不耐”（不能耐心等待），但“不耐”的程度却有高低之分，有人很不耐，有人稍耐些。不耐的人要即时享受，就得用将来的期货交换稍耐人的现货，为此不耐的一方必须给稍耐的一方贴水（付息）。

于是费雪给出定义：利息是“耐”的报酬，“不耐”的代价。一个人越是不耐，所需付的利息就越多，利率当然也就越高。

我赞成费雪的分析。仔细想，的确是“不耐程度”决定了利率。战乱时期，人们生死难卜，于是不耐上升，利率通常被推高；反之，太平盛世人们丰衣足食，人心安定，不耐下降，利率也下降。

另一个例子，是国债利率与银行利率。为何国债利率通常要高于银行利率？原因是政府不耐，要着急找钱弥补赤字。再有，当下国内民间借贷利率为何也普遍高于银行利率？答案是银行审贷烦琐、时间长，有人不耐等待，宁愿支付更高的利息。

我这样推介费雪，读者可能要问：如果费雪的利息理论是对的，我们能从费雪的理论中得到什么启示呢？至少有以下三点。

第一，利率是由社会的“不耐程度”决定的，与货币供应无关。上面的例子，国债利率与民间利率均高于银行利率，并非货币供应有何改变，而是政府与企业的不耐导致了利率差别。而可推出的政策含义是，央行抬高利率不能减少货币供给，对市场流动性过剩，不能用加息的办法解决。

第二，所有影响“不耐”的因素都会影响利率。比如出现了通胀，人们预期未来物价大涨，不耐的程度会加剧，利率肯定被拉高。这也是为什么通胀时期美联储要加息的原因。很多人以为，美联储加息是为了控制通胀；恰恰相反，是通胀导致了加息。加息只是通胀的结果，不是控制通胀的手段。弗里德曼说，通胀始终是货币现象，控制通胀的唯一办法是收紧银根，减少货币供应。

第三，央行不可脱离“不耐”操控利率。还是举通胀的例子。假如基点利率4%，而通胀指数5%，那么市场利率应升至9%。但如果为了压制通胀央行将利率提高到10%，结果如何？那一定是贷少存多。问题是，银行高息吸收存款却不能贷出岂不是要赔本？银行自然不会坐以待毙。若利率不许明降，就会设法暗降，只要银行把钱贷出去，则货币供应依旧，政府控制通胀的企图必定落空。

综上分析，利息是“不耐”的代价，而非货币的价格；利率是由“不耐程度”决定的，也非由货币供求决定。由此说，利率并非央行的政策工具。想当年，教科书说“价格”是政府调节经济的杠杆，而“价格杠杆说”今天在教科书里已销声匿迹。“利率工具说”与“价格杠杆说”如出一辙，但愿“利率工具说”也能尽早引退。

货币中性与非中性

前篇文章我分析了利率为何不是央行的政策工具，而对“利率工具说”的理论渊源未作分析。据我所知，最早提出利率是政策工具的经济学家是维克塞尔。维克塞尔何许人？今天知道的读者恐怕不多，不过在20世纪初，他可是一位风云人物。熊彼特曾赞他为“瑞典的马歇尔”“北欧经济学的顶峰”。

事实上，维克塞尔也非浪得虚名。1898年，他的《利息与价格》一经出版便轰动欧洲。关于他对经济学的贡献，学界公认是他首次将价格分析与货币分析加以连接；首次将经济学静态分析引向宏观动态分析；首次提出了“非中性货币理论”与“累积过程原理”。今天大行其道的“利率工具说”，就是由该原理推导出来的。

让我对维克塞尔的推导作简要介绍。

从萨伊到马歇尔，大多经济学家皆认为货币是中性的。

即价格由商品供求决定，货币增减只会影响价格总水平而不会改变商品比价，故而对经济不会产生影响。而维克塞尔的看法却相反，认为货币不仅是交换媒介，而且有储藏功能。若有人卖出商品后不马上买，货币被储藏，商品供求就会失衡，所以他认定货币是非中性的，对经济会产生影响。

维克塞尔认为：由于货币非中性，要想让商品供求恢复均衡就得用“利率”调节价格。为此他借用庞巴维克的“自然利率”与实际利率来解释自己的观点。所谓自然利率，是指不存在货币时的“实物资本”借贷利率；而实际利率则是指“货币资本”的借贷利率。维克塞尔指出，自然利率不同于实际利率，前者不影响价格，后者会影响价格。

他的推理是这样：当实际利率低于自然利率，企业会觉得有利可图而增加贷款扩大投资，投资需求增加会抬高原材料、劳动力与土地等要素的价格。要素价格上涨，要素所有者的收入增加，又会继续拉动消费品价格上涨，于是价格就形成了一个向上累积的过程。

反过来，若实际利率高于自然利率，价格的变动方向相反，会出现一个向下累积的过程。

维克塞尔由此得出结论说：利率与价格之间有某种内在的因果关系，而且由于货币的存在，实际利率往往会偏离自然利率，因此，央行要想保持价格稳定，就必须适时调控实际利率，让实际利率与自然利率保持一致。由此引申，便有了“利率是政策工具”的说法。

对维克塞尔的论证不知读者怎么看，实不相瞒，《利息与价格》我曾读过不下三遍。学生时代读过不算，那时候是为了应付考试；二十年前为了写《与官员谈西方经济学名著》重读，仍觉得无懈可击，还多次在自己文章中引证过他的理论。可最近再读，却发现了他的理论有疑点，准确地讲，是让我产生了一些疑惑。

维克塞尔说，货币出现后实际利率会偏离自然利率，而我的疑惑之一是：实际利率为什么会偏离自然利率？

根据庞巴维克的定义，利息是货币的时差之价；而费雪将利息定义为“不耐”的代价。两人表述不同但意思相近，即利息（利率）高低取决于借贷期的长短或不耐程度，与借贷品是“实物”还是“货币”无关。这是说，货币出现前，利率是由“不耐”决定；货币出现后利率仍是由“不耐”决定。

这样问题就来了：既然决定利率的是同一因素（不耐），实际利率就应该等于自然利率，两者怎可能偏离呢？我个人揣测，维克塞尔相信实际利率会偏离自然利率，大概与多数学者一样，也将利息看成了货币的价格，以为利率的高低是由货币供求决定。只可惜这看法是错的，我在前篇文章中论证过，货币的价格不是利息，而是它所交换的商品数量。

疑惑之二：价格上涨究竟是由利率推动还是货币量

拉动？

毫无疑问，单个商品价格是由该商品的供求决定；而价格总水平，则由货币供求决定。换句话说，利率既不能改变单个商品的价格，也不能影响价格的总水平。照维克塞尔的说法，实际利率若低于自然利率企业会有扩贷需求。可需要追问的是，若货币供应没增加，利率怎可能拉高要素价格？若要素价格不涨，要素所有者收入不增加，消费品价格当然也不可能涨。由此见，决定价格总水平的是货币量，而不是利率。

疑惑之三：央行调控实际利率的依凭为何？

说过了，货币市场的实际利率在量上其实就等于自然利率。退一步，即便实际利率与自然利率不等，可在货币经济下央行怎知道自然利率是多少？问题就在这里，如果不知道自然利率是多少，央行又如何调控实际利率呢？在我看来，调控实际利率使之与自然利率一致的说法，不是自欺欺人，就是为操纵利率找借口。

由此看，维克塞尔的“利率工具说”确实是一种误导。为澄清误解，我要重申三点。

第一，商品价格是微观现象，价格总水平是宏观现象，两者不可混为一谈。

第二，价格总水平由货币供求决定，与利率无关。货币供过于求，会出现通胀，而货币供不应求则会出现通缩。

第三，利率是由社会的“不耐程度”决定。尽管通胀时期“不耐程度”有可能加剧，但不能因此就说利率是由货币供求决定，更不要误以为加息可以抑制通胀。

“权变”与“规则”之争

20世纪50年代，经济学界关于如何选择货币政策的争论，曾轰动一时，凯恩斯学派主张采用“权变政策”，在他们看来，经济生活仿如一条有着荣枯周期的河流，而货币供应就是一道闸门，政府作为“守闸人”，应时刻根据“河流”的荣枯状况，相机抉择，保持货币供求平衡，防止经济剧烈波动。

由于凯恩斯学派一度是战后经济学的“主流”，因此，“权变政策”在西方各国大行其道。但自20世纪50年代后期起，一股反对“权变”的理论旋风从美国东部刮起，货币学派的掌门人弗里德曼对凯恩斯学派的“权变政策”提出了尖锐的批判。

弗里德曼认为，“权变政策”不仅很难收到预期效果，甚至适得其反，造成经济大起大落。据此，他力主政府放弃“权变”政策，而用一种预先制定的对货币投放有约束力的

“规则”取而代之，比如，把货币供应的年增长率长期固定在与经济增长（劳动力增长）大体一致的水平上。这就是著名的“简单规则”货币政策。

在“宁要简单规则”不要“相机抉择”的争论中，弗里德曼使出的第一个杀手锏，是用铁证如山的事实证明，“相机抉择”往往会使经济更不稳定。他通过对历史大量统计资料的考察和实证研究，指出货币政策只有在经历了一个易变的、长期的“时滞期”后才能够作用于经济。

具体地说，从中央银行货币供应的变化到经济生活中反映出这种变化之间，存在着两个“时滞”：货币增长率的变化平均需在6～9个月以后才能引起名义收入增长率的变化；在名义收入和产量受到影响之后，平均要再过6～9个月价格才会受到影响，因此，货币政策生效往往要经过一年或一年半以上。

弗里德曼指出，正是这12～18个月的时间滞后效应，中央银行很难掌握实施权变政策所需的必要信息，无法准确预测经济的未来走向，更不用说去把握市场对货币政策作出反应的程度，这样，政府在扩大和收紧货币供应量时，就难免会做过头或做不到位：要么是对经济刺激过度，要么是紧缩过度，从而导致事与愿违的结果，令经济大幅波动、更加不稳定。

弗里德曼还指出，“权变政策”只能在很有限的时期内控制利率和失业率，待这一短暂时间一过，利率和失业率便会迅速反弹，货币政策非但难以收到预期的效果，反而会引发物价上涨和失业增加的恶性循环。因为政府调整贴现率与法定准备金，或者在公开市场业务增加货币供应，虽能在短期内压低利率、刺激投资和扩大就业，但经过一年半载，至多两年，随着厂商和居民户开支扩大，人们收入也相应增加，不仅对货币的需求增加，而且对商品的需求也会增加；随着需求大于供给，物价必然上涨，结果就会是原来下降的利率重新上升。

他进一步解释说，当人们预料物价将继续上涨时，贷款人会要求而借款人也愿意支付较高利率，于是利率会回升，甚至超过原来的水平。这样，通货膨胀愈发严重，利率上升趋势就愈加强烈，厂商的投资热情将会下降，失业率上升，经济发生萧条。于是政府只得又以增加货币供应量来压低利率、刺激投资和缓解失业，结果又会在一时奏效之后重回老路，形成“货币供应量扩大——利率下降——收入增加——物价上涨——利率反弹——投资收紧——失业增加——货币供应量扩大”的怪圈。

由此可见，政府要当好“守闸人”并非易事，弗里德曼认为，政府与其手忙脚乱不讨好，还不如无为而治，制定一个长期不变的货币投放增长的比例规则。这样以不变应万变，反而可以使物价水平趋于稳定，使经济的大幅波动得到抑制。

难题在于，货币投放增长的比例如何确定呢？弗里德曼分析说：现实中的货币量增长的比例应当满足两方面的要求：一部分是适应物价上涨的需要，另一部分是适应劳动力增加的需要。这样，货币当局在确定货币供应量时，只需盯住两个指标：一个是经济增长速度，另一个是劳动力增长率。将货币供应的年增长率控制在这两个指标之内。

弗里德曼根据自己的估算提出，在美国，经济增长率约3%，每年劳动力增长约1%或2%，货币供应的年增长率可定在4%～5%。在弗里德曼看来，实施“简单规则”货币政策，实际上是政府为货币供应确定的一条稳定航线，只要货币当局始终遵循这条航线，经济便不会大幅度波动，持续增长才有可能实现，有利于各种市场力量发挥作用的货币环境，也才能建立起来。

由于凯恩斯学派主张的“权变政策”无法解决西方国家普遍出现的“滞胀”，从1975年开始，世界七大工业强国中有五个采用了“简单规则”的货币政策。而瑞士、西德、日本由于实行稳定的货币增长政策，成功地控制了通胀；当年以撒切尔夫人为首的英国保守党政府，更是唯“简单规则”是瞻；美国里根总统上台后所提出的“经济复兴计划”，也把控制货币供给量作为主要项目。现代货币主义学派提出的这种“简单规则”的货币政策所产生的深远影响，足可窥其一斑。

最后我想问读者：我国货币政策应选择“相机抉择”还是“简单规则”？事实上，中央政府对此问题已给出了明确回答。近年来我国货币政策一直保持稳健，当然是“简单规则”货币政策。

成本能否推动通胀

关于通货膨胀的成因，经济学流行的解释是有需求拉动、成本推动，或结构因素推动。当年读大学时老师是这样教，当然考试我也是这样答。不过考试归考试，多年来自己心中却一直存有疑问。主要一点是：成本与结构因素究竟能否推动通胀？

想必读者也有体会，学生时代往往对教科书深信不疑。即便有困惑，也只是认为自己蠢，不会怀疑教科书，何况教科书皆出自萨缪尔森、斯蒂格利茨、曼昆等名家之手，怎会轻易怀疑名家呢？然而我自己做了数十年的教师，早年的困惑却仍挥之不去。

这里就说说我的思考吧。

顾名思义，所谓成本推动通胀，是指通胀由生产成本增加所引起。教科书说，成本推动通胀有三个途径。

一是“工资推动”。工资是成本的重要构成部分，工资上涨会加大生产成本，而成本增加必导致物价上涨。物价上涨后，工人又会要求加工资，于是物价会进一步上涨。如此循环往复，则工资与物价螺旋上升、轮番上涨。

第二个途径，是“利润推动”。工资成本提高后，垄断企业绝不会让工资挤占利润，为追求最大化利润，常常会“操纵价格”去抬高利润，使利润增长高于工资增长。在经济学看来，利润作为企业家的报酬，其实也可看作是投资者的成本，于是教科书将此类物价上涨也归集于成本推动。

再一个途径，是“进口成本推动”。由于进口的原材料、燃料等价格上升，国内生产成本增加从而导致物价上涨。而且教科书说，在此情况下，通胀还可能通过国际贸易渠道与国际货币体系传导到其他国家。比如20世纪20年代西方国家出现普遍的通胀，其中一个重要原因，是国际市场石油价格大涨。

对以上分析，我的疑问是成本怎能决定价格？价格虽然包含成本，但决定价格的未必是成本。不可否认，成本决定价格的情况历史上曾有过，如当年上海牌手表每只成本100元，企业目标利润20元，故手表定价为120元。可那时是计划经济，而且手表供不应求；若供过于求，价格就不能由成本决定。

在市场经济条件下，按成本定价只是厂商的卖价（出厂价），卖价能否成为市场价，还得看消费者出价。消费者出价与卖价一致，卖价即为市场价；若前者低于后者，卖价能否成为市场价则取决于商品供求。商品短缺，当然是由供方说了算，卖价即为市场价；但若商品过剩，卖价就不可能是市场价。

说得再明确些：商品供不应求，由生产者主导定价，成本可决定价格；反之商品供过于求，由消费者主导定价，则由需求决定价格，价格决定成本。问题是，生产过剩乃市场经济常态，价格通常是由需求定而非成本定。以中国为例，2008年实施新劳动法以来，平均工资提高了20%，由于产能过剩，国内物价却不涨反跌，2008年CPI同比上涨5.9%，2014年CPI同比上涨2%，2023年CPI同比上涨0.4%。

可见，价格由成本决定只有一种可能，那就是商品供应短缺。若非如此，成本不可能决定价格。同理，只要供应不短缺，企业利润与进口成本也不可能推高价格。至于结构因素，与上面的“成本推动说”大同小异，我认为也不会导致物价普涨。

关于结构因素推动通胀，教科书是这样说的：社会经济存在不同产业，不同产业的增长速度与劳动生产率也各不相同，可工资水平却往往由增长速度快或劳动生产率高的产业决定，这样一来，其他产业的员工便会出于攀比也要求向高工资看齐。结果工资你追我赶，使全社会的工资增长高于劳动生产率提高，于是出现了通胀。

事实上，以上情形只是一种假想。怎么可能呢？经济学说，工资水平要由用工的边际成本与边际收益决定。工资增长若高于劳动生产率提高，意味着用工边际成本高于边际收益。倘真如此，企业主绝不会坐以待毙，他有两个选择：一是裁员，二是提高价格。前面说了，产品过剩不可能提价，那么企业一定会选择裁员。

学界对结构性通胀还有一种解释，前几年国内出现通胀，有人说是农产品涨价推高了工业品的成本从而导致通胀。我也不赞成这种说法。举一个简单的例子。假定一个国家只生产两种产品：一吨大米与一台冰箱，大米价格为1000元/吨，冰箱价格为1000元/台。而该国央行当年投放的货币也正好是2000元，这样绝不会有通胀。在货币供应约束下，若大米涨价，冰箱就得降价。

可奇怪的是，前几年国内农产品涨价后，工业品价格也跟着涨，比如一吨大米涨500元，冰箱也涨了200元。何以如此？不用猜，原因一定是央行多发了700元的货币。如果央行守住2000元的货币供应不变，大米涨价500元，冰箱必降价500元，否则没有对应的货币需求，冰箱就只能压库。也正是在这个意义上，所以弗里德曼说“通胀始终是货币现象。”

是的，如果一个国家生产过剩而又同时发生通胀，唯一原因是央行多发了钞票，舍此无他。这是说，通胀的成因就一个，由需求拉动。只要央行管住货币供应，不仅成本不可能推动通胀，结构性物价上涨也不可能演变为通胀。而此推论的政策含义是，如果发生了通胀，政府只需紧缩银根，那种试图通过打压农产品价格控制通胀的想法是错的，用行政管控价格的想法更是错上加错。

菲利普斯曲线似是而非

我在大学求学时读到的经济学教科书，在讲通胀与失业时，无一例外皆要提到“菲利普斯曲线”。将失业与通胀的关系用一条曲线来表达，形象直观，称得上是神来之笔。回想起来，当时我对菲利普斯从历史数据中寻求规律的本领，可以说佩服得五体投地。

然而经历的世事多了，对书本也就少了盲从。比如对菲利普斯曲线，我现在就有诸多疑惑。此曲线说，通胀率与失业率是此消彼长的关系：通胀率高，失业率会低；失业率高，通胀率会低。可我知道的事实是：20世纪70年代美国的通胀率很高，失业率并不低；近几年中国通胀率很低，而失业率却不高。

怎么回事？莫非是菲利普斯错了？其实，菲利普斯本人研究的并非通胀与失业，而是工资率与失业率。1958年他在《经济学》杂志发表论文，分析了英国1861年至1957年工资与失业的数据，他发现历史上工资率上升的年份，失业率往往都相对低。因此他得出结论说：名义工资率变动是失业率的递减函数。

菲利普斯今天大名鼎鼎，可让他走红的并不是他自己的那篇文章。1960年萨缪尔森与索洛在《美国经济评论》发表《关于反通货膨胀政策的分析》一文，他们以菲利普斯的研究作基础，用美国的数据替换英国的数据，用通胀率替换工资率，提出了通胀率与失业率也是反向关系的推论。菲利普斯曲线的提法正是来自该文，菲氏也因此一举成名。

萨缪尔森与索洛的文章思路清晰，好读易懂，所表达的政策含义是，低通胀与低失业不能同时得兼：若一个国家希望保持较低失业率，就得承受较高的通胀率；相反，若希望保持较低通胀率，就得承受较高的失业率。这一推断后来写进教材并成为新古典综合派的主流观点，不少国家也将此作为制定政策的重要依据。

我对菲利普斯曲线的疑惑，具体讲在两方面：一是我同意菲利普斯本人的研究结论，但有保留，认为那只是特定经济发展阶段的现象，并非规律；二是我不赞成萨缪尔森与索洛用通胀率替代工资增长率的处理，因而也不认同他们的结论。

下面让我细说理由。

历史数据不会骗人，何况菲利普斯的研究用英国近100

年的数据作支撑，照理不应该怀疑。而我之所以有疑惑，是因为菲氏所用的数据基本是来自第二次世界大战前，那时第三次工业革命尚未到来，他的研究自然要受到局限。最重要的一点，是第二次世界大战前的机器自动化程度远不及今天高，企业对劳动力需求有刚性。

是的，第二次世界大战前的100年，机器自动化程度虽不低，但大多设备仍离不开人工操作。在那个年代，工资率上升表明企业对人工的需求大，而企业用工增加，失业率无疑会下降。正因如此，所以我同意菲氏的分析。然而20世纪70年代后，智能机器的出现使企业对劳动力需求不再有刚性，这样工资率上升企业不仅不会多用工，反而会用机器代替人工，令失业率上升。

前不久我到南方调研，就看到不少企业用机器替代人工的案例。其中广州“博创”较为典型，该公司是一家专做门窗的港资企业。公司老总说，由于工资水平上涨太快，企业只好逐步用先进机器替代人工。近两年，企业工资水平差不多上涨了30%，而替代下去的员工也超过了30%。这方面的事例读者应该也有见过。去企业走走，类似的情况很普遍，这里我不多说。

转谈萨缪尔森与索洛吧。我对这两位学者的质疑，主要是他们用通胀率替换菲氏的工资率，如此一来，菲氏所探讨的工资率与失业率的关系就变成了通胀率与失业率的关系。

对做这种替换的理由，两位学者曾作过解释：第一，价格由成本加利润构成；第二，工资是企业的重要成本；第三，价格变动与成本变动的方向一致。

骤然一看，以上替换似乎无可厚非，但在我看来，这样处理过于武断。不错，工资率上升会推高成本，可成本增加却不一定推高价格，因为最终决定价格的不是成本，而是供求。众所周知，按成本加成定价只是厂商的卖价，商品短缺，卖价可以是市价；但若商品过剩，消费者不接受卖价便不是市价。事实上，当今市场过剩是常态，通常情况是需求决定价格而非成本决定价格。

再多想一层，企业的商品价格决定是微观行为，比如商品房的价格，就是由开发商与消费者讨价还价议定。而通胀率不同，它是总量指标，高低要由货币供求定，弗里德曼说通胀始终是货币现象指的就是这意思。换句话讲，只要货币不超量投放，成本不能推动通胀，结构性因素也不能推动通胀，通胀是一个原因，它只能由需求拉动。

由此看，用通胀率替换工资率，如此移花接木理论上站不住，而推出的结论当然也不可信。按菲利普斯曲线的说法，降低失业率的唯一法门是扩大货币供应，承受高通胀。可事实并非如此。事实是，政府手里除了货币政策，还有财政政策可用，而且财政政策对推动就业的作用，绝不亚于货币政策。

看中国的经验：近几年中国的财政政策一直积极，货币政策却取守势、保持稳健。其效果有目共睹：以发生新冠疫情前的2019年为例，通胀率（CPI）仅比上年上涨2.9%，而就业也大为可观，政府希望增加1000万人就业，实际则增加了1352万人。据公开数据说，2019年城镇登记失业率为3.62%，是5年来最低。中国低失业而未高通胀，难道不是对菲利普斯曲线的有力反证么？

贷款为何需要抵押

农民贷款难由来已久，是老问题了。平心而论，这个问题到今天仍久拖不决，并非政府不作为；相反，政府已煞费苦心。那么是银行对农民有偏见么？当然也不是。撇开政策性银行不说，商业银行在商言商，自然不会对贷款对象分远近亲疏。既然政府重视而银行又无偏见，农民融资难的症结究竟何在？

对此现象的解释，目前学界众说纷纭。而主流的看法，则是农村金融机构少，满足不了农民的融资需求。说得直白些，此观点认为只要在农村多办一些金融机构，农民贷款难便可迎刃而解。也巧，我手头正好有一份调研报告，称西南某市在央行支持下已拥有27家银行与63家非银行金融机构，网点覆盖173个乡镇，如此一来，据说当地农民贷款已不再难了。

我没去当地调研，相信报告所说是真的。不过我却有个疑问不得其解：当地农民贷款不再难到底是由于金融机构多还是另有原因？所以这么问，我想到的是中小企业贷款难。众所周知，目前中国的银行机构大都集中在城市，且为数不少，可为何城市中小企业也存在贷款难呢？可见，贷款难不难重点并不在银行机构的多少，若信贷资源紧缺，银行再多恐怕也于事无补。

类似的例子是春运火车票。比如市场需要100万张，而铁路只能供应80万张，有20万张缺口怎么办？我们听得最多的建议，是增加售票网点（或实名购票），后来铁路公司也果然这样做了。效果如何呢？不必说，只要车票供应不增加，仅增加售票网点（或实名购票）无疑治标不治本，最后还会有20万人买不到票。农民融资难也一样，若不增加信贷供应，即便把银行办到农民家门口，农民也照样贷不到款你信不信？

当然不是说增加信贷供应农民就一定能贷到款，那只是一方面；事实上，农民贷款难，背后还有更复杂的因素。早些年国内曾出现过流动性过剩，说明银行手里并不缺钱，可那时农民不也同样告贷无门么？近些年信贷资金虽然有些紧，银行却每天都在发放贷款。令人困惑的是，为何有人能从银行借到钱而农民却难于登天？难道银行真的是歧视农民不成？

农民贷款难，可从两方面分析。先从银行看，说过了，银行是企业，但不是一般的企业。区别在于，一般企业经营的是物质商品，对商品同时拥有使用权与所有权；而银行经营的是货币，而货币主要来自储户存款，银行只有资金使用权而无所有权。换句话说，信贷资金是银行向储户借的，日后得还本付息，这也是银行把“安全性”放在首位的原因。

再从融资角度看。融资有直接融资与间接融资两种，前者发行股票或债券，风险由投资者承担；后者则通过银行贷款，风险由银行承担。问题就在这里，按照《巴塞尔协议》，银行资本充足率仅8%，不可能承担过多风险。正因如此，间接融资便要求借贷人必须有资产抵押。想想也是，间接融资原本就是指借贷人有资产，只是资产形式与需求不匹配（如有不动产却缺少现金），才需银行予以融通。

由此见，资产抵押是间接融资的前提。不过不要误会，并非所有的借贷都需要抵押。银行吸收储户存款也是借贷，可它无需抵押。为什么？因为银行向储户借贷相当于发债，是直接融资。严格地讲，只有通过中介机构的借贷才是间接融资，比如农民向银行贷款就是间接融资，所以需有资产抵押。正是在这个意义上，我认为农民贷款难的症结不在银行，而是农民无资产抵押。

是的，银行不是慈善机构，不可能不规避风险，这一点不仅现在变不了，今后也不可能改变。引申到政策层面，其含义是解决农民贷款难问题，不要指望银行改规则，而是要设法让农民有资产抵押。有这可能吗？当然有。事实上，今天的农民并非一贫如洗，他们是有资产的：至少宅基地是资产，住房也是资产。问题是，农民有资产可为何不拿去作抵押呢？

我曾经与一位县委书记讨论过。据他讲，农民目前拥有的宅基地使用权、住房所有权、土地承包权以及林地承包权中，现行法律仅允许"林地承包权"可以抵押，且我国民法典关于物权和担保的条文也明确规定宅基地不得抵押。法律作如此规定，当初立法者意图为何不得而知。最近我查文献，看到一位官方权威人士的解释，大意是：土地承包权、宅基地、住房等不能抵押而林地承包权可抵押，原因是前者是农民生活必需品，后者不是。

听上去似乎在理，但深想却不然。我的疑问是，必需品为何不能用于抵押？抵押作为一种风险约束，抵押品越重要，风险约束力就越强。再说，城市住房也是必需品，城里人可用于抵押为何农民不能？也许有人说，那是防患于未然，避免农民日后流离失所。我认为这种担心是杞人忧天。要知道，法律允许抵押是一回事，农民会否用于抵押是另一回事。农民不蠢，你凭啥就断定他们会不计后果将自己的住房、土地承包权贸然抵押呢？

所谓法律面前人人平等，我的理解是人人都得守法，不管是谁，天王老子违法也要惩处；另一含义是，法律要保障公民的平等权利。具体就银行贷款来说，农民的资产可否用于抵押，旁人不必越俎代庖，还是多听听农民的意见，把选择权交给农民吧。

收入政策治标不治本

经济学家所说的“收入政策”，是指政府为了抑制通胀所采取的各种限制性措施。由于控制重点是工资性收入，故简称为“收入政策”。与财政政策、货币政策相比，收入政策具有更强的约束力，是一组行政色彩非常浓厚的管制办法。具体包括三项：工资指导线、税收刺激计划、冻结工资与物价。

工资指导线，即是政府规定的工资上涨限度，企业要按照这一限度确定工资增长率。若超出这一规定，政府会以税收或法律手段予以惩罚。比如对高工资收入者征收较高的累进所得税，同时对所在企业也课以重税。反之，对遵守规定的企业，则予以减税。若这一招仍不见效，就直接冻结工资和物价。

收入政策最早出现于第二次世界大战后的荷兰和瑞典。此后，美国、英国、加拿大、意大利都先后实行过。实践证明，政府实施收入政策，短期内对抑制通胀有一定的效果，但长期效果却事与愿违，政府一旦解除冻结，通胀往往会以更猛的势头卷土重来。

1968年，也就是尼克松当选总统的第一年，美国消费物价指数上涨了6.1%。起初，尼克松政府试图用财政政策和货币政策抑制通胀，但收效甚微。1971年8月15日，美国政府宣布从当天起全面冻结工资、物价、房租和红利90天，并由政府设立的生活费用委员会强制执行。此举虽然有效地控制了通胀率，但同时也抑制了市场机制的作用，结果导致资源配置失调，令经济陷入了更加困难的境地。

回过头看，西方国家收入政策之所以失灵，原因是此项政策的理论基础是“成本推动通货膨胀”。事实上，通胀是货币发行过多导致的结果，成本不可能推动通胀。理论基础错了，建立在这个基础上的政策当然会失灵。有鉴于此，美国经济学家弗里德曼便提出了另一种对付通胀的“收入指数化”方案。

所谓收入指数化，就是将工资、利息、政府债券收益以及其他收入与物价指数挂钩，使其与物价指数变动保持一致。弗里德曼分析说，通胀既然是由货币供应过多引起的，那么就不能靠“收入政策”应对通胀问题，而应采用收入指数化方案。一个国家出现通胀后，实行收入指数化不仅可以抵消通胀对收入的影响，让人们免受损失；同时还可以防止政府从通胀中捞取好处，消除政府推行通胀的动机。

收入指数化的重点，是工资指数化。弗里德曼指出，发生通货膨胀后，如果工人的名义工资不变，其实际工资就会下降。这种变动会引起对企业主有利而对工人不利的收入再分配。为了保证工人的实际工资水平不降低，政府应要求企业在用工合同中确定某些条款，承诺在一定时期内按消费物价上涨指数及时调整名义工资。比如：若不发生通胀，企业下一年准备给工人加2%的工资。而通胀发生后，假若物价上涨了10%，那么企业在原来增加2%的基础上，应再增加10%的工资。

利息收入指数化，是指要按物价上涨指数，为存款人或债券持有人支付相应的利息。这样做的理由与工资指数化一样，不必重复。这里需要重点解释的是“税收指数化”。税收指数化，是指政府要按照通胀指数，适时调整税收起征点和税率等级。

读者要注意，税收指数化方案大有玄机。按照收入指数化要求，通胀发生后名义收入会增加。人们通常以为，名义收入增加可弥补通胀造成的损失。可人们想不到名义收入增加后，纳税起征点实际上就降低了。

举个例子，假定个税起征点是5000元，税率为20%。再假定某人通胀前的收入是4900元，不用纳税；可通胀后实际收入不变，而按通胀指数名义收入增加到6000元，那么他就得缴纳200元的税，纳税后名义收入为5800元，扣除通胀因素，实际收入却比通胀前还低，因为现在5800元的购买力，已不及通胀前的5000元。

这还只是一方面。在累进所得税制度下，纳税人名义收入提高，有可能使他进入比原来更高的税率等级，从而让他缴纳比之前更多的税。在这种情况下，若不实行税收指数化，结果会将纳税人的个人收入更多地转化为政府税收，使纳税人实际收入更低。而且更大的麻烦在于，若政府能从通胀中获益，政府就会有进一步加剧通胀的动力。显然，发生通胀后，只有按照通胀指数相应提高税收起征点、调整税率等级，才能避免上面种种弊端。

从西方国家实践看，收入指数化方案的确发挥了一定的积极作用。主要体现在三方面：一是有效地弥补了“冻结工资”与“物价政策”存在的缺陷，减轻了对市场价格体系的扭曲；二是抵销了通胀给人们造成的收入损失，缓解了人们对通胀的恐惧心理；三是消除了通胀带来的收入分配不公平，有效地抑制了政府推行通胀的动机。

与此同时，西方学者对收入指数化也有不同的声音。反对者认为，收入指数化未必能遏制通胀，相反还可能引起工资、物价轮番上涨，加速通胀。还有学者指出，政府根本无法提供实施收入指数化所需要的技术条件。政府很难找到准确反映物价变动的指数，而从编制物价指数到按物价指数调整收入有较长的时滞，这样，很难避免人们的收入会因为通胀而受损。

我的观点：应对通胀的关键，归根到底是要控制货币供应量。否则货币发行过多，一旦出现通胀，无论政府采用收入政策还是实行收入指数化方案，都于事无补，不过是治标不治本的选择而已。

负利率时代会到来吗

最近几年"负利率"问题广受社会关注，并有学者预言：全球"负利率时代"即将到来。作此判断并非空穴来风，起因应是2009年8月瑞典央行率先推出了负利率，跟着丹麦、欧元区、瑞士、日本等央行也先后实施负利率。与此同时，日本、德国、法国、瑞典、瑞士、丹麦、荷兰、奥地利、比利时等国还发行了收益率为负的长期国债。到底发生了什么事?

自己研究经济学数十年，当然听说过社会上有"负利率"的说法。不过以往人们所说的负利率，是指银行名义利率低于通胀率，储户从银行取得的利息抵补不了通胀的损失，结果使储户实际利率为负。事实上，实际利率为负的情况，20世纪90年代初中国曾出现过，国际上更是屡见不鲜。但名义利率为负的例子，人类历史上却不容易找见。

从理论上追溯，马克思在《资本论》中曾对利率作过分析。他指出：利息是货币资本家对产业资本家利润的分割。由此决定，利率不能高于平均利润率，同时又不能低于零。马克思还指出：利率在平均利润率与零之间具体如何确定，取决于借贷双方分配利润的比例，而此比例又取决于货币供求状况。原则上：货币供过于求，利率会下降；货币供不应求，则利率会上升。

马克思说名义利率不能低于零（为负），应该无可置疑。20世纪30年代，凯恩斯在《就业、利息和货币通论》一书中也提出了相同的观点。并分析说，假若名义利率为零，社会上将不会有人到银行存款，这样会导致形成“流动性陷阱”。

然而理论归理论，我们看到的现实却是，今天不仅有的国家央行采用负利率，甚至也有商业银行推出负利率。

对此现象最初我也感觉奇怪，而往深处想，其实也不难理解。近年来欧洲经济一直不济，欧央行将金融机构超额准备金利率调至−0.5%，不过是刺激经济的权宜之计而已。此举旨在一箭双雕：即在央行不增发货币的前提下，迫使商业银行放贷，增加市场流动性。同理，日本央行对商业银行的贷款贴现率降至−0.1%，目的也是鼓励商业银行低息贷款，降低企业融资成本。

真正难以理解的，是商业银行为何推出负利率。我看到的资料，丹麦日德兰银行2019年8月将大额储户的存款利率

降为 −0.6%，10年期房贷利率降为 −0.5%。学界有一种观点，认为这是银行为了刺激消费。我不认同此看法。银行不是政府，它所追求的是贷款安全与盈利，怎可能用负利率刺激消费呢？

是的，刺激消费是政府的事，银行作为商业机构必须在商言商，否则银行迟早得关门。上面例子中，日德兰银行之所以将10年期房贷利率降到 −0.5%，是因为将大额储户的存款利率降到了 −0.6%，中间仍有0.1%的利差。而且据我所知，日德兰银行推出负利率房贷还有一个原因，那就是事先向房产开发商发行了负利率债券，让房产开发商贴补了利息，银行可以稳赚不赔。

应该追问的是：既然存款利率为负，那么储户为何还会去银行存款？或者问：银行发行债券的利率为负，开发商为何会购买银行债券？经济学的推断，一定是投资房产的预期收益为负，致使房产大量积压。何以见得？要明白其中的道理，读者需要懂得“资产定价原理”。为方便理解，让我对“资产定价原理”作简要介绍。

“资产定价原理”说，某资产的价格等于该资产预期收益的贴现。用公式表示则是：资产价格=该资产的预期年平均收益/银行年利率。问题是，用资产定价原理如何解释负利率现象？顾名思义，所谓资产定价，是在已知银行利率与资产预期收益时决定资产的价格。而讨论市场为何出现负利率，则是在已知资产价格的前提下，分析负利率存在的约束条件。按照资产定价原理，假若资产价格为正，银行利率为负，则资产的预期收益一定为负。

据此分析：负利率出现的约束条件，是资产预期收益为负。换句话说，若资产预期收益大于零，负利率不可能出现。为何这样说？读者不妨扪心自问：若你对未来房产的预期收益为负，而银行利率为正，你是不是会将房产变现存入银行？倘如此，银行每天得为储户支付利息而却没人贷款购房。在此情况下你认为银行应该怎么做？银行别无选择，当然要推出负利率。

回头再说“负利率时代”。我的看法，负利率时代不会到来。学界所说的“负利率时代”，是指全球利率为负。前面分析过，负利率存在的前提是资产预期收益为负。而全球利率为负，意味着地球上所有资产预期收益皆为负。怎么可能呢？别的不论，只要土地能长庄稼，至少土地预期收益不会为负。

读者不要误会，不是说资产预期收益不能为负。若某行业生产过剩造成了设备闲置，而保养设备要花钱，此时资产预期收益无疑是负的，但这种情况绝非普遍。萨伊曾论证过：供给可创造需求，供求总量能自动均衡。这是说，若需求总量不变，有供给过剩产业，就必有供给短缺产业。过剩产业预期收益为负，短缺产业预期收益为正，从全社会看，资产预期收益不可能同时为负。

因此我最后的结论是，资产预期收益不可能同时为负，人类也就不可能进入“负利率时代”。何况中国一直坚持实施稳健货币政策，绝无可能出现负利率。在我看来，所谓“负利率时代”只是少数学者杞人忧天的想象，我们切不可听风是雨，更不必草木皆兵。

产权与价格

经济活动通常有负外部性，如某人行为对他人产生损害却不予补偿。这种现象，庇古认为是市场失灵。而奈特指出，出现负外部性并非市场失灵，而是政府未界定产权。

科斯也认为负外部性不是市场失灵。他在1960年发表的《社会成本问题》一文中指出：只要交易成本为零，产权界定清晰，无论产权界定给谁，市场皆能引导经济达到高效率。

价格歧视是指供应厂商将同一商品以不同价格出售的行为。斯蒂格利茨在他编撰的《经济学》中说：价格歧视是厂商在垄断供应的前提下，针对不同消费者需求所采用的营销策略，政府不必干预。

明晰产权不必改变所有权

关于明晰产权问题，在国内学界一直有争议，当年为避免争论，邓小平说不要问姓“资”姓“社”。老人家一言九鼎，为后来改革赢得了时间。可时至今日仍有人将产权等同于所有权，甚至说国企产权归国家，明晰产权就是搞私有化。这样的说法，显然是没弄清所有权与产权的区别。

1960年，科斯在《社会成本问题》一文中提出了产权界定问题。这里要特别指出的是，科斯所说的产权，不同于所有权。所有权是法权，指的是财产归属权；而产权则是指除了财产归属权之外的其他三项权利，即使用权、收益分享权与转让权。

今天人们之所以将所有权与产权混为一谈，其实也是事出有因。在人类社会早期，所有权与产权是融为一体的，若某人对某财产拥有所有权，也就同时拥有了产权。不过这是早期的情形。今非昔比，当借贷资本出现后，所有权与产权就分离了。

典型的例子是银行。众所周知，银行的信贷资金主要来自储户存款，资金所有权是储户的，既然所有权属储户，可银行发放贷款为何可不征得储户同意？原因是银行通过支付利息，从储户那里购得了资金产权。在这里，所有权与产权已经分离。

是的，产权源自所有权，但也可独立于所有权。从这个角度看，所谓明晰产权并非是改变所有权，而是明确财产的使用、收益、转让权。由此见，明晰产权与所有权是否私有无关。

也许有人会问：既然不改变所有权何须明晰产权？我的回答：财产无论公有还是私有，所有权清晰并不等于产权清晰，而且私有财产的产权也可能不清晰。

让我举例解释。

张三与李四相邻而居，北边的院子是张三的私产，南边的院子是李四的私产。有一天，张三在自家院子里焚烧垃圾，北风将烟尘刮进李四的院子，起初李四好言劝阻，可张三置若罔闻，结果两人大打出手。为何如此？因为产权不清晰。当初张三建房时，法律并没规定在院子里不能烧垃圾，而李四建房时，法律也没承诺他有不受污染的权利。可见，南北两个院子虽分别为李四和张三的私产，所有权很清晰，但产权并不清晰。

这个例子告诉我们：若产权没有清晰的界定，很容易引起相关当事人的利益冲突，而要避免这种冲突，就必须明确界定产权。于是这就带出了我们要讨论的第二个问题：产权应该如何界定？

科斯定理说：“若交易成本为零，无论产权怎样界定皆不影响经济效率。”这里所谓的“交易成本”，是指利益各方为达成某项交易而产生的协调费用。如用于谈判、通信方面的花费以及调解纠纷的行政费用或法律诉讼费用等。总之，除了生产费用之外的一切费用，都统称为交易成本。

假如科斯的前提成立，推论肯定也对。说一个我亲眼所见的例子。多年前，我曾赴湖北某纺织企业调研，见厂门口有十数人静坐，问原因，工厂主事人告诉我，静坐的都是周边的居民，他们生病了，认为是工厂冒烟所致，要求厂方报销医药费。

请问读者，你认为居民的诉求是否应该满足？按照科斯的理论，解决此纠纷其实并不难。如果政府能明确居民有不受污染的权利，那么工厂就得安除尘器或给予居民补偿；相反，如果明确工厂有冒烟的权利，那么居民要避免受污染就得出钱（集资），替工厂安装除尘器。

可是难题在于，交易成本为零是个理论假设，除了鲁宾逊一人世界，真实生活中交易成本不可能为零。还是上面的例子，假如政府把产权界定给工厂，居民花钱给工厂安除尘器，可工厂的头头说，安除尘器可以，但得给工厂一些好处费，于是就产生了交易费用，若交易费用过高，后果有两个：一是维持现状，居民继续受污染；二是居民不堪忍受，到工厂去寻衅滋事。

很明显，一旦交易成本不为零，产权界定必受交易成本的约束。或者说，产权如何界定必须顾及交易成本的高低。读者想想，政府为何要求企业减排？从产权角度看，实际上就是限制企业的排污权，把不受污染的权利界定给了居民。政府这样做，一方面是保护环境；另一方面也是考虑交易成本。因为把产权界定给居民的交易成本，比将产权界定给企业要低得多。

类似的例子：交通法规定，机动车在人行道撞伤行人要负全责；在机动车道伤人，也要赔偿。为什么？因为把产权（安全保障权）界定给行人，不仅交易费用低，而且可减少交通事故。还有，国家规定不许强行拆迁民宅，原因也是保护民宅的交易成本低。如果民宅不受保护，允许强行拆迁，引发的社会矛盾必会层出不穷，政府管理的交易成本将不堪重负。

相反的例子，是农民的耕地产权。国家说，农村土地承包经营权长期不变。可现行承包经营权，只含使用权与部分收益权，转让权并未界定给农民，所以近年来强征农民土地的事时有发生。农民不服，于是上访，有的地方还闹出了人命。假如国家能明确规定土地产权（包括转让权）归农户，卖与不卖或按什么价格卖，皆由农民自己做主，政府处理土地纠纷的交易成本会大大降低。

现在让我归纳本文要点：第一，产权有别于所有权，明晰产权不等于要改变所有权；第二，公有制产权不清晰，私有制产权也同样不清晰，产权改革并不是搞私有化；第三，产权包含使用权、收益分享权、转让权，明晰产权就是要将此三权予以界定；第四，产权作何种安排，最终应以节约交易成本为依归。

关于外部性问题

经济学所讲的“外部性”，主要有两种，一是负外部性。如某人行为对他人产生了损害却不予补偿，令私人成本小于社会成本。另一是正外部性。即某人从事经济活动为他人带来了收益而却未参与分享，结果私人收益小于社会收益。出现这两种情况，经济学家大多认为是市场失灵。

关于外部性，我认为有三个问题需要重新讨论：第一，外部性究竟会否导致市场失灵？第二，出现负外部性后政府应该怎样处理？第三，学界为何较少关注和研究正外部性？其实，以上三个问题相互关联，只是为了方便讨论，我要分开说。

庇古是较早关注外部性的学者之一。他在1920年出版的《福利经济学》中举过下面这个例子。

从甲地到乙地，A、B两条公路皆可抵达。其中A路窄而平坦，行驶快；B路宽而崎岖，行驶慢。司机为节省时间都愿走A路。如此一来，A路经常拥堵。庇古说，由于每个司机只考虑节约自己的时间而不考虑堵车增加别人的时间，导致私人成本与社会成本分离，于是市场失灵。

见到A路越堵越严重，有的司机迫不得已改走B路，这样最终会形成一个均衡点：即走A路与走B路耗费的时间相同。庇古说，既然A、B两条路最后耗费的时间相同，政府若一开始就对走A路的司机抽税，让部分司机主动走B路，这样走B路的司机没有损失，而走A路的司机则会受益，但由于走A路需要缴税，总体看私人成本与社会成本相等。

上面这个“公路”的例子今天尽人皆知。而庇古用这个例子所要表达的观点是：但凡存在外部性的地方，市场会失灵，而要弥补市场失灵，就需要政府干预。

可到1924年，美国经济学家奈特写文章质疑庇古。他问：假若政府不收税而让企业对A路拥有特许经营权，企业不也会收费么？奈特的意思其实是：公路不收费并非市场失灵，而是政府缺位，未界定公路产权。

奈特不愧是经济学大师。如此一问，不仅推翻了庇古“外部性导致市场失灵”的观点，同时也引出了鼎鼎大名的“科斯定理”。1960年，科斯发表《社会成本问题》一文，专门研究了怎样将社会成本内化的问题。科斯说：“若交易成本为零，无论产权怎样界定皆不影响经济效率。”反过来理解：“若交易成本大于零，政府则应根据交易成本界定产权，不然就会影响经济效率。”

科斯用下面的例子作了分析：假定某工厂向外排放废气，如果不让企业承担污染环境的社会成本，企业就会肆无忌惮，长此以往，周边居民必与工厂发生冲突，而要协调冲突就会产生交易费用。对此，之前庇古的办法是对工厂收税，而科斯则主张界定产权。比如，政府不给企业排污权，而同时将“社会成本”量化为排放指标让企业去市场购买，这样社会成本则可内化为企业成本。

科斯的观点很清楚，当某经济行为存在负外部性时，政府要做的并不是收税，而是要给当事人各方界定权利。

不过由此想多一层，存在负外部性是否皆需要政府界定权利？我认为不一定。几年前我听说过一件事：某投资商拟在某居民区附近建学校，学校建成后，难免会造成周边交通拥堵，对居民会有负外部性，可居民却一致赞成建学校，读者猜这是为什么？

真实的答案：建学校虽有负外部性，但同时也会拉动周边房产升值，形成正外部性。综合权衡，只要正外部性足可弥补负外部性，居民就不会反对。居民不反对，也就不会产生交易费用。科斯定理说，若交易费用为零，产权界定给谁不重要。既如此，现在居民与投资商意愿一致，没有交易费用，当然用不着政府界定权利了。

转谈第三个问题。迄今学界为何较少关注或研究正外部性？时下有一种说法，是因为正外部性不会引发社会冲突，所以学界未将此作为研究重点。可我不这样看。不错，具有正外部性的行为能给他人带来收益，的确不会有人反对，但没人反对并不代表这个问题不重要。正外部性的重要性，我认为要从另一个角度看。

想问读者：过去我们的基础设施建设为何滞后？也许你会说，是政府财力有限，投资不足。那么我再问：政府财力有限为何不让民企投资？你会答：并非政府不让民企投资，而是基础设施投资不赚钱，民企不愿投资。说得对。这现象若用经济学解释，是投资基础设施有正外部性，而投资者不能分享外部性收益，所以才不投资。

有大量事实可以印证上面的判断。几年前我赴西南某地调研，看到乡村公路四通八达，起初我以为是政府出资修建，可当地官员说是民企投资。我不解，问民企怎会投资修路？当地官员说，政府将部分荒置山地的经营权授给了企业，修路后土地升值，民企经营土地可以盈利。一语道破，原来是政府通过界定产权将社会收益内化成了企业收益。

另一个可佐证的事实，是某些政府用特许经营授权引导民企投资城市基础设施。此模式之所以可取，在于它能解决社会收益的内化问题。由此见，当某经济行为存在正外部性时，即便不发生交易成本，政府也应发挥作用。不过政府的作用不是替代市场，而是界定权利，让投资者私人收益与社会收益相等。

最后让我总结本文观点：第一，出现负外部性并不是市场失灵，而是由于政府缺位；第二，当存在负外部性且产生较高交易费用时，政府应出面界定产权；第三，若某投资存在正外部性，即便不产生交易费用，政府也需为投资者界定权利。

科斯定理的疑点

国内学者对“产权”问题的关注，始于20世纪80年代初。当时农村土地承包制改革，将集体土地所有权与经营权分离，让农户拥有了土地经营权；后来的国企改革，也是将所有权与经营权分离。1991年，科斯获得诺贝尔经济学奖，“产权”概念才在国内渐渐流行开。其实，若将“经营权”定义为使用权、收益分享权、转让权，那么经营权与产权就是一回事。

我写这篇文章，重点当然不是解释产权概念，而是要讨论“科斯定理”的适用性。不瞒读者，多年来我对科斯定理一直存有疑惑，不是说该定理有大错，但也并非无懈可击。比如对如何解决负“外部性”问题，科斯断然否定庇古提出的解决方案，而主张用市场完全取代政府，此主张我认为就大可商榷。

1960年，科斯发表了《社会成本问题》一文，目前学界流行的所谓科斯定理，就是后来学者根据该文的核心观点所作的归纳提炼。其标准的表述是："只要交易成本为零，产权界定清晰，无论产权界定给谁，市场皆能引导经济达到高效率。"

显然，此定理包含"两个假定"与"一个推论"：第一，假定界定产权的交易成本为零；第二，假定产权有清晰的界定。若这两点成立，推论则是解决外部性无需政府干预，市场能够让资源配置达到高效率。

上文的例子：一家工厂排放烟尘，会给周边的居民造成污染，于是产生了负外部性问题。负外部性怎么解决？英国经济学家庇古提出的方案是，由政府向工厂征税，然后补偿给居民。可科斯认为，若界定产权的交易成本为零，解决外部性问题政府只需界定产权，而不必征税。

科斯的解释是：若将产权界定给居民（让居民有不受污染的权利），工厂自己会在烟囱上安除尘器；若将产权界定给工厂（让工厂有排放烟尘的权利），居民会出资给工厂安除尘器。

如果界定产权的交易成本真的为零，科斯定理似乎成立。但应指出的是，交易成本为零只是个理论假设，在真实世界交易成本不可能为零。这一点科斯自己其实很清楚，于是他指出：当交易成本不为零时，产权应根据交易成本的高低进行界定。若产权界定给工厂的交易成本低，产权就界定给工厂；反之，产权就界定给居民。

是的，当交易成本不为零时，产权的确应根据交易成本的高低界定。然而值得追问的是，根据交易成本的高低界定产权，市场真能引导经济达到高效率么？这些年我反复思考，想到的答案却是“不确定”。为便于理解，让我先对科斯所指的“高效率”作说明。

在经济学里，“高效率”有两种解释：一是高生产率；二是资源配置的“帕累托最优状态”。从科斯的《社会成本问题》看，他说的高效率是指后者。何为帕累托最优？帕累托最优是指这样一种状态：在某种给定的资源配置状态下，任何改变都不可能使至少一个人的状况变好，而不使任何人的状况变坏。若一种改变让某人状况变好而未让其他人状况变坏，此状态不是帕累托最优，而是帕累托改进；若一个人状态变好而同时让其他人状况变坏，这样的状态也不是帕累托最优。

如果用“帕累托最优状态”来表示高效率，科斯定理则有明显的疑点。事实上，当交易成本不为零时，即便按交易成本的高低界定产权，市场未必能引导经济达到高效率。读者要注意，我这里说“未必能”，不是完全不能，而是有可能不能。

还是让我用前面工厂与居民的例子分别对产权界定的两种情况作分析。

第一种情况：假定产权界定给居民的交易成本相对低，政府将产权界定给了居民。若产权一旦这样界定，工厂就面临两个选择：一是自己花钱在烟囱上安除尘器；二是花钱向居民购买排放权。毫无疑问，无论工厂最后作怎样的选择，结果都能将社会成本内化为工厂的私人成本，居民利益得到保护，于是资源配置达到帕累托最优。

第二种情况：假定产权界定给工厂的交易成本相对低，政府将产权界定给了工厂。在此情况下，居民要免受污染损害，就得花钱替工厂安除尘器。问题就在这里，工厂排放废气造成的环境损害是工厂的社会成本，可现在如果让居民给工厂安除尘器，社会成本并未内化为企业成本，而是转嫁给了居民，这种状态显然不是帕累托最优，因为工厂利润增加的同时，却减少了居民的收入。

由此见，在第一种情况下科斯定理成立；而在第二种情况下，将产权界定给工厂，通过市场解决负外部性却达不到“帕累托最优状态”。这是说，界定产权的交易成本不为零时，即便清晰界定产权，但只要产权不界定给居民，科斯定理便不能成立。

写到这里，我不知自己讲清楚没有，也不知读者是否同意我的分析。其实，我要表达的是下面这样两层意思。

第一，解决负外部性既要发挥市场的作用，也不能排斥政府的作用。负外部性若能通过市场解决当然好，但市场若不能将社会成本内化为私人成本，政府就要出面调节。

第二，要想通过市场减少或限制负外部性，前提是要将产权界定给居民，否则不让企业承担社会成本，所造成的负外部性将会愈演愈烈。

公共品也需界定产权

经济学流行的观点说，“公共品”和“负外部性”皆可能导致市场失灵。所以大多数学者认为：公共品应由政府提供；负外部性也要由政府出面纠正。1960年，诺贝尔经济学奖得主科斯发表了《社会成本问题》一文，指出只要交易成本为零或者足够低，产权有清晰的界定，市场交易便可解决负外部性问题，市场不会失灵。这就是鼎鼎大名的“科斯定理”。

科斯的研究独具匠心，其分析虽存在疑点，但仍让人深受启发。经济学行内的读者知道，科斯研究的是私人品的负外部性，他所提出的解决方案，是通过界定产权将社会成本内化为私人成本。而我这篇文章则将“公共品”与“外部性”予以合并，讨论怎样处理公共品的正外部性问题。

首先我要指出，公共品不同于私人品。主要区别在于：私人品的消费具有排他性，比如一瓶矿泉水，我喝了你就不能喝；而公共品的消费却不排他，如无线电台播放音乐节目，你收听不妨碍我收听，大家同时收听互不干扰。这样就带来了一个难题：私人品有确定的消费者，供应商可以向其收费；公共品的消费者不确定，供应商无法直接收费，于是市场在这里出现失灵。

公共品难以向消费者收费，由此引出的另一个问题，是导致私人收益与社会收益的分离。举个例子，人们都希望享受洁净的空气，而治理空气需要投资，可是空气的消费并不排他（属公共品），投资者无法向消费者收费。如此一来，改善空气质量的投资就具有了正外部性，因为人们呼吸洁净空气是投资所形成的社会收益，而却未成为投资者的私人收益。

正由于公共品的私人收益与社会收益分离，私人资本才不投资公共品。以往人们之所以认为公共品需要政府提供，理由也在于此。可我们如果留心观察，会发现现实中并不乏私人资本投资公共品的案例，特别是最近十年，国内各大中城市私人资本投资环保的企业已越来越多。此现象怎么解释？我的推断，一定是通过产权界定将社会收益内化成了私人收益。

是的，解决外部性问题必须界定产权。科斯当年在研究负外部性时曾指出，解决负外部性的办法，是内化社会成本；内化社会成本的关键，是界定产权；而界定产权，应以交易成本为依归。同时他还指出，交易费用的高低，与避免损失发生的成本成反比：谁避免损失发生的成本高，产权界定给他的交易成本会相对低。因此，产权应界定给避免损失的成本相对高的一方。

下面让我用科斯所举的例子作解释。

某铁路沿线皆是农田，农民将收割的亚麻堆放在铁路两侧，不料火车溅出的火星把亚麻点燃了，让农民受了损失。请问铁路公司是否应该赔偿？科斯的回答，要看产权界定：若产权界定给了农民，铁路公司当然要赔偿；反之就不用赔偿。问题是产权应如何界定呢？在这个例子里，农民只需将亚麻堆放距铁轨10米之外的地方，损失则不会发生。相比而言，铁路公司避免损失的成本更高，故产权应界定给铁路公司。

负外部性的产权界定看成本。可正外部性的产权怎样界定呢？我认为需转换角度。

前面提到科斯的《社会成本问题》，当初那篇文章发表后，在学界曾引起不小的争议。后来是芝加哥大学爱泼斯坦教授的一句话点醒众人。他问：若将冲突双方当作一个人看会怎样？他分析说：假如有甲、乙两人，甲养牛，乙种小麦。甲的牛吃了乙的小麦，两人必然会起冲突。但如果牛和小麦同属甲一个人，当养牛的收益低于小麦时，甲不会让牛吃小麦；但若养牛的收益大大高于小麦，他就不会阻止牛吃小麦，甚至购买小麦给牛吃。

爱泼斯坦的点醒石破天惊。给我们的启示是，产权也可以从收益角度界定。事实上，对具有正外部性的投资者来讲，界定产权无非是将社会收益内化为私人收益。读者可再想想前面广播电台的例子，电台为何要在节目中间插播广告？因为电台播放的节目消费不排他，社会收益大于私人收益。而法律保护其广告权，是为了让电台将社会收益内化为投资者收益。

从这个角度看，为公共品的投资界定产权，其实就是赋予投资者相应的对价（收益）权。我们知道，市场经济的通行规则是“谁投资谁受益”。投资者既然创造了社会收益，就理应取得对价收益。而要让投资者取得对价收益，当然得将产权界定给投资者。即是说，正外部性的产权界定，不应看成本而应该看收益，谁创造了社会收益，产权（收益权）就应被界定给谁。

根据社会收益界定公共品产权，是本文的重要推论。不过我要提醒的是，此推论包含三个要点：第一，投资者提供的产品是无法向消费者直接收费的公共品，而非可以收费的私人品；第二，界定对价（收益）权的前提，是私人收益与社会收益分离，若前提不存在，则无需界定对价（收益）权；第三，对价（收益）权一旦界定即受法律保护，任何人不得侵权。以上三点相互关联，缺一不可。

写到这里，我想为读者提供一个现实案例。事情是这样：甲公司在网络平台为消费者免费提供短视频，而在视频片头插播广告；而乙公司开发推出了一款具有强大拦截功能的浏览器，可以屏蔽广告。于是甲公司诉乙公司侵害了他的对价权（收益），属不正当竞争；而乙公司却认为自己提供的浏览器是为了满足消费者需求，并非不正当竞争。

这件事不知读者怎样看，在我看来，判断谁是谁非的关键，要看甲提供的短视频，在技术上是否无法向消费者直接收费。若无法收费，则短视频属于公共品，甲的对价权（收益）应受法律保护；若可以收费而甲不收费，则短视频不属于公共品。对价权（收益）就不应受到保护。

被误解的价格歧视

价格歧视是指供应商将同一商品以不同价格出售的行为，西方经济学者称为“price discrimination”。国内有学者认为经济学概念不宜带情感，不赞成翻译为“价格歧视”，而主张用“价格差别”代替。discrimination确实也有差别的意思，不过我倒觉得用“价格歧视”更贴切。

其实，翻译成什么名称无所谓，关键是要把握内涵。在我看来，价格歧视有三个要点：一是产品相同；二是成本相同；三是价格不同。若按此三点判定，市场上的许多差别定价并非价格歧视，至少教科书通常列举的飞机头等舱与经济舱的定价差别就不是。头等舱与经济舱定价不同，是因为产品与成本不同。

现实生活中真有价格歧视这回事么？当然有。长途电话服务收费是一例。白天是电话高峰期，凌晨电话比较少，无论白天还是凌晨，产品（电话服务）与成本皆相同，可白天通话的价格却要高于凌晨。另一个例子，国航同一飞机从北京飞海口，提供的服务（产品）与成本也相同，但白天航班与红眼航班比，即便是同一座位，前者的价格也要比后者高。

学界有一种看法，认为对产品与成本相同不能作绝对理解，若产品变化不大，只要价格比成本上升幅度大便是价格歧视。比如出版商将《国富论》印成精装与平装两种，平装每本定价50元，精装的成本比平装多5元，若精装定价60元便是价格歧视。我可不这样看。精装本与平装本虽成本差别不大，却是有差别的两种产品。

是的，在经济学里，价格歧视就是指这样一种特定现象，它不同于一般的差别定价。一般的差别定价，产品与成本可以不同；而价格歧视则要求产品与成本都必须相同。这是说，由于产品与成本不同引起的价格不同是差别定价；只有产品与成本都相同，价格不同才是价格歧视。两者不可混为一谈，此点读者务必牢记。

弄清了价格歧视的内涵，接下来我们再讨论第二个问题：市场为何出现价格歧视？目前我所看到的权威解释，是供应商为了争取最大化利润。这解释当然没有错，不过太笼统。要知道，所有市场行为都是在追求利润最大化，也都可用利润最大化去解释。但若往深处问，既然厂商都争取利润最大化，可为何不是所有厂商都搞价格歧视呢？

对此，斯蒂格利茨在他编撰的《经济学》中作了补救，他认为除了厂商追求最大化利润，再一个原因是厂商垄断供应。不错，垄断供应确实是价格歧视的必要前提，不然产品相同而价格不同，定价高的商品没人会买。但反过来想，假若厂商垄断了供应，消费者别无选择，产品定价高也得买，这样厂商就会一律定高价，没有必要再搞价格歧视了。

由此看，价格歧视用垄断供应也不足以解释。事实上，价格歧视需要垄断供应，但垄断供应未必会有价格歧视。让我举一个真实的例子。中国青年出版社2015年初出版了我的专著《经济观察笔记》，照合同约定，版权5年内归出版社。于是，5年内出版社垄断了《经济观察笔记》的供应，可该书并没有搞价格歧视，每本定价一律45元。

可在版权即将到期前，出版社将我之前在该社出版的另外两本书与《经济观察笔记》捆绑成套装，定价每套168元，如此包装一改，事实上3本书的单价皆从原来的45元提高到了56元。这是价格歧视么？我认为不是。单本改套装，包装变了，产品与成本也就跟着变了，那是出版社差别定价，与价格歧视无干。

说我的观点吧。市场之所以出现价格歧视，原因有三：第一，厂商争取利润最大化；第二，垄断供应；第三，供给稳定而需求不稳定。第三点是由本人提出，至少我没有见到有其他学者讲过。而且我认为前两点重要，但第三点更关键。一个厂商是否实行价格歧视，最终要取决于供给与需求的状况。

所谓“供给稳定”，是指这样一种状态：在相对长时间（如一年），供给不会随时间改变而改变，产品保持均量供给。而所谓“需求不稳定”，则是指需求会随时间变化而改变。通俗地讲，是需求有淡季旺季之分。请注意，影响需求不稳定因素很多，而我这里所说的“需求不稳定”，是特指那种由“时间”引起的需求变化。

读者也许要问，为何供给稳定而需求不稳定会有价格歧视呢？为方便理解，让我结合案例来分析。

以铁路客运票价为例。在一年内铁路运力（供给）会相对稳定，但顾客需求却不稳定。有数据说，国内春运高峰期每天的铁路客票需求要比平时高5倍，而铁路公司却又不可能增加5倍的运力，因为春运高峰期一过，增加的运力就会闲置。怎么办？可取之策是提高春运期间的客票价格，而如此一来，价格歧视也就出现了。

留心观察，生活中类似的例子其实不少：如旅游景区的门票，旅游景区的供给常年稳定，而节假日（如国庆长假、春节等）的游客要比平时多很多，故景区门票通常会实行价格歧视；再有，航空公司、电影院、饭店、酒店、电力公司等，也都会因为需求有淡旺季而实行价格歧视。

写到这里，我最后要特别指出的是：“歧视”一词本身虽有贬义，但在经济学里“价格歧视”却是中性概念，不含任何歧视某类消费者的意思，读者切莫望文生义。同时，价格歧视作为市场行为，是供给稳定而需求不稳定所导致的结果。既然如此，政府就应该坦然面对，断不可用行政手段去干预。

资产定价与供求定价

资产定价理论，最早可追溯到马克思的土地价格原理。马克思在《资本论》中，曾对“土地定价”提出过一个公式：土地价格=该土地年地租/银行年利率。此公式便是现代经济学中“资产定价模型”的理论源头。

1930年，美国经济学家费雪在《利息理论》中指出：资产价格等于该资产总预期收益的贴现。文字表述虽不同，而基本原理显然是来自马克思。费雪的贡献，是将土地定价原理推广到了一般资产定价。

经济学供求原理讲，商品价格由供求决定。读者或许要问：既然价格由供求决定，可经济学家为何要另外提出资产定价模型呢？难道资产价格不由供求决定？我写这篇文章，正是要对此问题作解释。

可分两点讨论：一是何为资产？资产相对于消费品有何特点？其特点与资产定价有何关系？二是资产价格为何等于

未来预期收入的贴现值？而选择用银行“利率”贴现的理由何在？

先说何为资产。日常生活中有三个概念容易混淆：财富、财产、资产。财富指一切有用的资源，其中包括财产与资产。财产与资产皆为可增值的资源，但两者也有区别：财产不形成收入流，资产能形成收入流。比如人们收藏古董字画，希望日后涨价沽出，故古董字画是财产；工厂的机器设备每天创造收入，此类有收入流的资源则为资产。

相对于消费品，资产最显著的特点，是所有权与使用权可以分离。换句话说，所有权与使用权不能分离的商品不是资产。比如面包，面包的使用权一旦转让，所有权也就一并转让了，所以面包是消费品不是资产。

经济学说，“土地、厂房、机器”等是资产，因为此类商品的所有权可以归某人，而使用权却可转让给其他人。读者可以想想土地所有者与佃农的关系，就不难理解资产的这一特性。

说资产可形成收入流，还有一个原因，即资产的使用权可持续转让。这一点显然也与消费品不同，消费品转让使用权不仅需同时转让所有权，而且消费品只能一次性转让，不能持续转让。由此决定，消费品转让虽有收入，但不能形成收入流。也许有人会说：住房是消费品，住房出租不也有收入流么？不错，住房是消费品，但住房一旦用于出租，却是资产。

由于资产所有权与使用权可以分离，那么对使用权和所有权的定价就需分开处理。事实上，前者是指资产的租赁价格（租金）；后者是指资产整体（所有权与使用权）转让的价格。

问题是使用权价格和所有权价格各自怎么定呢？使用权价格当然是由供求定。以房产出租为例，由于房主间存在竞争，租客间也存在竞争，租客一定会与房主讨价还价，最终形成市场价格。

资产的所有权价格怎么定？所有权价格与使用权价格有关，但并不是一回事。前面说了，资产可取得持续的收入流。转让资产所有权，其实就是让渡资产的收入流。从选择角度看，资产收入流是转让资产的机会成本。若货币利息低于资产收入，资产持有者不会转卖资产；同理，货币存入银行的利息，是购买资产的机会成本，若资产收益低于利息，货币持有者也不会购买资产。

以土地价格为例。假如你有一块地，每年租金收入是10万元，再假定银行存款年利率为10%，这块地别人出价多少你愿意卖？按照马克思的土地定价公式，土地价格等于年租金10万元除以年利率10%，即为100万元。

这是说，若有人出价100万元，你会考虑卖地，因为100万元存入银行的年利息也是10万元。反过来，若土地定价100万元，也有人会考虑买地，因为土地的年租金10万元，与100万元存入银行的年利息相等。

将土地推广到一般资产，定价原理完全一样。也正因如此，所以我说“资产定价模型”的发明人是马克思。不过这里还有个问题要解释，即资产定价为何要选择用银行利率贴现？我认为有两方面原因：一是货币作为固定充当一般等价物的商品，可与所有的资产交换，而且流动性强；二是银行利率由社会普遍不耐程度决定，若无全域性天灾人祸，社会不耐稳定，利率也相对稳定。

需要特别指出的是，资产定价方法看上去与消费品定价有所不同，然而透过现象看本质，两者其实殊途同归，最终皆由供求双方决定。何以见得？费雪说，资产价格是资产未来预期收入的贴现。资产预期收入即为“资产使用权价格”，上文分析过，资产使用权价格是由供求双方决定，而贴现率（利率）相对稳定，这样看，资产价格归根到底也是由供求决定。

回头再说“资产定价原理”的启示。我曾赴南方做乡村调查，关于农民土地流转，我想到了两点：一是土地使用权如何定价。时下通行的做法，龙头公司租用农民土地，每亩约按500斤稻谷市价（600元）付费，而龙头公司用农民土地种植果品蔬菜，每亩年收入近万元。我敢断定，此做法难以持久，日后农民会要求重新定价，不然农民会收回土地你信不信？

由此我想到了第二点，龙头公司租用农民土地，不如让农民直接用土地入股。当下的困难，是农民只有土地经营权而无所有权。这次调研中发现，有的乡村采取“农民+合作社+龙头公司”模式，农民先将土地流转到村集体合作社，合作社将土地整体入股龙头公司。龙头公司与合作社按股分红，合作社再给农民分红。我看好这种模式，不过土地使用权定价仍是关键。若使用权定价偏低，土地价格（入股比例）会偏低，照样也会损伤农民利益。

需求定律与“吉芬悖论”

需求定律是经济学者用来推断人们行为选择的基本工具。该定律说：商品价格越高，需求会越少；反之，价格越低，需求会越多。照理说，经济学者不应怀疑此定律，可自从马歇尔在《经济学原理》中提出“吉芬悖论”后，便引发了学界旷日持久的争论。而争论的焦点，是需求定律是否存在例外。

我们先看“吉芬悖论”是怎么回事。英国经济学家吉芬发现，1845年爱尔兰发生大饥荒后，马铃薯价格大涨，可由于普通家庭买不起肉类食品，只能转向消费马铃薯这类低档品，结果马铃薯涨价后消费不仅没减少，反而增加了。马歇尔称此现象为“吉芬悖论”；而“吉芬物品”（低档品），也就成了需求定律的例外。

无独有偶，20世纪70年代又有学者称奢侈品也是例外。并以钻石为例，说钻石价格越高，购买者越多；价格低廉的钻石却少有人问津。而随着争论的持续，到今天学者提出的例外品越来越多，比如有学者说，下雨天雨伞涨价购买者越多，股票上涨追涨者越多，他们认为雨伞与股票等也都是需求定律的例外。

当然，坚持需求定律没有例外的学者也很多。美国经济学家斯蒂格勒1947年就发表文章指出，在马歇尔时代，英国并无支持“吉芬现象”的证据。并且他还说：如果“吉芬悖论”是事实，反过来无疑是说马铃薯价格越低，马铃薯的需求会越少，这种现象在真实市场怎可能出现呢？所以他断定“吉芬悖论”只是一个假想而非事实。

我找不到英国19世纪末的相关资料，“吉芬悖论”是否真的存在无从考证。不过换个角度想，吉芬所说的现象是否属实其实并不重要，重要的是假如“吉芬物品”存在，能否推翻需求定律？从科学角度讲，定律是不允许有例外的，假若有例外，哪怕有一个例外，它就不能成其为定律。问题在于：面对学界列举的上述种种现象，怎么证明它们不是需求定律的例外呢？

1949年，弗里德曼发表了《马歇尔的需求曲线》一文，论证了需求定律没有例外。此文有三个要点：第一，需求定律描述的是供给一定时价格与需求的关系，若假定供给不变，收入也不会变；第二，研究价格对需求的影响，即使收入改变也不应纳入需求定律考虑；第三，收入改变后产品需求有可能变，但此时应画另一条需求曲线，而不应看作需求定律的例外。

以上三个要点环环相扣，其中心意思是：影响需求变化的因素并不只是价格，其他因素变化也会引起需求变化，因此要研究价格变动与需求变动的关系，必须明确哪些因素可以变而哪些因素不能变。弗里德曼认为，影响价格变动的因素皆可变，而可能导致需求变动的非价格因素都不能变。

影响需求的非价格因素主要有以下三种。

一是产品。如果产品有变化，需求也会变化。现实中不乏这样的例子，比如手机，这些年每升级一次，价格就涨一次，而且需求也跟着增加。读者不要以为需求增加是由价格带动的，虽然手机升级前后是同一个品牌，但两者却不是同一个产品。

二是偏好。即便产品价格不变，若人们的偏好改变也会影响需求。以普洱茶为例，过去人们对普洱茶不了解，市场需求也不大。2005年马帮进京，兴师动众，并宣称此茶可以降“三高”，结果一饼茶竟拍出了160万元的天价。普洱茶从此声名远播，需求大增，是因为宣传推介改变了人们的饮茶偏好。

三是收入。“恩格尔系数”说，穷人收入中用于低档品（如粮食等必需品）消费的占比相对高；富人收入中用于高档品消费的占比相对高。可推出的含义是：若人们收入水平提高，对高档品需求会增加；若收入水平下降，对低档品需求会增加。由此见，对高档品与低档品的需求不单受价格影响，同时也决定于收入。

是的，研究价格变化对需求的影响，必须设定上述因素不变。不然如果这些因素同时变，我们就无法确定需求变化到底是由何因素引起的。换句话说，只要设定产品、偏好、收入等不变，价格变动与需求变动的关系就可用需求定律来表达，而且需求定律也不可能有例外。

回头再说“吉芬物品”。当年马歇尔认为“吉芬物品”是个短期的例外，而我不认同他的说法。当时英国发生大饥荒后马铃薯价格上涨，穷人对马铃薯需求增加，并不是需求定律失灵，而是人们的收入下降所致。正如弗里德曼所说，验证需求定律要假定收入不变，如果收入变了，就应“另画一条需求曲线”。

再看奢侈品。以钻石为例，昂贵的钻石购买者多，廉价的钻石购买者少，这现象其实推翻不了需求定律。需求定律要求产品不变，而这里对比的却是两种品质不同的产品。如果我们问：同一品质的钻石，价格越高你会买得越多么？你若不会，钻石就不是需求定律的例外。

再看雨伞与股票。事实上，下雨天雨伞涨价购买者越多，原因并非雨伞涨价，而是因为下雨改变了人们对雨伞的偏好，要是不下雨，对雨伞的需求不会增加。股票呢？股票上涨之所以追涨者多，原因是为了投资套利，此时炒股者是投资者而非消费者，而解释投资行为，要用“供给曲线”而不能用需求定律。

经济学者列举的“例外品”还有一些，这里不再一一澄清。但请读者记住：只要坚守“产品不变、偏好不变、收入不变”，需求定律绝没有例外。

边际收益不可能递增

经济学行内读者知道，“投资边际收益递减”是一个具有公理性的经济规律，两百多年来没有人怀疑过。可最近有经济学者质疑这一规律，认为数字经济时代到来后，此规律已经过时。我不赞同这些学者的分析，而且认为这种观点是错的，应该澄清。

时下有一种观点说：数字经济作为一种新型经济形态，不同于农业经济与工业经济，其边际成本会不断递减，边际收益会不断递增。从经济学角度讲，边际收益递增，同时也暗含着边际成本递减，两者是一回事，若前者成立，后者当然也成立。然而问题在于：数字经济的边际收益真的能够递增吗？

据我所知，说数字经济边际收益递增的学者，他们依据的是以下三大定律。

第一个定律：梅特卡夫定律。该定律指出：网络的价值等于网络节点数的平方。说得更通俗些，网络的价值与联网用户数的平方成正比。对此人们常举的例子是，一部手机没有任何价值，几部手机的价值也不大，而成千上万部手机组成了通信网络，手机通信的价值将会呈爆炸性增长。

第二个定律：摩尔定律。摩尔发现，当价格不变时，集成电路（IC）上可容纳的元器件，每隔18～24个月便增加一倍，性能也提升一倍。既然在相同面积晶圆下生产同样规格的IC，每隔18～24个月可增加一倍，那么生产成本也能相应降低50%。

第三个定律：达维多定律。此定律说，网络经济存在“强者更强，弱者更弱”的马太效应，进入市场的第一代产品，往往能获得50%的市场份额；而第二或第三家企业的新产品进入市场，所获利益远不如第一家企业大。由此推出的结论是，一个企业要追求最大化利润，应不断创新技术（产品），并敢于率先淘汰自己的产品。

以上三大定律皆来自经验事实，而且都有历史数据作支撑，毋庸置疑。可尽管如此，我认为由这三大定律并不能推出数字经济边际成本递减或者边际收益递增。

为何这样说？让我分别对上面三大定律作分析。

先看梅特卡夫定律：网络的价值等于网络节点数的平方。想问读者，你认为这里的“价值”指什么？是使用价值还是交换价值？我认为是使用价值。是的，单独一部手机没有使用价值，成千上万部手机组成通信网络，网络的使用价值（通信便捷性）会增加，但并不等于交换价值（单位时间通话费）会增加，相反还会下降。近三十年来手机话费（价格）越来越低便是例证。

再看摩尔定律：每隔18～24个月，在相同面积的集成电路上容纳的元器件可增加一倍，从成本角度看，制造成本便可降低50%，呈递减趋势。要追问的是，此处的“成本”指什么成本？是指产品的单位成本还是边际成本？我认为是单位成本，而不是边际成本（制造最后一块集成电板的成本）。若边际成本递减，企业就会一次性生产无限多的电板，可事实并非如此。

最后看达维多定律：不错，网络经济确实存在“赢者通吃”现象，谁的产品先进入市场，所占有的市场份额就会相对大。但这种现象并不能证明边际收益递增。经济学讲，边际收益等于厂商卖出最后一件商品的价格。读者想想，一批完全同质的商品，价格怎会越卖越高呢？事实上，企业之所以不断创新技术（产品），原因正是产品价格越卖越低，边际收益递减。

综上分析，数字经济并没有颠覆边际收益递减规律。要知道，经济学讲的边际收益递减，是指在技术条件不变的前提下，增加某一要素投入，收益增量会递减。因为在技术条件不变时，企业的可变要素与固定要素间存在“最佳”比例。要是固定要素投入不变，而可变要素投入超出“最佳”比例，边际收益肯定会下降。

对边际收益递减规律，从需求角度也许更容易理解。前面说过，投资的边际收益，是厂商卖出最后一件商品的价格。对消费者来说，当消费某一商品的数量越来越多时，所获得的效用（边际效用）会越来越少，而边际效用不断递减，消费者的出价会越来越低，这样投资该产品的边际收益也会越来越低。

其实早在30年前，就曾有学者提出“边际收益可以递增”，并以人们“集邮”作例证：假定一套邮票有10张，单独一张卖5元，若集齐10张，就不会只卖50元，而可能卖60元。此例子能证明边际收益递增吗？我认为不能。因为一套邮票与一张邮票是两种产品，应另画一条需求曲线。不然我问你，买第一套邮票你出价60元，买第十套邮票你会出价100元吗？

回到政策操作层面，我想指出三点：第一，数字经济可极大地节约交易成本，政府应高度重视并支持数字经济发展；第二，发展数字经济不仅不能脱离实体经济，相反，应立足于服务和推动农业与工业部门转型升级；第三，数字经济仍存在边际收益递减规律，也应保持适度规模，防止一哄而起。

谁能提供消费者剩余

自马歇尔在《经济学原理》中提出“消费者剩余”后，此概念在学界广为传播，而且100多年来，一直热度不减。我相信真实世界确有“消费者剩余”存在，但不赞成政府将扩大“消费者剩余”作为追求的目标。中外经验皆说：政府试图用“价格管制”提供消费者剩余的一切努力，最终皆将徒劳无功。

何以作出这样的判断？道理说起来会比较复杂，化繁为简，我们先来讨论以下三个问题：第一，消费者剩余从何而来？第二，消费者剩余大小由何决定？第三，消费者剩余如何分配？这三个问题若能讨论清楚，理解政府定价与消费者剩余的关系也就容易了。

先说第一个问题。按照马歇尔的定义，消费者剩余是指消费者通过商品交换取得的净收益。具体讲，是消费者购买某商品的意愿价格与实际成交价格之间的差额。举个例子，你去市场买苹果，你所愿意支付的价格是5元/斤，而结果你仅花4元就买到了一斤苹果。那节省的一元，便是你的额外收益，即为“消费者剩余”。

类似的例子多，读者也能随手拈来，说明现实中确有消费者剩余这回事。如果不存在消费者剩余，人类也就不可能出现商品交换。可问题是消费者剩余从何而来呢？时下学界有一种解释，认为消费者剩余是来自生产者让利。我不赞成这看法，因为生产者以利润最大化为目标，市场上若有人愿出高价买他的商品，他怎可能卖低价？

是的，说消费者剩余来自生产者让利不对，这一点在物物交换时代表现很明显。

比如有甲、乙两个人，分别生产粮食与布匹，由于没有货币，甲直接用粮食与乙交换布匹，显然，此时的甲与乙不仅都是买方（消费者），而且同时也都是卖方（生产者）。正因为他们既是买方又是卖方，于是我们很难说得清交换所产生的“净收益”是买方剩余还是卖方剩余，更说不清它是来自卖方让利还是买方让利。

在我看来，交换的“净收益”并非来自谁的让利，而是来自分工。为何这么说？还是用上面的例子分析。

假定甲、乙均可生产粮食与布匹，甲生产一吨粮食成本是800元，生产一匹布成本是900元，总成本为1700元；乙生产一吨粮食成本为900元，生产一匹布成本为800元，总成本也为1700元。如果一吨粮食可换一匹布，那么甲生产两吨粮食，乙生产两匹布，然后甲用一吨粮食换乙一匹布，则各自节省的成本100元，便是交换带来的净收益。

明确了这一点，让我们再看第二个问题：消费者剩余的大小由何决定？上文说，物物交换时我们无从判定交换“净收益”是买方剩余还是卖方剩余，不过在货币出现以后这问题就不存在了。由于货币是一般等价物，人们约定俗成，将市场上持货币的一方视为买方，而将持商品的一方视为卖方。这样一来，消费者剩余的界定也就明确了。

回到定义，消费者剩余等于买方意愿价格与实际成交价之间的差额。这是说，消费者剩余的大小取决于两个因素：买方意愿价与实际成交价。实际成交价就是市价，单个买家或卖家均无法左右市价，它要由市场决定。如果成交价是市价，则消费者剩余大小就要看买方的意愿价格。买方意愿价格越高，消费者剩余越大。

买方意愿价格是怎样定的呢？马歇尔说，买方意愿价上限，等于他所放弃消费其他商品的最大效用，且随着边际效用递减，意愿价格会下降。说边际效用递减会令意愿价格下降是对的，但我认为上限不是买方放弃的“最大效用”，而是他生产该商品的成本。如上例中甲生产一匹布的成本是900元，那么甲的意愿价绝不会超过900元/匹，否则甲就会自己生产而不会去购买。

最后再看分配。消费者剩余理当归消费者，本来就不存在分配问题。若消费者剩余不归消费者，何谈消费者剩余？可有学者指出，消费者剩余未必悉数归消费者。通常用来佐证的例子是火车票，比如春运期间一张从广州到北京的火车票，由于供不应求，买方意愿价格为600元，而政府定价只准卖500元，这样就出现了100元差价。可现实结果，消费者并不能享受到这100元好处，而是归了相关权利人与“黄牛党”；即便有人500元买到了车票，100元价差也被排队的时间成本抵消。

这样讲不无道理，而且我之前也是这么看。可我现在认为以前的看法错了。关键的一点，是混淆了政府定价与市场价，误以为政府定价就等于市场价，而事实上两者并不相等。试想，若政府定价等于市场价，有了市场价政府何必再定价？问题就在这里，若政府定价不是市场价，而消费者的实际成交价却是市场价，这样政府定价低于市场价的差额便是“行政租”，而不是“消费者剩余”。既然不是消费者剩余，当然不归消费者。

总结上面分析，我总的结论是：

第一，消费者剩余是分工带来的收益，若没有分工与交换，不可能出现消费者剩余。

第二，消费者剩余等于买方意愿价与实际成交价之差。实际成交价是市场价，买方意愿价要受生产成本与边际效用的约束，其大小不可能人为改变。

第三，政府定价不是市场价，政府定价低于市场价所形成的“行政租”不归消费者，而且政府不可能通过价格管制提供消费者剩余。

产业组织与规模经济

马歇尔在1890年出版的《经济学原理》一书中说：企业追求规模经济，会扼杀竞争；而要保持竞争活力，又得牺牲规模经济。后来经济学者将这个两难选择称为“马歇尔冲突”。

20世纪初，很多人抱怨或批评大企业。在一片责难声中，熊彼特告诫人们：“不断的创新就像跳动的琴弦，演奏着经济成长的美妙乐章，而拨动琴弦的正是那些领导市场的巨型公司，我们有什么理由指责我们的乐师呢？”

罗宾逊1933年出版了《不完全竞争经济学》，指出“竞争”与“垄断”并非两种对立状态，真实世界的市场既非完全竞争，也非完全垄断，而是垄断竞争，即便那些市场占有率很高的大企业，也不能排斥竞争。

配第－克拉克定理的前提

中国政府高层一直重视发展实体经济，可近年来国内却出现了“脱实向虚”迹象，这一方面有体制方面的原因；若从理论方面看，应该是受了“配第－克拉克定理”的误导。该定理说：一个国家随着经济不断发展，第一产业比重会逐步下降，第二产业比重会逐步上升，跟着第三产业比重也会随之上升。

作为一种学术研究成果，我们当然可以借鉴“配第－克拉克定理”。但值得注意的是，目前不少地方政府已将此定理作为衡量产业结构是否合理的标志。并且普遍的看法是：第三产业产值比重越高，产业结构就越合理。事实上，这种看法完全是个误会，若不作澄清，对我国未来经济发展将贻害无穷。

顾名思义，“配第－克拉克定理”与两位学者有关。一位是英国古典经济学家威廉·配第，1672 年前后他在《政治算术》中比较了英国农民和船员的收入后发现：以盈利多少论，从事农业不如从事工业，从事工业则不如从事商业。于是他预言说：随着经济发展，产业重心将逐渐由有形产品生产转向无形服务的生产；当工业收益超过农业时，劳动力必然由农业转向工业；当商业收益超过工业时，劳动力会再由工业转向商业。

1940年，同是英国人的克拉克出版了《经济进步的条件》，他按照配第的指引，对四十多个国家（地区）不同时期三次产业的劳动投入和产出作了实证研究，所得出的结论与配第的预想完全吻合。

于是学界将其合二为一，统称为"配第－克拉克定理"。之后，库兹涅茨、埃·索维等西方学者纷纷鼎力支持，众星捧月，使该定理在国际上得以广泛传播。

有众多学者支持，此定理应该毋庸置疑。可我要告诉读者的是，"配第－克拉克定理"并非"定理"，而是"定律"。科学上的定理，是指用逻辑演绎所推导的命题，通常表述为"若条件，则结论"（如勾股定理）；而定律则是对经验事实的描述，即归纳特定时空下大量事实所得的结论（如牛顿力学定律）。简言之，定理不受时空约束，而定律则要受时空约束。

显然，"配第－克拉克定理"属于后者。问题就在这里，既然不是"定理"而是"定律"，那么就要受时空约束。这是说，一旦时空改变，定律就可能失灵。正是从这个意义上，我说一个地区调结构不必刻意迎合该定律。否则东施效颦，到头来只会弄巧成拙。近些年国内实体经济逐步虚脱，其实与各地盲目发展“三产”有关。

读者不要误会，不是说“配第－克拉克定律”不可借鉴。我想说的是，借鉴该定律首先要弄清其存在的时空条件，若条件不清楚，也就无从判断能否借鉴。遗憾的是，对该定律的时空条件，配第与克拉克皆未作说明，而且学界也无人研究。曾担心是自己孤陋寡闻，最近又翻阅了大量文献，还是未找见这方面的著述。

也好，别人没说我来说，自己不肯定对，就当是抛砖引玉吧。

在我看来，“配第－克拉克定律”的约束条件主要有二：一是发展阶段（时间）约束；二是分工范围（空间）约束。所谓发展阶段约束，是指该定律只在特定发展阶段成立，在别的阶段不成立。比如农耕社会，那时虽有手工业，但并未出现机器大工业与服务业，“配第－克拉克定律”显然不成立。而且准确地说，此定律只存在于工业化初期与中期，到了工业化后期，该定律也不成立。

为何作此判断？我的分析是这样：“配第－克拉克定律”是对经验事实的描述。不过配第的这一思想并非直接来自经验事实，那时尚处在工业革命前夜，工业化要等百年（1765

年瓦特改良蒸汽机）后才起步。真正根据事实归纳此定律的是克拉克，而克拉克所依据的事实，则是工业化初期到中期的事实。换句话说，克拉克只验证了工业化初期至中期的结构演进，而工业化后期会怎样并未验证。而我们今天所看到的事实是，欧美制造业正在回归，从证伪角度看，此定律恐怕也不存在于工业化后期。

转谈分工约束吧。此约束有两层含义：一是结构演进要以分工为前提，没有分工就没有结构演进；二是分工范围决定结构演进的范围。具体讲，在工业化初期到中期，分工范围若只局限于某地区，“配第－克拉克定律”会适用于该地区；但若分工范围扩大，当一个国家形成了地区间的分工，则该定律就适用于这个国家而不再适用于某个地区；同理，当分工范围扩大到全球，那么，它反映的是全球趋势，不再适用于某个国家。

用不着讲复杂的道理，让我用例子解释。假定一个国家有甲、乙、丙三个地区，甲地的比较优势是农业，乙地的比较优势是工业，丙地的比较优势是“三产”。假如这个国家三个地区已经形成分工，那么甲、乙、丙三地就不必拘泥于“配第－克拉克定律”。虽然每个地区都不符合“配第－克拉克定律”，但整体结构演进则会与该定律一致。

根据以上分析，我们可以得出以下结论：第一，“配第－克拉克定律”并非定理，只是阶段性的规律，绝非永恒不变；第二，“配第－克拉克定律”的适用范围，需由分工范围决定，也并非放之四海而皆准；第三，基于以上两点，一个国家的产业定位应立足自身的比较优势，断不可刻舟求剑、生搬硬套。

“马歇尔冲突”是个假问题

自亚当·斯密1776年出版《国富论》起算，经济学发展已有两百多年历史。令人遗憾的是，到今天仍有不少难题仍悬而未决，怎样看待规模经济与竞争便是一例。马歇尔在1890年出版的《经济学原理》中说：企业追求规模经济会扼杀竞争；而要保持竞争活力，又得牺牲规模经济。这个两难选择，学界称为“马歇尔冲突”。

很明显，“马歇尔冲突”暗含的逻辑是：企业规模过大容易形成垄断，而垄断一旦形成则会排斥竞争。读者认为这个逻辑成立么？这里有三个问题要讨论：一是企业规模由何决定；二是规模与垄断是何关系；三是垄断是否必然排斥竞争？若以上问题不明确，大家各执一词，围绕“马歇尔冲突”的争论，还会无休止地争下去。

在我看来，企业初创期通常都有扩大规模的动机。为何这样说？1959年英国学者马克西与人合作出版了《汽车工业》一书，他研究发现，汽车年产量从1000辆扩到5万辆，单位成本可降低40%；产量从10万辆扩到20万辆，成本可下降10%；而从20万辆再扩到40万辆，成本仅下降5%。这组数据说明：扩规模可节约成本，但规模也不是越大越好。

那么企业规模由什么决定呢？以往经济学者通行的做法是作“量本利分析”。但要提点的是，“量本利分析”决定的产量，只是企业盈亏平衡点的产量，并非最佳生产规模。经济学讲最佳规模，是指边际收入等于边际成本时的产量，即规模要达到这样的状态，多生产一个产品所增加的成本，与多卖一个产品所增加的收入要相等；否则，就不是最佳规模。

既如此，当边际收入高于边际成本，企业扩大规模就应该无可厚非。可学界却有人认为企业规模大了会形成垄断，如早年IT巨头微软涉嫌垄断被告上法庭，罪名是捆绑销售，据说背后真实的原因是规模太大。问题是，企业规模大是否就等于垄断？或者说只有大企业才垄断而小企业不会垄断？要回答这个问题，我们还得弄清何为垄断。

关于垄断，我看到的较为一致的解释：垄断是指由一个或少数企业独占市场，并通过操纵产量与价格取得高额利润的行为。此解释包含两个要点：一是企业规模（市场份额）大；二是操纵产量与价格。而我的观点，判断企业是否垄断不必看规模，只需看是否操纵产量与价格，若操纵了产量与价格，无论规模大小皆为垄断。

举例说吧，某汽车生产企业，假如按边际收入等于边际成本决定的产量是50万辆，每辆市价为20万元，则销售收入为1000万元；如果该企业控制产量，只生产40万辆，同时将价格提高到30万元，则销售收入为1200万元。这样一来，生产40万辆的销售收入反而比生产50万辆还多200万元，这多出的200万元的销售收入扣除成本，便是垄断利润。

显然，上例中的垄断利润并非来自扩规模。恰恰相反，是来自限规模。正是在这个意义上，我说垄断与规模无关。也许有人会问，要是企业没有一定规模凭啥自行定价？是的，企业自行定价（经济学称“觅价”）确实要具备相应的条件，但这个条件并不是规模，而是独特技术。一个企业若没有独特技术，规模再大也只能受价，不可能觅价。

现实中大企业觅价的案例多，不必说；让我举两个小企业觅价的例子。前不久看电视，说北京有一家“夫妻店”加工肘子，价格高出市价两倍却生意兴隆，你知道为什么？原来，这家店有加工肘子的独门手艺。另一个例子，是我老家津市的“刘聋子米粉店”，名闻三湘，该店在当地同行业中规模并不大，可价格却高于市场价一半。究其原因，也是店主有祖传的烹制秘籍。

由此见，大企业有独特技术可以觅价，小企业也同样可以觅价。问题是对“觅价行为”怎样看？据我所知，人们主张反垄断的理由，主要是认为觅价要限制产量，从而会造成社会损失。这看法我不同意。这里的关键，是如何理解边际成本。至少有一点，目前教科书讲决定厂商规模的边际成本，只是指料、工、费，并不含交易成本，若加进交易成本，边际成本肯定会上升。

事实也确实如此。企业作决策所考虑的成本，不单是料、工、费，更重要的是机会成本。比如某企业多生产一台电视机，多支出的料、工、费是1000元；若企业用相同的资本生产一台空调，收入是2000元，那么，该企业多生产一台电视机的成本，就不是1000元，而是2000元。从机会成本看，企业觅价所减少的产量，就不能算社会损失。

回头再说垄断与竞争。若将垄断定义为“觅价”，垄断会不会排斥竞争？前面我说过，觅价的前提是要有独特技术。事实上，为了取得高额利润，企业都有觅价（垄断）的意愿，只是有的企业有条件觅价，有的企业无条件觅价，但今天不能觅价不等于明天也不能觅价。任何觅价者都有潜在的竞争对手，这样看，垄断不仅不排斥竞争，还可带动竞争。

综上分析，所谓“马歇尔冲突”，其实是个假问题。需要特别指出的是，行政垄断不同于技术垄断，问题要复杂一些。这里简单说我的观点：行政垄断企业拥有觅价权，是由于政府实施了市场准入限制，只要行政管制不放开，此类垄断无疑会排斥竞争。至于行政垄断该不该反，事关国家层面的利益，不好一概而论，应视具体情况分别处理。

熊彼特假说褒贬不一

在日常生活中，我们总听到人们抱怨某些大企业为牟取暴利，将产量压得过低，将产品价格定得太高；甚至有人指责大企业（老板）贪婪成性，靠损害消费者福利来塞满自己的腰包。诸如此类的言论，曾经把某些大企业搞得声名狼藉。

在一片责难声中，有一个学者与众不同，他就是美籍奥地利经济学家、哈佛大学教授熊彼特。这位一生都在追求标新立异的学者，用诗一般的语言告诫人们："不断的创新就像跳动的琴弦，演奏着经济成长的美妙乐章，而拨动琴弦的正是那些领导市场的巨型公司，我们有什么理由去指责我们的乐师呢？"

熊彼特的话无疑开阔了我们的思路，当我们重新审视垄断对社会福利是否带来损害时，首先必须回答这样一个问题，技术创新重要吗？大约在两百多年前，斯密和李嘉图就讨论过技术变动的经济学，然而直到工业革命以后，特别是科学技术突飞猛进的当代，经济学家才开始对这个课题进行大力探索。

经济学者比较一致的看法是，科技进步降低了成本，提高了质量，扩大了产出，使得人们可以花费更低的价格享用性能更为优良的产品。一句话，技术进步极大地增进了整个社会的福利水平。

美国卡特总统经济顾问委员会主席舒尔茨曾在他提交给总统的备忘录中写道："从长远来看，科学知识，以及将它转化为新的更先进的产品和生产方式，的确是推动经济增长的最重要的力量。如果世界主要工业化国家在过去两个世纪只是积累资本，而仍然使用18世纪的科学和技术，那么，今天的产出、收入和生活水平，恐怕只能是现在实际情况的一个零头。根据索洛的估计，美国经济增长的80%到90%是技术变动引起的。"

既然技术创新的作用如此重要，那么是谁在推动技术创新呢？人们传统的看法是，在一个充满竞争的市场上，是生存压力迫使企业开展技术创新；或者说，是自由竞争使得经济活动充满活力。

熊彼特不同意上述看法。他认为，对技术创新的推动作用，生产集中的行业要比自由竞争行业表现得更为明显，唯有巨型公司和不完全竞争才是技术变革的源泉。而且同时也是经济动态创新与技术增长的发动机。这便是著名的“熊彼特假说”。

我赞成熊彼特的观点，而且有实证资料佐证：

1972年，在美国全部非官方的技术开发投资中，5000人以上的企业提供了87%，而与这一数字相比，250万个中小企业所占的比重只有4%。贝尔实验室是一个更为典型的例证，这个巨型的科研机构，直接从属于世界上最大的垄断组织——美国国际电报电话公司。在贝尔公司体系被迫拆分以前的40年中，贝尔实验室在晶体管和半导体、电磁波和光导纤维、泡沫记忆材料和程序语言、卫星和电子导航技术等诸多方面，进行了开创性的研究，它所拥有的科研经费，占美国全部基础研究的10%之多。另外，杜邦公司、美国无线电公司、国际商用机器公司（IBM）、通用电气公司、通用汽车公司和其他许多大公司的技术创新活动，也有力地证明了熊彼特的观点。

为什么巨型公司比中小企业更热衷于技术创新呢？原因在于技术创新与一般生产活动有很大的差别。当贝尔实验室发明了晶体管时，新的技术逐步扩散到了整个世界。日本的电视、德国的汽车、美国的微型计算机以及每个人戴的数字手表，所有这些产品都从晶体管和半导体技术中得到了巨大的好处。

可相比之下，贝尔实验室却只得到了微不足道的专利税收入。正因为技术创新具有正外部性，巨型公司才愿意从事技术创新。比如，假若国际商用机器公司的计算机占据整个市场份额的65%，那么任何一项计算机的技术发明，都会给它带来巨大好处。反之，如果你在计算机市场占有的份额微不足道，让你花费巨大的投资去开发一种新型键盘，即使能开发成功并在市场上得到推广，你又能得到多少好处呢？

事实上，技术创新不仅需要有热情，更需要有真金白银的实力。技术创新的成本太高了，只有巨型的大公司才有能力支付。而且，许多创新活动往往旷日持久，即使小企业能够看到它的市场前景，但囿于财力不足，也可能无法将研究维持到得到报酬的那一天。

再有，任何一个最初的技术发明专利，要让它最终具有商业价值，大多需要有巨型公司投入大量的资金，蒸汽机和复印机进入市场便是这方面的例子。

蒸汽机是詹姆斯·瓦特在1765年进行了技术改良，但在此后相当长的一段时间里，瓦特找不到必要的资金将它进一步完善，直到11年后马修·博尔顿提供了资金，这项发明才开始变成商业实践。复印机的发展也遇到了类似的问题，早在1938年，切斯特·卡尔森就完成了这个发明，但它在最后由施乐公司大批量生产以前，共花费了21年时间和2000多万美元。

即便是在建立了专利制度的国家，创新技术也很容易被窃取和模仿，而巨型公司却能为研发者提供相应的保护。而且在做某项新技术研发时，还可能同时得到另一种新的技术发明。创新的这种不确定性，对大公司当然有吸引力；可小公司不同，因为实力不足，它们不会冒风险，更不敢“将所有鸡蛋都放在一个篮子里”。

有一段非常具有煽动性的话，经常被巨型公司的反对者挂在嘴边：“我们应制止资本的大量聚集，因为在资本大量聚集面前，人民除了容忍更多的盘剥之外，完全无能为力。”在美国的历史上，这段话曾经不止一次地引来公众狂热者的欢呼。

面对狂热的人们，熊彼特却泼去一盆冷水：“请睁开眼睛仔细看一看，那些高度集中的市场——计算机、电信、飞机制造，其实是最具有创新性的。虽然有人认为垄断维持了较高的价格，但相对于其他行业，这些垄断行业的价格却是不断降低的。”

熊彼特的这番话掷地有声，的确值得人们深思。

沉没成本能否摊入成本

马歇尔在1890年出版的《经济学原理》中提出了“沉没成本”概念。所谓“沉没成本”，是指那种已经发生而又难以撤回的投资。比如某人上大学四年，共花去学费10万元，无论他最后能否拿到文凭，学校都不会把学费退回给他。由于学费无法撤回，对他来讲，这10万元已经沉没，是他的沉没成本。

沉没成本有两个特点：一是历史上的投资；二是难以撤回的投资。基于这两点，沉没成本虽也带有“成本”二字，但并非是真正的成本。美国经济学家斯蒂格利茨曾做过这样的分析：假如你花7美元去买电影票，而你事先并不知道这场电影是否物有所值，结果看到一半，你发现影片很糟糕，那么你要不要离开？斯蒂格利茨建议你应该离开。因为那7美元已经沉没，如果不选择离开，你还会赔上更多的时间（投资）。

理解了沉没成本，让我再分析固定资产投资。对企业来说，固定资产投资木已成舟，无疑也是历史投资；而且企业如果不清盘拍卖，固定资产也无法变现，即便能变现也无法足额收回。这样看，固定资产投资显然具有沉没成本的性质。固定资产投资已经沉没，而经济学说“沉没成本不是成本”，既然不是成本，固定资产折旧也就不该摊进成本对不对？

读者注意，这正是沉没成本的重点所在。大约5年前，一位南方的企业家告诉我，他的企业已连续两年亏损。我问什么原因？他说是产品市场价格下跌。我问为何不降成本？他说高管和员工工资都降了，但由于前期固定资产投资太大，折旧费用太高降不下来。我问如果折旧不进成本，企业可否盈利？他说可以盈利。于是我给他建议，折旧费可以不进成本。

是的，若折旧不进成本，大多企业的确可扭亏为盈。举个例子：某企业生产打印机，假定打印机的市场销售价为2000元，而生产一台打印机的变动成本（料、工、费）是1800元，固定资产折旧费为250元。假若将折旧费算进成本，打印机的单位成本就是2050元。因此企业每销售一台打印机，就得亏损50元。但若折旧不进成本，则每台打印机可盈利200元。

可见，若折旧不进成本，便可给企业留出降成本的空间。不过，如此一来也会带来两个问题：一是如何保证固定资产如期更新；二是在企业所得税税率不变的情况下，企业在成本降低后要多缴所得税，背着抱着一样沉，折旧不进成本对企业似乎没有实际意义。

其实，第一个问题并不是难题。不将折旧摊入成本，企业利润会相应增加，企业可以用利润（积累）更新固定资产，而且更有利于企业调整生产结构。按现行折旧办法，若固定资产更新周期为10年，每年按10%计提折旧摊入成本，如果10年内市场需求未发生大的改变，企业就可以用折旧基金更新固定资产。但若情况不是如此，比如到第3年市场需求萎缩，产品大量压库，难道企业仍要等10年才更新固定资产吗？

而更严重的后果是，当市场需求萎缩，产品供过于求会导致价格下降，而折旧进成本又会挤占企业利润。此时若折旧年限未到10年，企业则无法用折旧基金更新固定资产。退一步，即便折旧年限到期，折旧基金也只能购置与原来等价的机器设备，而并不足以购置产品升级换代（或转产）所需的先进设备。长此以往，企业扭亏无望而破产，即便预提了折旧，对企业也是于事无补的。

第二个问题倒是个难题。若企业销售收入不变，成本与利润此消彼长。折旧不进成本，利润会增加，若企业所得税税率不变，企业就得多交税。这问题怎么解决？我认为关键是政府要下调企业所得税税率。政府要清楚，所得税税率下调，税收未必会减少：折旧摊入成本，企业利润减少，政府税收也会少；若企业一旦亏损，政府将无税可收；若折旧不摊入成本，企业利润增加，税率下调，政府税收也可能会增加。

说到这里，还有个问题需顺便澄清。奈特于1921年出版了《风险、不确定性与利润》，在该书中，他把利润分为“正常利润”（normal profit）与“超额利润”（excess profit），并认为正常利润也是成本，只有“不确定性”所带来的意外超额利润，才是利润。

奈特的观点提出后，曾一度在经济学界大行其道，而且有学者对“利润也是成本”做了进一步解释。并论证说：成本是对生产要素耗费的补偿，而生产要素包括劳动力、资本、土地、企业家才能等，其中工资是补偿劳动力的耗费；利润（利息）是补偿资本或企业家才能的耗费，既然是补偿耗费，利润当然也是成本。

若利润也是成本，无疑是说沉没成本从利润中回收，也是将沉没成本摊入了成本。这说法显然不对。站在企业家（资本）角度看，工资是使用劳动力的支出，的确是成本。可利润不同，是企业家得到的报酬，是收入而不是成本。对一个经济主体来说，他的出账（费用支出）是成本，进账是收入，收入扣除成本即为利润。比如“工资”是企业家的成本，而对劳动者来说，却是收入。

马克思在《资本论》中明确讲，利润是剩余价值的转化形式。西方学者将利润看作成本，只不过是为了淡化劳资冲突。但这样处理，却会使经济学体系混乱不堪。试想一下，若利润是成本，我们怎样进行成本收益分析？怎样用需求定律推断人的行为？

经济学是一门科学，不能前后自相矛盾。所幸的是，西方学者只是虚晃一枪，在大多经济学论著中，成本与利润仍泾渭分明，并未混为一谈。

斯蒂格勒挑战哈佛学派

产业组织理论发端于亚当·斯密，一直到20世纪30年代，才由哈佛大学梅森教授和他的学生贝恩发展成一门独立的学科，并形成著名的哈佛学派。可自20世纪60年代起，以斯蒂格勒为首的芝加哥学派公开挑战哈佛学派，使美国反垄断政策发生了重大转变。

20世纪初，人们认为企业皆是自生自灭的。比如马歇尔在1890年出版的《经济学原理》中，还把企业发展史比作婴儿高死亡时期的人类生命史，认为企业如果能在最初几年站稳脚跟，就会逐渐壮大，但无论企业当初如何辉煌，最终都会像人一样慢慢衰老，走向死亡。

而斯蒂格勒却公开宣称：马歇尔的这种“企业生命周期理论”早已经过时。事实上，在当今美国没有一个大公司不是通过兼并成长起来的，靠企业自身积累扩张，那已是陈年往事了。

关于企业兼并，以前许多经济学家认为，企业兼并是为了扩大规模，降低成本，实现规模经济；然而物极必反，当企业规模扩张到一定程度后，成本不仅不会降低，反而会上升，因此，“规模不经济”会变成兼并的“拦路虎”。可斯蒂格勒看法也不同。他认为企业看重的是利润，只要兼并后的实力增强，能谋取更高额利润便可进行兼并，成本高低倒在其次。

在论及企业最佳规模时，斯蒂格勒指出，在同一产业内，如果企业使用同样的资源，那么只有在同一产出规模下，才能实现最低成本生产，但实际上企业使用的资源种类和质量各不相同，这样企业最佳规模也会各不相同。于是他问：企业最佳规模该如何确定呢？

传统经济学是从成本角度考察，而斯蒂格勒则提出应从“生存技术”角度分析。在他看来，决定企业活力和发展后劲的因素，绝不仅仅是生产成本，更重要的是企业家的能力。物竞天择，适者生存。自然界的竞争法则也同样适用于企业。所以，凡能在大浪淘沙之后生存下来的企业，其规模都是最佳的。

在此基础上，斯蒂格勒还修改了贝恩关于“进入壁垒”的定义。贝恩认为，进入壁垒是现存厂商享有的有利条件，这种有利条件不仅让现存厂商可以制定高价，同时又不招致新厂商进入。而斯蒂格勒认为，“进入壁垒”只是新厂商比老厂商多承担的成本，斯蒂格勒这样定义“进入壁垒”，显然比贝恩的定义窄得多。

这样一来，之前贝恩所说的重要壁垒，如规模经济、资本需要量、产品差异等，在斯蒂格勒这里却不再构成壁垒，且无足轻重。

举个例子。某企业为了实现规模经济，若产出已占据市场份额的60%～70%。贝恩认为，此时即便新老厂商成本相同，若市场需求没变（或相对稳定），老厂商仍有先入为主的优势。因为新厂商进入后，不能按最佳规模生产，否则产品供大于求，价格会下跌；若产出低于最佳规模，又不能实现规模经济，无法与老厂商一争高下。

对贝恩的这一分析，斯蒂格勒给予了反驳。他说：即便在上述情况下，新厂商也可实现规模经济。既然成本相同，说明新老厂商是站在同一起跑线上，新厂商完全可以按最佳规模生产，而且可采取“打了就走”的策略，当价格下降到无利可图时，再行退出。

在贝恩与斯蒂格勒之间，读者会赞成谁？而我是站在斯蒂格勒一边的。在我看来，真实世界里除了政府规定的“进入限制”外，其他的“进入壁垒”并不真的存在。无论哪家企业，也无论规模大小都存在着潜在的竞争者，即便在自然垄断行业，也不会例外。

再往深处想，还有两个问题需要讨论。一是同一产品为何价格会有差异？二是大厂商会否串谋定价？对第一个问题，斯蒂格勒从成本与收益两方面作了分析。他指出，消费者为了购买到某一商品，必须先去搜寻该商品的相关信息，而搜寻信息，就得支付一定的成本（时间、精力）；当然，支付成本后也会有收益，那就是可以购得自己满意的商品。

从成本与收益角度作分析，的确是一个重要角度。按照需求定律推理：当一单位信息给人们带来的收益大于所要花费的成本时，人们通常会停止搜索，这时获得的信息量尽管不完全，但却是最佳的量；若在这一点之后还继续搜索，成本就会大于收益，得不偿失。

正是从上面这个角度，斯蒂格勒对同一种商品为什么存在价格差异作了解释。他指出，因为获得信息需要支付成本，人们获得的信息并非越多越好，比如张三为了买一台电脑，他不可能为了打听到最低价而跑遍全城。在大多情况下，哪里价格较便宜，离家又不太远，就会在哪里购买。这样，同种商品便有了不同的价格。

关于第二个问题，大厂商是否会串谋定价？在现实生活中，少数几家厂商占据市场较大份额的现象确实存在，在这种情况下，厂商会否先互串谋，订立价格协议并长期维持这种协议呢？此问题经济学家也争论了很多年而斯蒂格勒却给出了否定的回答。

斯蒂格勒说，有可能出现串谋现象。而他所观察到的事实是，在串谋时期，每个厂商都希望其他厂商信守诺言，而自己却在背地里削价招徕顾客。由于人人“心怀鬼胎”，故串谋必不攻自破，厂商削价动机越强烈，串谋就越难持久。所以，他认为人们不必担心大企业串谋，所谓“价格协议”，不过是一纸自欺欺人的空文而已。

美国反垄断不再反大

整个20世纪，经济学者大多把反垄断等同于“反大”，很多国家颁布的反垄断法，矛头也是指向大企业。之前我不明白立法者为何认为企业规模大就是垄断。而让我更感困惑的是，西方各国政府无不希望国内企业做强做大，可为何同时又要反强反大？

自己以研究经济学为职业，当然知道市场经济奉行的基本规则是公平竞争。所以我认为政府应该反对的“垄断”，并不是“大”，而是不正当竞争。若有企业欺行霸市、强买强卖，对这种不遵守市场规则的行为，无论规模大小都应打击。换句话说，反垄断不能只针对大企业，也不能武断认为企业规模大就会妨碍公平竞争。

大约25年前，我曾用3个月时间研读美国经济史。说是研读，研究其实并不深，主要是读。不过，对美国的反垄断法例，倒是作过一些思考。我发现，美国反垄断起初也是针对大企业，只是到了2000年前后，才调转枪口不再反大，而转向反不正当竞争。为何前后会发生如此大的改变？回答此问题，需了解当年美国出台反垄断法的背景。

19世纪下半叶，美国国内出现了一些巨型企业。这些企业凭借其市场支配地位，碾压中小企业，盘剥消费者，引起社会各界强烈不满，民怨沸腾。在强大舆论压力下，美国国会启动了“反垄断”立法程序，并于1890年以压倒性多数票，通过了第一部反垄断法——《谢尔曼法》。《谢尔曼法》作为母法，与后来的《克莱顿法》和《联邦贸易委员会法》一起，构成了美国反垄断法的基础。

可想而知，美国在那样背景下推出反垄断法，当然是反大，而且重点是针对三类所谓“掠夺性定价”行为：一是大企业为获取暴利相互勾结而达成幕后协议，通过控制产量来抬高价格；二是大企业虽不与同行勾结，但规模大到足以主宰市场，通过大幅度降价排挤中小企业；三是大企业将同一商品以不同价格卖给不同消费群体，也就是今天经济学所说的“价格歧视”。

看上去，对哪些行为属于违法，美国反垄断法似乎作了明确的界定，可在操作层面其实并不明确。比如对企业究竟多大会面临制裁、何为掠夺性定价等，法律并没有相应的条文解释。我曾想过这个问题，法律之所以不解释，是因为难以解释。比如某企业在当地市场占有率虽然很高，但在国际市场却可能微不足道；而大企业提价或者降价的原因非常复杂，也不好一概认定都是“掠夺性定价”。

对于“反大”，也有不少经济学家提出过批评。第一个力挺大企业的是熊彼特。他在1912年出版的《经济发展理论》中指出：“不断的创新就像是跳动的琴弦，演奏着经济成长的美妙乐章，而拨动琴弦的正是那些领导市场的巨型公司，我们有何理由去指责我们的乐师呢？”后来以斯蒂格勒为代表的芝加哥学派，也持相同的观点，认为生产资源集中在大企业，有利于提高规模经济效益和生产效率，应减少对大企业的干预。

回头再看美国反垄断。前面说过，在不同时期美国反垄断的指向不同。《谢尔曼法》颁布后的近百年，美国一直是“反大”。1911年，美国最高法院宣布，美国烟草公司和标准石油公司因“欺行霸市”，违反了反垄断法，勒令两公司解散，各自拆分为若干独立的公司。1945年，美国铝公司又被判决触犯反垄断法。其实该公司并无不当竞争行为，只是法院认为它“独占90%的市场，实在太大了”。

转折点是20世纪70年代。当时美国遇到了前所未有的危机。政治上，美国在西方世界一呼百应的威风已不复存在；经济上，昔日逆来顺受的“小羔羊”，今天已成为强有力的竞争对手；军事上，苏联又摆出咄咄逼人的架势。面对这种局面，美国国内对反垄断产生了争论。而恰逢此时，芝加哥学派得势，其代表人物在政府担任了要职，天时地利人和，于是调整了反垄断政策。

此后的二十多年，美国基于提高企业国际竞争力的考虑，政府一反常态，改变了以往的做法。不仅不再“反大”，反而对大企业兼并推波助澜。1997年，波音与麦道联姻，组成了航空业“巨无霸”。1998年，埃克森与美孚两兄弟在分离了87年之后，再度聚首。同一年，美国国民银行与美洲银行合并，缔造出了新的金融帝国。

这里要解释的是，1997年，美国司法部将微软推上被告席，法院裁决将其一分为二。给人的感觉，美国似乎还是“反大”。实则不是。司法部状告微软并非微软规模大，而是它阻止其他软件供应商进入市场，妨碍公平竞争。当年美国司法部副部长曾明确讲：“法律不会阻止你垄断，但是，如果你滥用垄断权力，法律就会坚决制止。”

读者要仔细琢磨这句话。的确，垄断不等于滥用垄断权力。在经济学教科书里，垄断通常分为三类：行政垄断、自然垄断、技术垄断。毫无疑问，前两类垄断会在一定程度上限制竞争，容易滥用垄断权力，需盯紧看严；可技术垄断不同，一家企业技术创新并不能排斥其他企业创新。尊重创新企业的觅价权，可以激励创新，当然不能反对。

美国反垄断不再反大，我认为可带给我们三点启示：第一，不能简单根据企业规模定义垄断，反垄断并不是“反大”；第二，反垄断应重点反不正当竞争，不可将创新企业的觅价行为当作“滥用垄断权力”予以处罚；第三，要防止反垄断扩大化而伤及无辜。

从等价交换看反垄断

我四十年前读经济学说史，知道经济学家对分工与交换的关系有不同看法。亚当·斯密认为是交换决定分工，而马克思认为是分工决定交换。这问题困扰我很多年。分工决定交换好理解，没有分工无需交换。可我想不明白的是，要是没有交换，人们怎可能形成分工呢？

举个例子。假定有张三、李四两人，他们同时都生产粮食与棉布。在这种情况下，由于两人生产的产品完全相同，彼此间当然用不着交换。假若两人有了分工，张三专门生产粮食，李四专门生产棉布。而张三却需要棉布，李四需要粮食，两人以物换物互通有无，于是就产生了交换。由此看，交换的前提是分工。

若倒转过来。张三与李四分工后，张三只生产粮食，李四只生产棉布，假定没有市场交换（或者不允许交换），张三不能从市场上买到他所需要的棉布，李四也不能买到他所需要的粮食，双方的需求皆得不到满足，张三和李四就不可能形成稳定的分工。正是从这个角度，当年亚当·斯密说，是交换决定分工。

两种观点似乎都没错，问题出在哪里呢？几年前重读《资本论》我发现，马克思并不否认交换决定分工。他指出分工有两个层面：一是自然分工（如家庭内的男耕女织）；二是社会分工。从人类历史看，是先有自然分工，然后才出现交换。而社会分工却出现于普遍交换之后，而且交换的范围大小，决定社会分工的范围大小。

区分自然分工与社会分工，令人茅塞顿开。不过我们在这里讨论的重点并非分工与交换的关系，而是从社会分工的角度讨论“等价交换”的含义。商品是天生的平等派，需等价交换。可我想问读者，你认为“等价交换”的含义是指什么？或者问：是10斤大米换1尺棉布等价？还是2尺棉布换10斤大米等价？

提出这个问题，是与时下人们关心的“反垄断”有关。经济学流行的定义，垄断是指厂商利用其市场支配地位操控价格的行为，属于不正当竞争，政府应予打击。可我并不认同上面的定义。不错，厂商操控价格是垄断行为，但未必是不正当竞争。在我看来，垄断行为是否应该打击，关键要看它是否违反等价交换原则。

何为等价交换？按照马克思的解释，是指相互交换商品的价值量相等。商品的价值量，等于生产商品所耗费的社会必要劳动时间。作为一种理论分析，逻辑无懈可击；可在现实中，生产者并不知道各自的社会必要劳动时间是多少。通常的情形，是交换双方通过讨价还价达成交换。事实上，这种自由协商达成的交换，即为等价交换。

是的，只要商品是自由交换，买卖双方既不强买也不强卖，就是等价交换。不过往深处想，等价交换其实还有一层含义，即生产要素能够自由流动。若生产要素不能自由流动，比如某商品只允许你生产而不允许别人生产，别人无法与你竞争，于是你可以任意操纵价格。这样的交换，显然不是等价交换。

明确了等价交换的含义，回头再说垄断。前面我说垄断不一定是不正当竞争。比如技术创新型企业，其市场支配地位是来自关键核心技术，由于拥有关键核心技术，产品才有觅价权（自主定价权）。经济学说得清楚，企业觅价是垄断行为，但觅价并不排斥要素流动，也不违背等价交换，所以不能打击，否则会抑制创新。

当然，垄断也可能是不正当竞争。比如行政垄断企业，其市场支配地位不是来自技术创新，而是来自行政机构的特许授权。此类企业若操控价格牟利，当然是不正当竞争。理由简单，当市场准入存在限制，其他厂商不能参与竞争时，供应商操纵价格就是强买强卖，故对行政垄断企业操控价格的行为，必须反对。

关于等价交换，另有两个问题学界也有争论，在这里说说我的看法。

第一个问题：怎样看待生产成本不同的商品以相同价格交换？还是用前面的例子：张三和李四都能生产粮食与棉布，假定张三生产1吨粮食与1匹棉布的成本分别为80小时、90小时；李四的成本分别为110小时、100小时。若按比较优势分工，张三生产2吨粮食，李四生产2匹棉布，然后彼此用1吨粮食与1匹棉布交换。两种商品成本不同，请问他们是等价交换么？

我曾多次解释过，商品价格不是由成本决定，而是由供求决定。张三用1吨粮食交换李四1匹棉布，比自己生产棉布可节省10小时成本；李四用1匹棉布交换张三1吨粮食，比自己生产粮食也可节省10小时成本。双方都有利可图，只要他们自由交换，不强买强卖，那么就是等价交换，张三、李四谁也不吃亏。

再一个问题：怎样看待生产成本相同的商品以不同价格交换？现实生活中确有这样的现象，生产成本相同的同一商品，商家却针对不同的消费者制定不同的价格。比如某餐厅同样一道菜，成本完全相同，可卖给包厢内顾客的价格通常高于散座顾客的价格。有人认为，商家的这种做法违背了等价交换原则，对包厢内顾客不公平。

可我要告诉读者，这种定价方法被经济学称为“价格歧视”。商家搞价格歧视，原因是商品供给稳定而需求不稳定。如同一品牌空调，夏天的需求会大于冬天的需求。而人们收入不同，需求也会不同，穷人更看重实惠，富人更看重面子。将同一商品以不同标识分开，用高价满足富人，用低价满足穷人，是商家的营销策略，政府不必管。

垄断必然排斥竞争吗

“垄断会排斥竞争”，这看法在今天许多经济学者的脑海里似乎已经根深蒂固。为何说垄断能排斥竞争呢？经济学的传统解释是：垄断企业由于规模过大，市场占有率过高，因而取得了“市场支配地位”；而企业一旦拥有了“市场支配地位”，它们往往就会实行“掠夺性定价”，排挤打压中小企业。

说实话，之前我自己也是这样看。大约三十年前，我读英国经济学家罗宾逊1933年出版的《不完全竞争经济学》，受到启发，便对传统的反垄断理论产生了一系列疑问：现实生活中的市场常态是完全竞争还是垄断竞争？企业的“市场支配地位”是否就由市场占有率决定？市场占有率高的企业是否真能实行掠夺性定价？

长期以来，在人们观念里“竞争”与“垄断”是两种对立的状态。要是作纯理论分析，当然可以这样看。可现实中的市场常态，却并不是“完全竞争”，也不是“完全垄断”，而是“垄断竞争”。因为根据经济学的定义，完全竞争有以下四项约束：市场有大量买者与卖者，谁也不能独立定价；产品完全同质、没有差异；信息充分而且对称；生产要素能自由流动。

显然，完全竞争只是一种理论上的假想状态，真实世界不可能存在。举浙江义乌小商品市场的例子。十五年前我曾到那里考察，看到有多家商铺批发打火机，而其中有一家卖防风打火机，价格高出其他商铺所卖打火机一倍。同样是打火机，价格为何会有差异？原因是产品有差异。产品不同或有差异，当然不是完全竞争。

相对于普通打火机，防风打火机的技术含量确实要高些，也正因如此，生产商才有一定的定价（垄断）权。不过，这并不意味着该厂商就能独立定价。从需求角度看，由于市场有大量的替代品，若定价过高，会有消费者放弃购买，转去购买替代品；从供给角度看，防风打火机“价高利大”，其他厂商也会生产，这样会使竞争更激烈。

通过上面的例子可以看出：在现实生活中竞争与垄断并不完全对立。一方面，由于产品存在差异，所有竞争性企业皆有可能存在某种程度的垄断；另一方面，由于市场上存在大量的生产者，垄断企业也同样要面临竞争。而问题就在这里：既然垄断与竞争无法截然分开，那么在反垄断的同时是否也会限制竞争？

或许有人说，反垄断主要是反对企业利用“市场支配地位”排除竞争的行为。企业间竞争，必然会优胜劣汰。可我想问的是：我们怎样判断一个企业是否利用了“市场支配地位”呢？或者问：哪些企业能够拥有“市场支配地位”？目前学界主流的看法，是根据经营者的市场份额判定：市场份额越大，其“市场支配能力”就越强。

事实上，目前的反垄断法就是这样判定的：若一个经营者在相关市场的市场份额达到二分之一，两个经营者在相关市场的市场份额合计达到三分之二，三个经营者在相关市场的市场份额合计达到四分之三，则可推定具有“市场支配地位”。不能否认经营者“市场支配地位”与市场份额有关，但我不赞成上面的推定。

由“市场份额”推定市场支配地位，背后的逻辑其实就是“反大”；而且上面所说的“相关市场”，在操作上也很难界定。即便按欧美流行的SSNIP（Small but Significant Not-transitory Increase in Price）方法能够界定相关市场，问题是如果国内某企业市场份额超过50%，就一定要反对吗？今天的市场竞争是全球性竞争，那样做岂不是令亲者痛而仇者快？

有学者解释，市场占有率高的企业容易滥用市场支配地位，实行掠夺性定价。此观点并不完全对。我曾说过多次，企业的市场支配地位主要来自两方面：一是政府特许经营授权；二是关键核心技术。前者为“行政垄断”，后者为“技术垄断”。行政垄断由政府授权，别人无法竞争，确实有可能掠夺性定价。比如国内的“烟草专卖”，若国家不限价，价格肯定比现在高得多。

可是技术垄断企业不同，它们虽可以觅价，但由于存在大量的竞争者或潜在竞争者，却不可能掠夺性定价。若某企业无视市场供求状况将价格定得过高，产品需求会减少，那样反而会让竞争对手乘虚而入，令自己陷入被动；反过来，若为了打击竞争对手而低于成本定价，则无异于“自杀”：产品销售越多，企业亏损会越严重。

放眼中外，“低于成本定价”的案例并不多见。20世纪初，美国烟草公司与标准石油公司曾尝试过，结果皆酿成悲剧。读者想想，企业竞争怎能靠“亏损”取胜呢？仍以打火机市场为例，假定你生产防风打火机，我生产普通打火机，若你为了打压我的产品，将产品低于成本定价，你猜我会怎样做？我会立即买进你的产品，而等到你无力支撑时再高价卖出，然后继续生产我自己的产品。

不知读者是否同意我上面的分析，在这里我要特别指出三点：第一，市场常态不是完全竞争，也不是完全垄断，而是垄断竞争；第二，不宜用“市场份额”判定企业是否具有市场支配地位，更不能认定企业市场份额大就一定会滥用市场支配权力；第三，技术垄断企业觅价并非“掠夺性定价”，反垄断应针对强买强卖等不公平竞争行为，而且重点是行政垄断。

产业政策利弊参半

第二次世界大战后，产业政策曾在欧美国家广泛采用，日本被认为是世界上实施产业政策最为成功的国家。20世纪90年代，我国也开始制定产业政策。客观地讲，产业政策并非万能，对经济发展有利也有弊。可今天大多经济学者只谈产业政策的“利”，却很少提及“弊”的方面。就让我来说说产业政策的“弊”吧。

从现象观察，有一点可以肯定，近年来国内的产能过剩，是与之前实施的产业政策有关。请读者注意两个时间节点：第一个节点，是“九五”时期。国务院最早于1989年颁布《中国产业政策大纲》，1994年国家又颁布《90年代国家产业政策纲要》，而产业政策列入“五年计划”则是从“九五”开始。

“九五”时期，当时产业规划提出要振兴煤炭、钢铁、汽车、建材等产业，可出人意料的是，到“十五”

（2001～2005年）就出现过剩。有据可查，2005年商务部的数据显示，当年工业品库存同比增长19%，而其中以钢铁、汽车、电解铝等尤甚。

另一个节点，是“十一五”时期。2009年，国家颁布“十大重点产业调整与振兴规划”的工作意见，旨在支持钢铁、汽车、船舶、石化、纺织、轻工、有色金属、装备制造、电子信息以及物流业。结果呢，到2012年钢铁产能过剩很快扩散为整个制造业过剩。

官方数据显示：2012年底，我国能源、化工、橡塑、有色、钢铁、纺织、建材等500多个产品，其中有九成销售率低于80%，超过一半销售率的，低于70%。更让人深思的是，2013年国务院发布的《国务院关于化解产能严重过剩矛盾的指导意见》中，所涉产业，几乎全都在2009年欲振兴的范围之内。

有一种观点，说产业政策虽会导致产能过剩，但对调结构却立竿见影。理论上讲是这样，可事实却不是。由于“九五”时期支持的产业“十五”时期出现过剩，为了调结构，从“十五”时期开始，国家出台一系列产业抑制政策。令行禁止，照理过剩产能应有所收缩，可实际情况则是百上加斤，不仅原有过剩没消化，而且越抑制越过剩。

让我们再看三个节点。

第一个节点是“十五”。早在2001年国家就开始对钢铁实行“总量控制”，但2002年底，钢铁投资总额达710亿元，比上年增长45.9%；2004年投资增幅高达107%；到2005年底，我国炼钢生产能力已达4.7亿吨，另外在建和拟建产能约1.5亿吨，而市场需求只有3亿吨。

第二个节点是“十一五”。2005年底，针对“十五”产能过剩，国务院常务会议专题部署，并于2006年初发布了《关于加快推进产能过剩行业结构调整的通知》，要求要通过提高准入门槛、严格审批等控制新上项目，然而这一时期新增投资重点仍是有色金属、煤炭、化工、水泥等。2005～2008年，这些行业投资的平均增速在30%以上，其中煤炭与电气超过40%，相当于同期GDP增速的3倍。

第三个节点是“十二五”。到“十一五”末，由于国内产能过剩愈加严重，于是国家发改委联合十部门出台了《关于抑制部分行业产能过剩和重复建设引导产业健康发展的若干意见》，手段之严厉前所未有。可到2012年，钢铁产能超过了10亿吨，水泥从18万吨增至29亿吨，平板玻璃从6.5亿重量箱增至9.9亿重量箱，多晶硅从2万吨增至15万吨，电解铝从1800万吨增至2600万吨。

是奇怪的现象，但想想其实也不怪。产业政策所以未能奏效，一是全球化后市场需求瞬息万变，产业政策跟不上市场变化；二是受利益驱动，地方政府对国家产业政策鼓励的行业纷纷给予优惠，而对要抑制的产业却消极应付，甚至暗里予以保护。有地方政府庇护，产业政策当然会失灵。

由此看，要提升产业政策效果，得对症下药，我想到的建议有三条。

建议一，严格限定产业政策的调控范围。经验说，市场离不开政府调控，而政府要发挥作用，产业政策不可或缺。但要注意的是，产业政策不能太泛。具体讲，今后政府应重点针对“国家安全、自然垄断、公共品（服务）以及高新技术”等四大领域制定产业政策，对一般竞争性行业，应放手让市场调节，国家无需再搞产业政策。

建议二，产业政策既要体现政府的导向，但同时要限制政策优惠。产业政策体现的是中央政府的意图，但中央政府的意图应主要通过财政投资去实现，而不是让企业吃偏饭。优惠政策不仅会妨碍公平竞争，而且地方政府为争取中央政府的优惠往往会鼓动当地企业一哄而起。

建议三，产业政策实施要充分尊重市场规律，尽可能少用或不用行政手段。比如对高能耗、高污染企业关停并转虽然见效快，但行政调控一刀切，无论投资者蚀本还是职工下岗皆会对政府产生对抗情绪，处置不当还会引发社会震动。若改用市场机制，如通过碳排权交易也一样减排。效果异曲同工，可成本却大不同。

抑制地方政府的投资冲动，其实有个釜底抽薪的办法，那就是将消费税作为地方主体税。消费税在消费地征收，今后地方要增加税收重点在培育消费力而不是上项目。另外，为理顺产业结构，中央政府应对价格管制作进一步清理。要知道，价格是市场供求信号，能放开的价格不放开，信号失真，调结构难免会南辕北辙。

公平与效率

在古典经济学家看来，分配也是交换。而最著名的分配规则，则是萨伊提出的“三位一体公式”：资本—利润、土地—地租、劳动—工资。马克思批评此公式是庸俗经济学。

19 世纪末，意大利经济学家帕累托曾提出一个分配标准，学界称为“帕累托最优状态”：在某种既定资源配置状态下，任何改变都不可能使至少一个人的状况变好，而不使任何人的状况变坏。

庇古认为：穷人的一块钱要比富人的一块钱效用更大，只要收入均等分配，即便财富不增加，也能增进社会福利。而卡尔多、弗里德曼等学者批评说：若只强调公平而忽视效率，经济会停滞，最后富人也会变成穷人。

“三位一体公式”错在哪

在古典经济学里，分配关系其实也是交换关系。而最著名的分配规则，当属萨伊提出的“三位一体公式”：资本—利润、土地—地租、劳动—工资。此公式简称为“按生产要素分配”。

我在大学时期读《资本论》，就知道马克思批评过萨伊的“三位一体公式”，后来读萨伊的《政治经济学概论》，我也认为萨伊的理论确实有错。可没想到的是，2002年中央将“确立劳动、资本、技术和管理等生产要素按贡献参与分配的原则”写进了党的十六大报告后，学界却有人说萨伊的理论没有错。

可以肯定地说，萨伊是错了的。他错就错在混淆了收入来源与收入分配的区别。在他看来，资本得利润与土地得地租，是因为资本创造了利润、土地创造了地租。而马克思批评说，收入（价值）来源于劳动，资本与土地只是创造收入的条件。的确，收入来源与创造收入的条件是两回事。爱迪生发明电灯需要试验室，可我们能说是爱迪生与试验室共同发明了电灯么？这是一方面。

另一方面，资本与土地虽只是创造收入的条件，但让它们参与分配却没有错。对为何要允许生产要素参与分配，目前国内学界有两点解释：一是生产要素对收入创造有贡献；二是中国尚处在工业化中期，资本、技术、管理皆短缺，不允许要素参与分配则无以调动全社会资源。还有人举证说，近三十年非公经济风生水起，一个重要原因就是允许资本参与分配。

以上解释我同意，不过从学理看，这样的论证并不严密。科学逻辑说，某个理论命题成立，一定是在特定的前提下成立，若离开了前提便不成立。

按要素分配理论也不例外，我认为至少有两个前提：第一，生产要素要有不同的占有主体；第二，产权要有明确界定并受法律保护。若没有这两个前提，不仅不存在按要素分配，甚至也不会有市场交换。

对第一个前提，马克思曾有精辟分析，下面这段话相信读者也熟悉。马克思说：商品不能自己到市场去，不能自己去交换。因此，我们必须找寻它的监护人，商品所有者。同理，生产要素也是商品，若没有占有主体也就没有监护人，没有监护人生产要素也不能自己卖自己。所以生产要素要进入交换，也必须有占有主体。

对第二个前提，我的看法是这样：如果生产要素有占有主体，但若产权不受保护，这样不仅不能产生交换经济，相反会导致强盗经济、土匪经济。不妨设想一下，国家不保护产权意味着什么？那无疑是说，国家承认或者默认弱肉强食规则，意味着抢劫盗窃、欺行霸市等皆不违法。若如此，侵占别人财产不被治罪怎可能出现交换呢？

显然，以上前提其实是交换的前提，读者可能要问：为何将交换的前提设定为分配的前提？我明白读者的疑惑。因为表面上看，分配并不同于交换，而且在人们的传统观念里，分配是主体对客体的分配；而交换却不分主客体，强调的是等价交换。

对此我要特别指出的是，人们所理解的那种主体对客体的分配，是计划经济体制下的分配，市场经济体制下的分配，实际就是交换。

想想住房分配吧。过去计划经济时期城市的房产大多公有，那时住房通常是由政府根据人们的职级、工龄等分配；而实行市场经济后，住房产权被界定为居民所有且受法律保护，于是住房分配也就不再由政府主理，而是让居民进入市场购买，变成了交换。从这个例子可见，在市场经济体制下，只要明确界定产权并保护产权，分配就是交换，而交换也是分配。

回头再说分配规则。我的推论是：若要素产权得到界定并受保护，则企业分配必然是按要素分配。何以有此推论？为简便起见，让我用下面的例子解释。

假定有三个人，他们分别是资本、土地和劳动力的所有者，经过协商，他们同意将各自生产要素组合起来办企业，结果一年收入了1000万元。这1000万元怎么分配？假如国家保护产权，三个要素所有者都应参与分配，不然剥夺任何一方分配权，皆是对"产权"的侵犯。

是的，按要素分配是企业分配所应遵循的原则，但这只是一个原则，进入操作层面还会有一个难题，那就是资本、土地和劳动力参与分配的比例怎么确定。

理论上讲，应该看它们各自的贡献，可问题是我们怎知道不同要素的贡献呢？要解决此问题我认为还得从交换入手，虽然我们不知道它们各自的贡献，但通过交换可以确定。

事实上，对怎样确定收入分配比例，马克思早就为我们提供过思路。他在《资本论》中明确地讲：利润是资本的价格；地租是土地的价格；工资是劳动力的价格。照此推理，确定要素的收入分配比例，其实就是给要素定价。这样一来问题就变得简单了，价格由供求定，各要素在收入分配中究竟占多大比例，最终就取决于它们各自的供求状况。

这里再说几句题外话。最近学界就国内工资问题产生了不小的争论，有人认为目前工资偏高推高了企业成本，主张降工资；但也有人反对，认为工资不仅不高反而偏低。我的看法，工资高低谁说了也不算，要由劳动力供求定。不过随着人口老龄化、劳动力日渐短缺，未来工资上涨恐怕是不可逆转的趋势。这样看，降工资未必是明智之举。

帕累托最优的要义

关于资源的优化配置问题，19世纪末意大利经济学家帕累托曾提出过一个标准，学界称为“帕累托最优状态”。据我所知，今天国内知道“帕累托”大名的学者已经不少，但多数人对“帕累托最优状态”的含义，恐怕只知其一，不知其二。

根据帕累托1896年出版的《政治经济学讲义》所下的定义，所谓“帕累托最优状态”，是指在某种既定资源配置状态下，任何改变都不可能使至少一个人的状况变好，而不使任何人的状况变坏。也可以换个说法：帕累托最优是指这样一种状态，在此状态下，若不减少其中一人的好处，就无法增加另外一人的好处。

最初从教科书上读到此解释，我并不觉得帕累托有何过人之处。照他的意思，只要将福利一次性分尽，分配结果大家都认同便是最优。我们知道，中国有个成语叫“各得其所”，意即让每人都得到他所应该得的，则是帕累托最优。而“各得其所”出自《周易·系辞下》，比帕累托早两千多年。相比之下，我当然更佩服自己的祖先。

1992年我到中央党校任教，一次下课后有学员问我：福利分配怎样才能达到帕累托最优？比如分配前，我们如何知道每人应得多少？分配时又用什么办法保证每人得到的正好是他所应得的部分？这问题之前我未思考过，一时无以应对，不知为不知，我只好承认自己答不出。

后来我找来帕累托的《政治经济学讲义》，研读后才发现帕累托讲资源配置最优有三个条件：一是交换的边际替代率相等；二是生产的边际转换率相等；三是交换的边际替代率与生产的边际转换率相等。帕累托说，只有同时满足这三个条件，资源配置才是最优。

为何要具备这三个条件？让我分点介绍。

先看边际替代率。经济学的边际效用递减规律说，一个人若消费偏好不变，消费某种商品的数量越多，他从增加消费的单位商品中所得到的效用会越小。据此帕累托推定：当某商品边际效用降到一定程度，人们就不会继续消费该商品而转去消费其他商品。这种增加消费一单位商品与放弃另一商品的比值，即为边际替代率。

边际替代率相等是什么意思呢？举个例子：假设有甲、乙两个消费者，他们对商品效用的评价不同，甲认为一块面包可以代替两个苹果，乙认为一个苹果可以代替两块面包。如果甲用一个苹果换乙一块面包，则甲得到一块面包相当两个苹果，边际替代率为2；乙得到一个苹果相当两块面包，边际替代率也为2。对所有消费者而言，若每一对商品的边际替代率相等，便是交换的最优条件。

再看边际转换率。所谓生产的边际转换率，是指企业新增投资与新增产出的比率。帕累托说，若企业生产两种产品的边际转换率不同，企业就会减少转换率低的产品的生产，而扩大转化率高的产品的生产。比如用同量的投入，生产面包可得收益200元，生产苹果仅得100元，这样企业就会改变要素配置，多生产面包，少生产苹果。

这道理也适用于企业之间，若甲企业使用同量资源可得收益100元，乙企业可得200元，资源就会流向乙企业。因此对所有企业而言，同量资源生产任何两种商品的边际转换率相等是生产的最优条件。

帕累托认为，资源配置最优分别满足交换的最优条件与生产的最优条件还不够，还需将两者结合起来，让每一对产品的边际转换率等于边际替代率。说过了，边际转换率反映的是生产效率，边际替代率反映的是消费者偏好。两者相等，说明生产结构与需求结构吻合，生产的产品符合消费者需求，既不会短缺，也不会过剩。

毫无疑问，若满足了以上三个条件，资源配置则是最优。然而回到前面学员的提问，找寻答案仍有三个难点：第一，效用是消费者主观评价，交换前怎知道两种商品替代率是否相等？第二，由于投资的边际收益递减，增加或减少投资会随之改变转换率。转换率变化不定，企业何以让两种投资的边际转换率相等？第三，供给相对稳定，需求瞬息万变，生产者如何才能让边际转换率等于边际替代率？

我的解释，帕累托最优是对资源配置结果的判定。严格地讲，它是一种分析方法而非操作办法。事实上，真实世界里不管消费者偏好怎样，只要不存在强买强卖，商品一旦交换成功，其边际替代率必相等；同理，企业少生产甲产品而多生产乙产品，只要没有要素流动限制，边际转化率也一定相等。若商品是等价交换，企业按价格信号生产，边际转换率也必等于边际替代率。

由此看，帕累托最优的要义是：只要不对市场价格与要素流动设限，资源配置即可达到最优。反过来理解，若资源配置未达到最优，则必存在某种程度的市场管制。当然，资源配置除了“最优状态”还有“改进状态”，比如中国的农村改革，农民利益增加而城里人并未受损。不过这种“改进状态”的存在，我认为只说明之前资源配置不是最优，原因是农产品价格与要素流动受到了管制。

近年来中央反复强调，让市场在资源配置中起决定作用。其实，经济学所讲的帕累托改进，就是要通过放松市场管制提高资源配置效率。但我同时要提醒读者的是，市场并非万能，在国家安全、社会公正、公共服务、助弱扶贫等领域，市场会失灵，因此我们也绝不可忽视政府的作用。

福利最大化标准

经济学从诞生的那一天起，就肩负着改善提升社会福利的使命。不过在庇古之前，这一目的却并未显现得十分明显。直到庇古建立了福利经济学体系，并把“怎样才能使国民的经济福利达到最大化”作为研究对象后，经济学对人类正义和幸福的关注才逐渐清晰起来。

关于福利的定义，庇古的分析一直被经济学界视为经典。他认为，一个人的福利寓于他自己的满足之中，这种满足可以由于对财物的占有而产生，也可以由于其他的知识、情感、欲望等而产生。但他同时又指出，若将所有这些满足皆称为社会福利，经济学是难以研究的，也是难以计算的，因此他把研究的主题局限于能用货币计量的那部分福利，即经济福利之内。

判断一个社会经济福利是否有所增进，庇古认为有三个检验标准：一是国民收入是否大量增加；二是国民收入在社会各阶层间的分配是否平等；三是国民收入是否稳定。可他在衡量国民福利是否增进时，比较和计算的却是个人得到的满足。

对此，他作了这样的解释：个人的满足是由效用构成的，而效用可以通过商品价格表现，这样，个人的经济福利就能够被计算出来。而且在他看来，个人经济福利的总和等于一国的全部经济福利，所以个人福利就等于个人收入，国民福利就等于国民收入。

也恰恰因为这一点，庇古的福利标准受到了前所未有的攻击。有学者批评说，效用是当事人个体的心理感受，个人所体会到的效用或满足程度是不能测量的，更无法相互比较。比如1000元，对张三也许有着巨大的效用，但对李四恐怕微不足道。再说，穷人有烦恼，富人也有烦恼，很难说富人的烦恼就比穷人小。

基于此，大多数经济学者认为，个人的经济福利根本无法用收入来进行统一的评判和测定，而用不能测定的个人福利简单相加衡量国民福利，事实上等于空谈。这样，庇古的理论体系被动摇了，于是许多人开始避开效用测定，重建福利经济学体系。

新福利经济学的奠基工作，是由意大利经济学家帕累托完成的。帕累托指出，由于效用无法确切计量，因此国民福利应该是全社会每个个人福利的集合，而并非总和。尽管效用无法计量，对它却可以进行排列，以此表示消费者选择的次序。例如，张三对于电视的偏好胜过录音机，而李四认为衬衫比黄油能带给他更大的满足，等等。

在这一分析的基础上，帕累托得出结论：社会经济福利就是个人效用的排列与组合，而不同的排列与组合便构成了不同的福利状况。按照这一思路，他继续考察庇古曾经考察过的问题，即如何检验国民的经济福利是否得到了增进。

由于个人收入无法作为检验福利的标准，他撇开了收入分配对福利最大化的影响，只探讨资源配置对福利最大化的影响。最后，他得出结论：在既定的收入分配下，检验一个经济社会的福利是否增加的标准是，如果生产和交换情形的改变，使得社会中一些人的境况变好，而其他人并未变坏，社会福利才能说是增进了；而如果一些人的境况变好，但另一些人的境况却变坏了，就不能说整个社会的福利增加了。这就是著名的“帕累托标准”。

对“帕累托标准”也有学者不认可。理由是现实生活中任何经济变革，都可能使一方得利，而使另一方受损。即使得利的人占多数，情况变糟的是少数人，那么按照“帕累托标准”，要求一些社会成员的福利改善不能造成其他社会成员福利的减少，这其实就否定了改变经济政策以增加社会福利的说法，让新福利经济学陷入了死胡同。

为了从死胡同中寻找出路，英国经济学家卡尔多和希克斯重新对福利标准进行了考察，提出了所谓的“假想补偿原则”。

卡尔多指出，虽然每一次社会变革，对不同的人有不同的利害关系，比如一方得益，而另一方受损，但如果通过税收或价格政策，使那些得益者从自己新增的收益中拿出一部分，补偿给受损者，使后者的福利保持原有的水平，而得利者提供补偿后还有剩余。这样，前者变好了，后者维持原状，社会福利得到了增长，就可认定政策变动是正当的。反之，若受益者的所得补偿不了受害者的所失，这种政策变动则不可取。

举个例子。如果政策改变使得有些人得益120元，而另外一些人受损100元，则通过假想补偿的办法，得失相抵，结果全社会的福利仍增加了20元。显然，这种政策改变是值得肯定的。而如果前者得益100元，得失正好相抵，这种政策变动意义不大。若前者只得益了80元，其所得根本无法补偿后者，反而令全社会福利损失了20元，此政策改变对社会就是有害的。

希克斯十分推崇卡尔多的观点。但他认为卡尔多的“假想补偿原则”仍不完善。因为卡尔多提出的“补偿”并不一定能够得到实现，事实上，补偿是由受益者决定的，若受益者不对受损者作出补偿，补偿就只能是一种“假想”。于是希克斯提出了他所谓的“假想补偿原则”。

“假想补偿原则”的意思是，每一次政策变动后，不必要求受益者都要给受害者补偿，补偿可以自然而然地进行。这一次政策变动的受益者，可能在下一次变动中成为受害者，因此，长时间看，人们的受益与受害可以相互抵消，所以，只要假定损失终会得到补偿就可以了。希克斯进一步指出，只要一个社会以追求效率为导向，国民收入就会不断增长，在经过一段相当长的时间后，所有人的境况都会好起来，只不过有先有后，有快有慢而已。

以“假想补偿原则”为基本内容的卡尔多-希克斯的福利标准，表面上似乎避开了个人的价值判断，使福利经济学有了实证基础，但蕴含着一个特定的经济含义：一种政策措施，即使将导致贫者更贫、富者更富，但只要能使国民收入总量增加，也可认定是增进了社会福利。

想问读者，你认同这一标准吗？

收入分配为何争论不休

怎样处理公平与效率的关系，经济学家至今还争论不休。有学者主张收入分配应坚持效率优先，兼顾公平；而有学者认为应将公平放在首位，兼顾效率。这里我先不说自己的观点，而对分配理论流变作梳理，希望能为读者思考这一问题提供参照坐标。

据我所知，最早系统阐述“分配公平”的思想家，是马克思。早在一百多年前，马克思在《资本论》第三卷中就曾预言：资本主义制度将被新制度所替代。他得出此判断的重要依据，就是资本主义的分配制度不公平，造成了财富积累与贫困积累两极分化。而一个分配不公平的社会制度，必然要被历史淘汰。

是的，分配公平至关重要，也是人心所向。美国著名学者罗尔斯在《正义论》中曾举过一个例子，假如把一群人送到一个远离现代文明的孤岛，让他们一切从零开始，谁也没有财产，也不知自己的未来，任由他们商量如何设计分配制度，即选择均等分配还是差别分配。结果会怎样呢？罗尔斯推断，多数人会选择均等分配。

往前追溯，英国经济学家庇古在1920年出版的《福利经济学》里，曾明确提出"收入均等化"的主张。庇古说，即便社会总财富不增加，只要实行收入均等化也能增进社会福利。他给出的论证是：穷人的一元钱要比富人的一元钱效用大。对富人来说，多一元钱不过是锦上添花，少一元钱也无伤大雅；可对穷人来说，多一元钱是雪中送炭，少一元钱则可能影响生存。这样将富人收入转移一部分给穷人，社会福利会增大。

20世纪前半期，庇古的这一观点广受关注，并曾影响过西方国家的政策。当然，其间也有不少学者对他提出了批评，批评的理由有两点，一是认为效用属于人们的主观感受，无法横向比较。穷人缺钱可能买不了自行车，富人缺钱可能买不起汽车，从这个角度看，不能说一块钱的效用穷人就比富人大。二是认为公平与效率同等重要，不能顾此失彼。若只强调公平而不重视效率，长此以往，经济发展会停滞，最后富人也会变成穷人。

事实上，在庇古之前，意大利经济学家帕累托就提出过关于福利优化分配的标准。在帕累托看来，福利分配的最优状态，是指在既定分配状态下，任何改变都不可能使至少一个人状况变好，而不使任何人状况变坏。更通俗地讲，若不减少一个人的福利就无以增加另一个人的福利，分配若达到这样一个状态，便是最优分配。

帕累托还指出，福利分配除了最优状态，同时还存在次优状态，即不减少任何人福利仍可增加某人的福利。学界称此为“帕累托改进”。有这种情况么？当然有。我想到的是当年中国农村家庭联产承包责任制改革，农民收入增加，城市居民并未因此受损。帕累托强调，只有“改进状态”的收入调整，才可照顾公平，也兼顾效率。

然而困难在于，收入调整并不能仅局限于“帕累托改进”，为了照顾公平，政府有时不得不动富人的奶酪。那么在何条件下才可以动富人的奶酪呢？对此英国学者卡尔多提出了“假想补偿原则”。所谓“假想补偿”，当然不是真的补偿。卡氏的意思是，政府调节收入可以抽肥补瘦，但要有前提，即穷人得到的收入能足以弥补富人的损失，否则动富人的奶酪就不合算。

举例说，用富人的100元收入补贴穷人，若穷人收入因此增加了110元，这样，补偿富人100元损失后还多出10元，倘如此，卡尔多认为这种收入调整可取；反之若用富人的100元收入补贴穷人，结果穷人收入只增加80元，穷人增加的收入不仅不能补偿富人的损失，社会总收入还减少了20元。这种收入调整，显然是得不偿失，也不可取。

问题是怎样才能让补贴有效率？弗里德曼曾提出过一个设想，即采用负所得税方案。何为负所得税？所得税是指企业和公民向国家交税，而负所得税则是指国家以“税”的形式给予穷人补贴。

负所得税的计算公式如下：

负所得税（补贴）=社会贫困保障线－个人实际收入×负所得税税率

弗里德曼说，若按这种办法补贴穷人，最大的好处是补贴能同时兼顾效率，可激励穷人通过勤奋劳动，提高他们的最终个人可支配收入。

个人可支配收入的计算公式是：

最终个人可支配收入=个人实际收入+负所得税

请看下面的例子。假定政府规定的贫困保障线为1000元/月，负所得税税率为50%，若某穷人实际收入为1000元/月，按上面公式计算，他可得补贴500元，最终个人可支配收入（实际收入加补贴）为1500元/月；若实际收入为500元/月，可得补贴750元，最终个人可支配收入为1250元/月；若实际收入为零，则可得补贴1000元，最终个人可支配收入也只1000元/月。可见，实际收入越高，最终个人可支配收入也越高。

以上是经济学家关于分配的相关理论。最后来说我的观点：第一，分配公平事关人心向背，防止两极分化是政府义不容辞的职责；第二，调节收入分配应优先“帕累托改进”，凡是不存在外部负效应的分配改革，皆应尽快推进；第三，调节贫富差距要兼顾效率，前提是社会总收入不减少。为此，补贴穷人要立足于“造血”，扶持他们将蛋糕做大。

利润究竟为何物

“利润”在经济学中无疑是个重要概念。何为利润？经济学者从不同的角度，曾给利润下过不同定义。比如从收入构成看，利润是收入减去成本后的余额，马克思称为“剩余价值”，新古典经济学派则称“价值剩余”；但若从投资回报看，劳动得工资，资本得利润，土地得地租。这是说，利润只是资本的报酬，而不是价值剩余的全部。

再考虑复杂些。假定企业家的投资不是自己的钱，而是从银行借的贷款，有了银行中介，资本的报酬就不是利润，而是利息了。此点萨伊讲得清楚，“劳动－工资；资本－利息；土地－地租”。有人说，马克思曾批评过萨伊的“三位一体公式”，此话不假，但马克思批评的是“资本创造利息”，并未否定利息是资本的报酬。

于是问题就来了，既然利息是资本的报酬，那利润岂不就成了无主孤魂？萨伊的解释，利润是企业家的报酬。而萨伊之后的经济学家，大多也是持这观点。

原则上，我赞成将利润看作企业家报酬，但同时也有疑惑：企业家的管理，归根到底也是体力与脑力付出，这方面与员工参与生产活动无异，而且企业家也领工资。既然企业家已经拿了报酬，利润怎会也是企业家报酬呢？

学界有一种解释：企业家管理活动是复杂劳动，除了拿工资还应得到利润。我不认同这种解释。一个可证伪的事实是，工程师的劳动也是复杂劳动，可工程师并未参与利润分配。再者，劳动复杂程度是相对而言的：电工的劳动比清洁工复杂；文秘的劳动又比电工复杂。若按“复杂程度”论功行赏，利润就得由多数人分享，不能由企业家独占。

然而事实却相反，“利润不归企业家”的例子，我们一个也找不到。古往今来，利润索取权其实一直是由财产权决定，谁拥有财产权，谁才有利润索取权。既如此，我们可否说利润是财产权的报酬呢？骤然听似乎是，但细想又不是。若利润是财产权报酬，等量财产就应取得等量利润，可现实中拥有等量财产的企业，利润却千差万别。

分析至此，有三点结论可以明确：第一，利润不是资本的报酬；第二，利润不是复杂劳动的报酬；第三，利润不是财产权的报酬。

那么利润究竟为何物？我的观点，利润是企业家的“租”。所谓“租”，在经济学里是指那种要素供给不变而收入可变的“收入”。众所周知，“租”的概念最初出现于农耕社会，而最典型的“租”是地租，上面“租”的定义，也是由此引申而来。

进入工业社会后，“租”已经多样化了，大致说有三种：一是类似地租的“经济租”，其供给要素是有形资产，如土地、房屋、机械设备等；二是“李嘉图租”，这类租与“经济租”不同，供给要素是无形资产，如人的才能（天赋）、商业品牌等；三是“权力租”，权力租显然与行政权有关，如取得政府行政许可的企业所获得的政策性盈利。此三种租有一共同点：无论收入怎么变，供给要素皆不变。

说利润是企业家的“租”，首先是利润中含有“经济租”，比如在相对的短期（一年）内，利润可能天天变，而企业固定资产却不变。正因如此，经济学称固定资产折旧为沉没成本。沉没成本不同于变动成本，特点是它不能作为“成本”补偿，要从利润中回收。而补偿沉没成本的利润，显然应该当“租”看。

除了“经济租”，利润中还有“李嘉图租”。以“京东”为例。刘强东赚得钵满盆满，投资当然重要，但关键是他比别人更早地看到了互联网物流的商机。要是他没有这种独特的洞察力，仅靠砸钱绝不会有今天的成功。想想20年前，那时比刘强东有钱的老板多得是，如今“京东”已成为知名企业，而当时的很多大企业却在苦苦支撑，何故？差别就在企业家的才能。

至于利润中是否含有“权力租”，不好一概而论，有的企业可能有，有的企业可能没有，到底有没有企业家自己清楚，无需过多讨论。这里要说的是：如果从“租”的角度看利润，在政策操作层面的含义是什么？或者说能给我们什么启示？我想到的有三点。

第一，若将利润当“租”看，固定投资就不能以计提折旧的方式进成本。比如某酒店，一间客房的市价是200元，每间客房的平均经营成本（工资、水电等变动成本）为100元，这样看酒店是盈利的；但如果把当初建酒店的投资折旧进成本，每间房摊110元，这家酒店就入不敷出，只能关门。

第二，前面说了，“租”是一种变动收入，“租”的高低既取决于企业家的投资眼光（选对项目），也取决于市场对所提供商品的认可度。如果把利润当“租”看，企业家要多赚利润就得抢占市场先机；同时要把消费者当上帝，生产、经营、管理等一切活动皆要以满足消费者为中心。

第三，“租”的再一个特点，它是恒久收入。若把利润当“租”看，企业就不可急功近利，而应着眼长远打造自己的品牌。要知道，品牌是可创造收入的，品牌收入其实就是“租”。时下国内不少企业热衷于贴牌生产，这让我总思考一个问题：我们的企业家借用国外的品牌给别人交租，何不自己创品牌收租呢？

工资的本质及其推定

法国经济学家萨伊认为：资本创造利润；土地创造地租；劳动创造工资。当年马克思批评过萨伊的这一观点，指出利润、地租、工资皆为劳动创造；而且工资是劳动力价格而非劳动的价格。读者要知道，将“劳动力”与“劳动”加以区分，是马克思的重大发现。虽仅一字之差，马克思关于劳资关系的分析便与和萨伊有了天壤之别。

马克思为何说工资是劳动力价格？对此，需首先弄清楚“劳动者、劳动力、劳动”三者有何区别。所谓劳动者，是指有生命的人；而劳动力，则是指劳动者所具有的脑力和体力（劳动能力）；劳动力的使用便是劳动。说工资是劳动力价格，从交换角度看，是指劳动者卖给企业的是劳动力；企业支付工资所购买的也是劳动力。

为何说企业购买的是劳动力而不是劳动者或劳动呢？首先，劳动者作为交易主体之一，自己不可能卖自己，否则就变成了奴隶；同时劳动力的所有权与使用权可以分离，但由于所有权不能转让，故只能转让使用权。再有，劳动力的使用才是劳动，可企业在签订雇工合同前，劳动力并未使用，劳动尚不存在。

读者要是不信，不妨去找几份企业用工合同看看，你会发现一个普遍现象：工程师的工资高于技术员的工资；技术员的工资又高于一般员工的工资。为何存在此现象？我的解释，是因为在企业主看来，工程师的劳动能力要高过技术员，技术员的劳动能力要高过一般员工。读者想想，这现象不正好证明了企业购买的是劳动力，而工资是劳动力价格么？

工资的本质是劳动力价格，理论上不会错。然而往深处想却有个难题：现实中工资有计时工资与计件工资两种，说计时工资是劳动力价格不难理解，可计件工资是按劳动产品的数量计酬，怎能说计件工资也是劳动力价格呢？

问题就在这里，若计件工资不是劳动力价格，那么从证伪的角度看，“工资是劳动力价格”就被推翻了。

不错，计件工资确实不是劳动力价格。前面说过，劳动力价格是对劳动力使用前的定价。计件工资显然不是事前定价，而是事后对劳动成果的定价。不过即便如此，我认为也否定不了“工资是劳动力价格”。这里的关键，是怎样看待计件工资。我的看法，计件工资虽然也叫工资，但它只是借用了工资的名义，本质上并非工资。

为何说计件工资并非工资？请读者看一个真实的例子。前不久，我在湖南永州市考察过一家皮具加工企业，该企业采用的是计件工资，员工都是附近村庄的妇女。老板说，企业从不要求员工按时上下班，甚至员工可以将原材料领到家里加工。企业只负责制定标准，然后按事先约定的价格收购。

后来，我找来企业与员工签订的合同，里面果然没有关于上下班时间的规定，只有产品加工质量标准和收购价格等方面的条款。

从上面的例子可见，在计件工资制下，每一个劳动者其实已变成相对独立的“企业”，准确地讲，是从事来料加工的“企业”。企业和劳动者之间已不再是雇佣关系，而是生产合作关系。由此决定，计件工资当然也不是真正的工资，而是劳动者（企业）出售加工产品取得的收入。既然计件工资不是真正的工资，所以计件工资不能推翻“工资是劳动力价格”。

假若读者同意我的分析，引申到操作层面便有下面三点推定。

推定一：工资水平应由劳动力供求决定。近几年学界围绕法定最低工资标准一直在争论，我的观点，劳动力是一种生产要素，若让市场在资源配置中起决定作用，要素价格就必须放开。切不要以为提高最低工资是保护劳动者，有时也会对劳动者不利。比如某餐厅原本雇三人洗碗，每人每月3000元；但若将最低工资提高到4000元，雇主很可能只雇两人，另一人就得失业。

推定二：计时工资要有结构安排。说过了，劳动力价格的通常形式是计时工资，然而计时工资有个缺陷，即很难避免员工出工不出力。企业早期的处理方式是往车间派监工，可由此带来的监督成本却非常高。为节省监督成本，于是就出现了结构化工资。时至今日，不同企业的工资结构已五花八门、复杂无比，若化繁就简，其实也就是两块：一块基本工资；一块效率工资。前者督促员工出工（不迟到早退）；后者激励员工出力。

推定三：工资激励不如产权激励。此推定是我在湖南永州调研时受到的启发。祁阳市有一家农业科技公司，董事长是回乡农民。据他介绍，公司用农民土地建造蔬菜大棚，然后再将大棚承包给农户，并统一提供种子和技术培训，年底公司向承包户提取固定比例的利润，剩下的归农民。

从经济学角度看，这种分配方式无疑是产权激励。对公司来讲，可减少工资费用和监督成本；而对农民来说，自己当老板当然更有积极性。

以上三个推定，皆以工资是劳动力价格为前提。若否定了这个前提，推定便不成立。

这里我要强调的是，西方经济学家往往将“劳动”当成生产要素，这种看法是错的。事实上，劳动力才是生产要素，劳动者转让的是劳动力而不是劳动。最明显的一点，劳动创造的价值要比劳动力价格高，不然企业不可能有利润存在。此乃马克思主义经济学与西方经济学的重大分别，读者要切记！

基尼系数与收入差距

讨论基尼系数与收入差距问题，需首先从洛伦兹曲线说起。洛伦兹曲线是由奥地利统计学家洛伦兹提出的。下图中的横轴OH，表示人口（按收入由低到高分组）的累积百分比；纵轴OM，表示收入的累积百分比；弧线OL即为洛伦兹曲线。

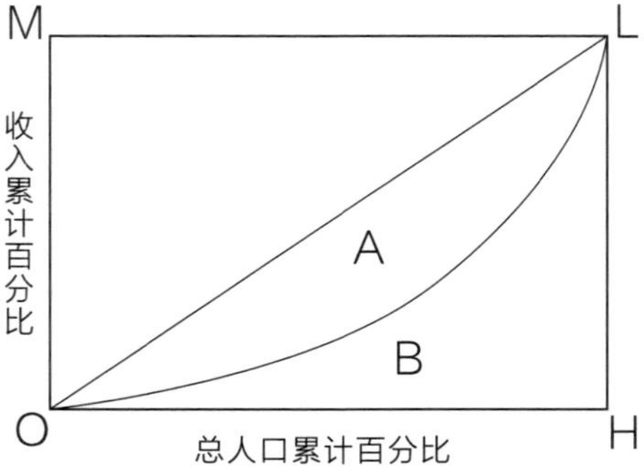

洛伦兹曲线

洛伦兹曲线的弯曲程度，代表收入分配不平等的程度。弯曲程度越大，收入分配就越不平等；反之亦然。当所有收入都集中在一人手中时，收入分配完全不平等，洛伦兹曲线即为折线OHL。当任一组人口百分比等于其收入百分比，且人口累计百分比等于收入累计百分比，则收入完全平等，洛伦兹曲线则是通过原点的45度线OL。

20世纪初，意大利经济学家基尼利用洛伦兹曲线，提出了计算收入平等程度的公式。他将洛伦兹曲线与45度线之间的部分A，称作“不平等面积”；当收入分配达到完全不平等时，洛伦兹曲线OHL与45度线之间的面积A+B，称作“完全不平等面积”。不平等面积与完全不平等面积之比，即为基尼系数。用公式表示：基尼系数G=A/（A+B），基尼系数越大，收入分配越不平等。

在我看来，“基尼系数”作为一种衡量收入差距的方法无可置疑，关键在于怎样理解收入。举个例子，某民营企业一年利润2000万元，而某员工一年工资10万元，请问企业2000万元利润算企业主收入吗？若这么算，企业主收入就是员工工资的200倍，差距可谓大也。问题是：员工工资主要是用于个人消费，而企业利润仅少量用于企业主个人消费，大量则用于投资。读者是否注意到这其中的分别呢？

说到收入，不能不提到经济学家费雪。当年费雪写那本著名的《利息理论》，对收入作了三层解释。一是享用收入。

费雪强调，货币只有当用于购买食物、衣服、汽车等进行享受时才成为收入。二是实际收入。享用收入是心理感受，没法度量，所以他认为可用实际收入（生活费用）来近似反映，比如我们用晚餐或看电影，其享受虽无法用多少钱来衡量，但却知道花了多少钱。三是货币收入，指用于支付生活费用所得到的货币。

显然，在费雪看来，一个人收入其实就是他的消费（享受）。他讲得很形象，以家庭门限为界，不管你赚多少钱，把面包、黄油、衣服、汽车等买进家门消费了是收入，否则就不是收入。还是用上面的例子，某企业主一年进账2000万元，若支付生活费用为20万元，那么这20万元是他的收入；剩下的钱若存银行就是储蓄，若买了机器就是投资。但无论是用于储蓄还是用于投资，都是企业主财产（资产）而非收入。

费雪如此定义收入，不仅教科书不这样说，而且与人们的习惯理解也大相径庭。不过我认为费雪的定义是对的，而且只有费雪的收入定义才能解通世事。

以我自己为例，当年从人民大学毕业求职，本可去一家外企就业，月薪3000元；也可到中央党校任教，月薪300元。而我最后选择了中央党校而放弃了去外企，你知道为什么？外企薪酬虽是党校的10倍，但党校能提供住房，外企却没有住房，所以在我看来，在党校任教的收入（消费）并不低于外企。

以上说的是选择职业，若再换个角度，让我与那些私企老板比又如何呢？昔日师友今天在商界的成功者不乏其人，他们开公司日进斗金，而我当教授月收入不足2万元，你认为我会羡慕他们吗？说实话，一点没有是假的。但若你认为我会后悔当初的选择就错了。曾与一位做企业老总的师兄探讨过，表面看，他的收入确实比我高，但除开商业应酬，单比个人收入（个人消费支出）却也相差无几，至少没有原来想象得那么大。

绝不是吃不着葡萄就说葡萄酸。我说自己与师兄的收入相若，那仅是从个人消费看；若从财产看就不同了。他名下资产过亿，而我除了自己所住的房子，别无其他。由此见，我等工薪阶层与私企老板的差距，主要是在“财产”而不在“收入”。不信你去读《资本论》，马克思揭示资本积累趋势也是从财产角度讲的，所谓财富积累与贫困积累，比较的并不是资本家与劳动者的个人收入，而是财产。

回头再说基尼系数。有个误会要澄清：不少人以为基尼系数反映的是收入差距。其实不然，目前国内学者计算的基尼系数虽也包含收入差距，但主要反映的还是财产差距。比如前些年有人讲中国20%的人口拥有80%的财富，显然说的是财产而非收入。所以我要特别提醒，在衡量收入分配差距时，绝不能把财产与收入混为一谈，否则会人为地夸大个人收入差距。

民营企业家的财产，是创造社会财富的生产资料（厂房、机器设备等），若将他们的财产当作个人收入，并以此计算基尼系数，会使一些人产生仇富情绪。事实上，民营企业家的资产越多，创造的就业和利税会越多，对社会的贡献也就越大。我看到的数据是，在我国目前的经济体系中，民营经济为国家贡献了50%以上的税收、60%以上的国内生产总值、70%以上的技术创新成果、80%以上的城镇劳动就业、90%以上的企业数量。

稀缺资源的配置规则

在经济学者看来，但凡有效用的物品，皆为资源；而所谓稀缺资源，则是指那些多胜于少、有胜于无的物品。此类资源有一个显著特点，即使用者之间存在竞争。学界曾有人质疑：世上并非所有资源都稀缺，经济学为何要假设“资源稀缺”？

是的，世上并不是所有资源都稀缺。江上清风、山间明月也是资源，可它们取之不尽，用之不竭。其实，这一点并非经济学家不清楚；恰恰相反，正是因为有些资源不稀缺，经济学才作这样的假设。此假设的意思是：不稀缺的资源无需研究，经济学只研究稀缺资源的配置。可见，此假设不过是要给经济学划出研究范围。

倘如此，也就给我们提出了一个问题：既然经济学研究的是稀缺资源，那么稀缺资源如何配置？换句话说，在资源供不应求的情况下，有限的资源应优先配置给谁？

上面的问题显然与资源配置规则有关。规则不同，配置结果会不同。以自行车比赛为例。比赛要分胜负，就得先定规则，自行车比赛规则有两种：一是看谁骑得快（比速度）；另一个是看谁骑得慢（比车技）。若采用第一种规则，年轻人胜出的机会多；但若采用第二种规则，中老年人也有可能会胜出。

资源配置也是如此。稀缺资源谁能得到，要看配置规则怎么定。现实生活里，配置资源的规则很多：竞价购买是一种规则；排队购买或者抓阄是一种规则；投票决定也是一种规则。需要研究的是，面对这些规则我们如何选择，或在何条件下选择何种规则？

有一种观点，说市场经济下最佳的资源配置规则是竞价。不能说这观点不对，但不全对。我的看法，配置规则的选择要受资源所有权的约束。私人所有的资源可以通过竞价配置；但若资源公有，竞价未必就是唯一的规则。想想公共图书馆座位，无论中国还是外国，我们恐怕找不见一个竞价配置的例子。

私有资源之所以可以竞价，是因为配置私有资源竞价比其他规则更有效率。比如市场新推出了一款空气净化器供不应求，如果不竞价你认为净化器应先卖给谁？让消费者排队最简单，可排队要浪费消费者大量时间；若按消费者需求程度卖，有人说家里有小孩需要净化器；有人说家里有老人更需要净化器。到底谁更需要你怎么甄别？所以相对而言，可取的办法是让消费者竞价。

在经济学看来，通过竞价配置私人资源至少有三大好处：第一，可节省排队时间。排队不创造任何财富，对社会来说纯粹是浪费，故用竞价代替排队就是减少浪费。第二，可避免寻租。商品短缺若不允许竞价，难免会有人去托关系、走后门，这样各类寻租行为会层出不穷。第三，可增加社会财富。竞价配置是让出价高者得，这样企业利润增加，可扩大生产、改善供应。

私有资源可以竞价配置，公有资源怎么配置？前面讲，竞价不是公有资源配置的唯一规则，但并不是说公有资源就不能竞价。留意观察，国内公有资源竞价配置的例子也不少见。国家宪法规定，城市土地归国有，是公有资源，而现在的城市土地出让一律采用招拍挂，招拍挂不是竞价是什么？可见，对公有资源的配置也需分类处理。

从功能看，公有资源可大致分两类：一类是经营性资源；一类是非经营性资源。经营性资源包括城市土地、国有企业的经营性资产以及政府提供的经营性设施等。由于此类资源具有商品性质，当然可以竞价配置；而除此之外的其他非经营性资源具有福利属性，则不宜采用竞价规则。

问题在于，如果非经营性资源不用竞价规则，那么应该用什么规则呢？

我的看法，此类资源配置规则的选择应遵循两大原则：一是公众福利最大化；二是交易费用最小化。所谓公众福利最大化，是指要尽可能让更多的人共享；而所谓交易费用最小化，是指规则的执行成本要尽可能低。不然，规则选择不当，不仅会引发冲突，还会劳民伤财。

当然，以上两条只是大的原则，落实到具体操作层面，还需根据使用特点对非经营性资源进行细分。反复思考，我认为可将它们分为三类：一是使用不存在排他性的资源；二是使用有排他性但不存在负外部性的资源；三是使用有排他性且具有负外部性的资源。

第一类是典型的公共品。代表性资源是长江航道上的灯塔。由于灯塔一类的公共品使用不排他，一个人使用不妨碍别人同时使用，使用人数的多少也不会增加公共品的提供成本，而且不会因为使用上的摩擦增加交易费用，故此类资源的配置尽可放开，让消费者各取所需。

第二类资源是准公共品。其代表性资源是上面提到的公共图书馆座位。此类资源使用上有竞争，但一个人使用不会给别人造成伤害，没有负外部性。这类资源的配置既可以排队，也可以抓阄。至于到底选择排队还是抓阄，要看采用何种交易费用更低。

第三类资源也是准公共品。这方面资源主要是公共休闲场所。一般地讲，公共休闲场所可自由使用，但由于某些使用行为（如在公共场所燃放烟花）有可能妨碍旁人，有负外部性，故此类资源让谁使用或不让谁使用得尊重民意。民意怎样体现？最直接的办法是投票。若投票成本过高，政府也可以去作民意调查。

国际分工与贸易

亚当·斯密在《国富论》中写道：一个国家若按绝对优势参与国际分工，可以互惠互利。而李嘉图进一步论证：一个国家即便不存在绝对优势，若按比较优势参与分工，也可以共赢。

李斯特是亚当·斯密的批判者，1841年他出版了《政治经济学的国民体系》，指出斯密的自由贸易主张代表的是英国利益，落后国家若不保护本国工业，要想成为工业化国家是不可能的。

布雷顿森林体系刚建立不久，特里芬便预言了它的“死期”。他分析指出：美元成为国际中心货币后，美国既要保证美元能按固定官价兑换黄金，又要为全球贸易提供足够的美元，两者存在不可调和的冲突。

比较优势并非陷阱

时下学界有一流行观点，认为李嘉图关于按“比较优势”参与国际分工的理论已经过时。十多年前，在一次学术会议上就曾听人这样讲过，当时我以为只是那位教授的一家之言，没有特别在意。最近查阅文献，才发现国内持这种看法的学者不少，甚至有人称李嘉图的分工理论是“比较优势陷阱”。

我读过多篇有关“陷阱论”的文章，理由大同小异，皆说发展中国家的比较优势是劳动力成本低，若按比较优势参与国际分工，发展中国家应生产并出口劳动密集型产品。这样在与发达国家的贸易中虽能获益，但由于发达国家生产的技术与资本密集型产品附加值更高，发展中国家实则处于不利地位。长此以往，发展中国家与发达国家的差距势必越拉越大。

骤然听似乎不无道理，可我却不同意这种分析。正本清源，我们不妨先来看看李嘉图自己是怎样讲的。李嘉图指出，比较优势不同于亚当·斯密所讲的绝对优势，绝对优势是指自己与别人比的优势；比较优势则是指自己与自己比的相对优势。国际分工所以要按比较优势进行，是因为这样分工可以互利。

何以如此？李嘉图用下面的例子作了论证。

英国与葡萄牙均生产毛呢与葡萄酒。英国生产10英尺毛呢需要100小时，酿一桶葡萄酒需120小时；而葡萄牙生产同量的毛呢与葡萄酒，分别只需90小时与80小时。显然，生产两种商品英国皆不占优势。而李嘉图说，如果两国各自与自己比，英国的比较优势是生产毛呢，葡萄牙的比较优势是生产葡萄酒。假如10英尺毛呢可换一桶葡萄酒，英国用100小时生产的毛呢，便可换得自己需要120小时才能生产出的葡萄酒；葡萄牙用80小时生产的葡萄酒，可换到自己需要90小时才能生产出的毛呢。

仔细琢磨，这个例子其实包含了李嘉图分工理论的三个要点：第一，一个国家与其他国家比若不存在绝对优势，但自己与自己比必有比较优势；第二，分工要以交换为前提，没有自由的交换则不可能有产业分工；第三，按比较优势参与分工，分工各方皆可节约成本，是多赢。

归总起来说，李嘉图认为由于比较优势无处不在，只要不对贸易设限，按比较优势分工一定能增进社会福利。

应该说，李嘉图以上论证无懈可击，可为何学界有人将此视为发展中国家的陷阱呢？我的看法，是这些学者误解了李嘉图的“比较优势”。“陷阱”论者说，劳动力成本低是发展中国家的比较优势，发展中国家若按比较优势分工只能生产劳动密集型产品。显然这一推论的前提是错的。要知道，发展中国家劳动力成本低，那是与发达国家相比。李嘉图说得清楚，与别人比的优势是绝对优势，不是比较优势。

事实上，不同的发展中国家国情不同，各自的比较优势也各不相同，不能笼统说发展中国家的比较优势就是劳动力成本低。比如印度作为发展中国家，印度不仅有劳动力成本低的优势，同时也有软件研发的优势，可自己与自己比，软件研发的优势更大，故印度的比较优势是软件研发。中国也如是。中国和发达国家比，资本并不占绝对优势，但和自己比，资本却是比较优势，不然就解释不了国内企业为何会向资本密集产业转型。

再往深处想，参与国际分工的主体是企业，而不是国家。李嘉图举英国与葡萄牙分工的例子，那是个理论分析模型，他的本意并不是让两个国家分别生产毛呢和葡萄酒，而是让两个国家的企业作这样的分工。这就是了，既然企业是参与分工的主体，那么比较优势就应从企业角度权衡。一个国家有众多企业，有的企业劳动力占优势，有的资本占优势，有的技术占优势，怎可武断地对一个国家的比较优势下定判呢？

这是一方面。另外，“陷阱”论者还有一个隐含的假设，那就是“比较优势”恒定不变。可事实也并非如此。举我自己的例子。上大学前我种过地，也当过会计。两相比较，当会计是我的比较优势，于是考大学时我选择了学经济。在大学里（本科、硕士、博士）学习了十年，毕业时我既能当会计，也能做理论研究，但比较起来，我认为自己的优势是做理论研究。比较优势变了，所以我没有去当会计，而选择做了教师。

是的，一个人的比较优势会变，企业也一样。改革开放前，国内大多企业从事的是初级产品加工，技术含量低。改革开放后，通过引资、合资和进出口贸易，国内企业不仅积累了资本，也学得了技术。到今天，许多企业的比较优势已不再是低成本劳动力，反而是资本或技术。去企业看看吧，你会发现大量企业都在用机器替代人工。这一事实，已让“发展中国家比较优势是低成本劳动力”的观点不攻自破。

“陷阱”论者也许会说，国内企业向资本密集型与技术密集型转型，不正好证明李嘉图的分工理论失灵么？我可不这样看。巧妇难为无米之炊，而且企业家不蠢，要是资本或技术不是比较优势，企业怎可能转型？不然我问你：企业为何30年前不转型而现在转型？合理的解释，当然是企业的比较优势变了。比较优势变了，投资方向才会变。

所以我的结论是：企业分工的变化，决定于其比较优势的变化。而这种变化，是对李嘉图分工理论的佐证而不是否定。由此也给了我们一个重要启示：一个企业要改变自己的分工定位，必须先让自己具备相应的比较优势，否则只能是空谈。

李斯特质疑亚当·斯密

当英国工业化车轮滚滚向前时，德国仍停留在中世纪田园生活时代。为了使德国进入工业化国家行列，能与英国分庭抗礼，德国迫切需要有自己的经济学，没有别的理由，只因德国是个后进国家。适逢此时，德国经济学家弗里德里希·李斯特从维护德国的利益出发，提出了著名的“幼稚工业保护论”。

李斯特是亚当·斯密的批判者，但他对抽象的纯理论不感兴趣，他的大部分精力都集中在经济政策上，尤其是关注外贸政策。李斯特认为，斯密和李嘉图自由贸易的主张，代表着英国有产阶级的利益，他们不仅要求在国内，而且在国际上也开展自由竞争，这有利于英国发财致富，却会牺牲落后国家的经济发展。

他曾经这样写道：“在这种自由贸易下，整个英国就会发展成一个庞大的工业城市……最上等的美酒就得供应给英国，只有最下等的劣酒才能留给自己，法国至多只能干些小型女帽业那样的营生。德国看来对英国没有什么别的可以贡献，只有一些儿童玩具、木制钟、哲学书籍等。或者可以有一支补充队伍，替英国人服务，扩大英国的工商优势，传播英国文化，牺牲自己，长途跋涉到亚洲或非洲的沙漠地带，就在那里沦落一生。"

于是李斯特向德意志民族发出了抗议的呼声："德国人为英国砍伐木材、生产扫帚和牧羊已经够久了。"

1841年，李斯特出版了他一生最重要的著作——《政治经济学的国民体系》。该书着重分析了德国的历史和现实，比较系统地阐述了他的贸易保护思想。作为贸易保护的立论基础，李斯特首先提出了经济发展阶段说，将人类社会的发展阶段区分为五个时期，即未开化时期、畜牧时期、农业时期、农工时期和农工商时期。

李斯特提出，在不同的时期，应采取不同的贸易政策。头三个时期，属于贸易政策的第一阶段，对比较先进的国家实行自由贸易，以此为手段，使自己脱离未开化状态，在农业上求得发展；第二阶段，是用商业限制政策，促进和保护工业、渔业、海运事业和国外贸易的发展；而到最后一个阶段，当财富和力量已经达到了最高度以后，再行逐步恢复自由贸易，在国内外市场进行无限制的竞争。

根据观察判断，李斯特认为当时处于第一阶段的是西班牙、葡萄牙和那不勒斯王国；处于第二阶段的是德国和美国；法国显然是紧紧地靠在最后一个阶段的边缘，但当时只有英国是实际达到了最后阶段的国家。

按照斯密等古典经济学家的贸易理论，国际贸易对参与双方都有好处，如果一种商品，在别国的生产费用较低，就无需在本国生产，因为花钱向别国购买更为合算和有利。李斯特反对这种说法，他认为，经济落后国家参与国际分工和交换的目的是发展本国生产力，这是最根本的。古典贸易理论只是强调落后国家可以花钱买到更便宜的商品，只是着眼于眼前使用价值的增加，而没有考虑到一个国家，尤其是经济落后国家生产力的进步。

为此，李斯特又提出了另一个重要观点：财富不等于财富生产力。“财富的生产力比之财富本身，不晓得要重要多少倍，它不但可以使已有的和已经增加的财富获得保障，而且可以使已经消失的财富获得补偿。”财富就好比果实，而生产力却是果树，财富是生产力的结果，唯有生产力才是财富的源泉。向别国购买廉价商品，虽然表面上看要合算一些，但本国生产力就不能获得发展，那样将永远处于从属于外国的地位。

谈到保护性关税，李斯特说，保护性关税起初虽会使工业品价格提高，但经过一定阶段，生产力提高了，商品价格和生产费用就会跌落下来，甚至会跌到外国商品以下。因此，“保护性关税如果会使价值有所牺牲的话，它却使生产力有了增长，足以抵偿损失而有余”。他的意思是，为了促进本国财富生产力的发展，即使暂时少取得一些财富存量，也是值得的。

李斯特认为，一个国家所具有的一切生产力中，没有一种比得上工业。在他看来，工业是资本和就业的创造者，一个国家，如果只从事农业生产，就好比一个人只用一只手进行工作，其后果必然会令人们反应迟钝，笨手笨脚，并抱着旧有的传统观念、风俗、习惯等顽固不化，从而缺乏文化、繁荣和自由。

相比之下，李斯特认为，工业比农业能更好地利用国家的物质资源，水利、风力、矿产和燃料都能得到更好的节约。同时，工业也能有力地促进农业发展，因为随着工业对农产品的需求增加，农场主可以获得较高的地租和利润，甚至会比工厂主的收入更为丰厚。

基于上述理由，李斯特强调指出，在自由竞争条件下，一个落后国家如果不保护自己的工业，要想成为新兴工业化国家是不可能的。因为这些国家的工业很多都是幼稚工业，羽翼未丰，经不起先进国家廉价商品的冲击。只有对其中一些有前途的工业进行保护，才能使它们尽快成熟起来，参与国际市场竞争。

对李斯特的学术观点，我并不完全苟同，但我十分敬重他的爱国情怀。虽然屡遭当局迫害，以至于流亡他乡，但他一生都在思念祖国，思念那块贫穷落后的土地，并为祖国的强盛奔走呼号。后来德国也最终实现了工业化，跃入了世界发达国家的行列。可令人遗憾的是，李斯特并没有看到这一天，由于极度的绝望和贫病交加，他于1846年冬天开枪自杀了。

“里昂惕夫之谜”何以成谜

20世纪30年代，瑞典经济学家俄林创立了著名的“要素禀赋论”，并得到了当时经济学界的普遍认同。这一理论的核心内容是：如果一个国家某种生产要素比较丰富，在生产中密集使用这种要素的产品就具有出口优势，应该成为该国的出口品；而进口品则是那些比较密集地使用了本国相对稀缺生产要素的产品。

依照这一原理，像美国这样资本丰富的国家，在生产机器、设备等资本密集型产品方面有较大的优势，应该出口资本密集型产品，进口劳动密集型产品。可在第二次世界大战以后，里昂惕夫利用统计资料，对美国贸易结构进行考察后却得出了完全相反的结论，一时震惊整个国际经济学界，被称为“里昂惕夫之谜”。

里昂惕夫早年出生在俄国，15岁上大学的时候，就读遍了列宁格勒各大图书馆的所有经济学著作，成为一名“优秀经济学家”。1927年由于被指控“参加反政府的阴谋活动”，里昂惕夫被迫离开苏联，辗转来到美国，任哈佛大学经济学教授，后来凭借在投入产出分析方面的杰出贡献，获得诺贝尔经济学奖。

有趣的是，对俄林的“要素禀赋论”，里昂惕夫起先也深信不疑。到了20世纪50年代初，他利用1947年美国对外贸易的统计资料，分别计算了每100万元出口品和进口品中包含的资本和劳动，本意是想对这个理论加以验证，然而计算的结果让他大吃一惊：美国出口品中的资本含量比进口品少30%，这意味着，美国出口的竟是劳动密集型产品，进口的却是资本密集型产品。用里昂惕夫的话来说：“美国参加国际分工，是建立在劳动密集型生产基础之上的，实际是在利用对外贸易节约本国的资本和安置剩余劳动力，而不是相反。”

这个研究结果公布后，有学者批评指出，里昂惕夫使用1947年的贸易数据不够典型，因为当时第二次世界大战刚结束不久，贸易格局极可能歪曲。针对这一指责，里昂惕夫又用1951年的贸易数据重新计算，结论仍相同，而且经济学家鲍德温用1958年和1962年的数据作检验，结论还是相同。

自此之后，其他经济学家也纷纷检验其他一些国家的贸易结构，结果有的符合俄林的“要素禀赋论”，有的则存在

“里昂惕夫之谜”。这样，“里昂惕夫之谜”时隐时现，此有彼无，经济学界为此大伤脑筋，并开始了长达二十多年的探讨和辩论。

解铃还须系铃人。为了解开这个“谜”。里昂惕夫自己最早作了尝试。他认为，可能是由于美国的劳动生产率较高造成的。根据他的计算，美国工人的劳动生产率约为外国工人的3倍，运用同样数量的资本，美国工人的产出比较多。虽然从表面上看，美国资本丰富，劳动力短缺，但由于美国工人可以一当三，经过换算以后，实际上美国的劳动力丰富，资本相对短缺。因此，它应出口劳动密集型产品，进口资本密集型产品。

对于这个解释，很多经济学家并不认可。1965年，克雷宁研究跨国公司在美国本土和欧洲的劳动生产率，结果显示，美国工人的效率，最多比欧洲同行高1.2～1.25倍，而按照这个比例测算，“里昂惕夫之谜”仍然存在。

另两名经济学家凯伍斯和琼斯则另辟蹊径，试图用人力资本理论来解释。他们通过研究发现，美国出口部门中熟练劳动的比例大于进口部门，而非熟练劳动转化为熟练劳动，需要投入大量的教育和培训费用。他们认为，这种投入也是资本投入。

他们论证说：花钱让工人培训6个月，同样的钱也可用来买机器、建厂房。机器、厂房等有形资产一旦形成，便可持续取得收益。投资工人培训与投资有形资产一样，劳动者掌握了熟练技术，也能取得较高收入。这是说，劳动技能也是一种人力资本。于是他们在总资本中加入人力资本因素后，再比较美国出口品和进口品的资本含量，结果“里昂惕夫之谜”消失了。

受人力资本理论的启发，基杰宁又提出了第三种解释：“技术进展理论”。他认为，技术和人力资本一样，能够改变土地、劳动和资本在生产中的相对比例关系。人力资本能够提高劳动生产率，而技术则可同时提高土地、劳动、资本等全要素生产率。人力资本是过去对教育和培训投资的结果，而技术是对科学研究投资的结果。因此，技术和人力资本一样，可以看作一种独立的生产要素。

他研究发现，美国运输、电器、工具、化学和机器制造等五个重点出口产业，同时又是推出技术创新产品最多的产业，在产品设计、生产和销售等过程，也都投入了高水平的技术力量。正因如此，那些注重技术研发的行业，产品出口就具有优势。由于技术创新需要大量投资，出口技术密集型产品的国家，一般也都是资本相对丰裕的国家。

关于“里昂惕夫之谜”的争论，今天仍在继续。其实，我们只要将技术和熟练劳动力看作“资本”，此谜则不难解开。20世纪30年代前，由于生产投入的要素主要是土地、劳动力和机器设备，其他因素的作用并不明显，俄林的“要素禀赋论”对当时的国际贸易能作出较好的解释。可第二次世界大战后，科学技术、熟练劳动力在生产中的作用日益凸显，而这些要素并未包含在原有理论中。“里昂惕夫之谜”所以成“谜”，主要是经济学家未将技术和熟练劳动力当资本看。

国际贸易对谁更有利

亚当·斯密在1776年出版的《国富论》中曾经证明，一个国家若按绝对优势参与国际分工，然后用自己生产的产品与他国的商品交换，双方可以共赢。后来李嘉图从比较优势角度研究分工，得到的结论也与斯密一致。两位大师的分工理论，被诺贝尔经济学奖得主萨缪尔森称为“国际贸易不可动摇的基石”。

国际贸易能让双方获益，此点毋庸置疑。可穷国与富国进行贸易，谁会获益更多一些？经济学家普莱维什1950年提出了著名的“中心－外围论”，他将国家分为两类：一类是位居国际贸易的中心的发达国家；另一类则是处于外围的落后国家。普莱维什说，国际贸易的利益大多被“中心国家”享有；“外围国家”的利益很少，甚至为负数。

普莱维什并非信口开河。他根据英国六十多年的进出口数据，推算了初级品与工业制成品的比价变动。外围国主要出口初级品，进口制成品，两者比价，则是外围国的贸易条件。普莱维什通过计算发现，到1938年，过去60年外围国贸易条件下降了36%。这是说，当初一定数量的初级产品可换100个工业品，而现在只能换64个。于是他判定国际贸易明显对穷国不利。

不知读者怎么看。若普莱维什的结论成立，穷国要避免吃亏，就只能与穷国做贸易，而不应与富国做贸易。而我们所观察到的事实是，战后迅速致富的国家，几乎都得益于与发达国家的贸易。韩国、新加坡等如此，中国也如此。2010年，中国一跃成为全球第二大经济体，论贡献，出口可谓居功至伟。而中国之前的出口市场，大头则在欧美国家。

问题出在哪里呢？我查对过相关资料，普莱维什的数据与计算都没错。可这现象怎么解释？思来想去，我想还是应回到斯密与李嘉图的分工理论上来，正本清源，也许能从中受到启发。

前面说，斯密是从绝对优势角度研究分工，李嘉图则从比较优势角度研究。虽然角度不同，但他们都主张国际分工要扬长避短、发挥自己的优势。不过，研究穷国与富国之间的贸易，恰好与李嘉图比较优势原理吻合。为方便起见，我们就直接用李嘉图举的例子来展开讨论。

李嘉图的例子是：英国与葡萄牙均生产毛呢与葡萄酒，英国生产10英尺毛呢，需要100小时，酿一桶葡萄酒需120

小时；而葡萄牙生产同量的毛呢与葡萄酒，分别只需90小时与80小时。由此看，这两种商品的生产率，英国皆不及葡萄牙，两国似乎没有贸易的可能。然而李嘉图指出，只要两国按各自的比较优势分工，贸易仍能让双方获益。

上例中，英国的比较优势，显然是生产毛呢，葡萄牙的比较优势是生产葡萄酒。假如10英尺毛呢可换一桶葡萄酒，这样英国用100小时生产的毛呢，便可换得自己需要120小时才能生产出的葡萄酒，可节约20小时成本；葡萄牙用80小时生产的葡萄酒，可换到自己需要90小时才能生产出的毛呢，也节约了10小时成本。

细心的读者会问，英国生产率低于葡萄牙，但在贸易中英国得到的好处反而更多，这是否意味着国际贸易对低生产率国家更有利？当然不是。试想，如果葡萄牙生产10英尺毛呢的成本不是90小时而是100小时，葡萄牙用一桶葡萄酒换10英尺毛呢不也是节约20小时成本么？

事实上，决定贸易利益分配的是商品的交换比价。贸易双方生产成本的相对差距，只决定分工的选择；而分工格局一旦形成，贸易利益怎样分配就取决于贸易商品的比价。如上例中商品比价如果不是10英尺毛呢等于1桶葡萄酒，而是15英尺毛呢等于1桶葡萄酒，英国肯定吃亏；反之若比价为10英尺毛呢等于1.5桶葡萄酒，吃亏的就是葡萄牙。

问题是商品比价如何确定呢？对此，李嘉图本人并未提供答案，倒是他的学生约翰·穆勒作了弥补。穆勒的观点，商品的比价是由贸易双方对进口商品的需求决定，若一方对另一方商品的需求强度更大，对方的商品比价会相对高。穆勒这一解释有说服力，不过我认为用商品“稀缺度”解释更准确。因为国际贸易并不只在两个国家进行，如果英国毛呢涨价，葡萄牙可转从别国进口。但要是全球毛呢都稀缺，价格就必涨无疑。

我这看法与穆勒的分别在于，穆勒是从贸易双方的相互需求看，而我是从全球市场需求看。但无论从哪个角度看，只要认同价格由需求决定，都可得到如下推论：商品比价与生产国的成本无关，也与贸易双方的经济发展水平没有关系。正因如此，所以不能简单地讲：发展中国家与发达国家进行贸易就一定吃亏或者占便宜。

仅举一例。沙特阿拉伯并非工业发达国家，出口的原油属初级产品，但由于原油稀缺，1973年每桶价格不到3美元，到2008年曾涨到每桶100美元。35年间上涨近40倍，超过了同期大多数制成品的价格涨幅。而近几年欧美经济不济，原油需求减少，价格大跌，这也证明了价格是由“稀缺度”决定的。

最后对普莱维什的观点作三点澄清：第一，20世纪30年代前初级产品与制成品的比价所以下降，是由于当时初级品供应相对充足，制成品相对稀缺；第二，由于农机工具的应用与种植技术的改进，农产品产出率提高，单位商品的价格下降；第三，欠发达国家为了出口创汇，控制了出口品价格。

汇率决定仍是大难题

当今世界，对任何一个主权国家而言，外币都是禁止流通的。而只有像美元、欧元这样的国际货币，才可以在国家之间流通，但在美国之外的其他国家内部，美元也不能直接用来购物。因此，在国际货币收支的过程中，经常要遇到货币兑换的问题。

举个例子，日本从美国波音公司进口飞机，如果用日元支付货款，波音公司就得将日元兑换成美元，才能在国内当作资金使用；反之，如果用美元来付款，日本就必须先把手中的日元兑换成美元；如果用第三国货币，比如用欧元来结算，则交易双方都得将本国货币与欧元进行兑换。在兑换的过程中，必须确定不同货币之间的兑换比率，经济学上称之为汇率。

汇率也可以看作是用一种货币表示的另一种货币的价格，比如说人民币对美元的汇率是6.5：1，实际就是说，你要买入1美元，必须支付6.5元人民币。看来，货币也是有价格的。

那么，货币的价格即汇率是如何确定的呢？这是目前国际金融理论的核心问题之一。不过，就在第一次世界大战爆发以前，汇率的确定还不能成其为问题。那时的货币都规定黄金含量，持有货币可以自由兑换黄金。两国货币的汇率，就是货币的含金量之比，即铸币平价。比如当时1英镑含黄金113.0格令，1美元含黄金23.3格令，两国货币的铸币平价就是4.9，因而英镑对美元的汇率就应该是1∶4.9。当然受市场行情的变化，汇率也会有所波动，但由于有黄金含量作保证，汇率波动幅度是很小的，因而那时候的汇率，称为固定汇率。

第一次世界大战期间，各国为了应付军费开支，大量发行纸币，致使纸币的含金量无法保证。纸币不兑换黄金，于是铸币平价也就失去了作用。从此以后，汇率决定成了国际金融理论的核心问题。

1922年，瑞典经济学家卡塞尔出版了《1914年以后的货币与外汇》一书，提出了著名的“购买力平价理论”。该理论认为，两种货币的汇率，取决于这两种货币的购买力之比，汇率的变动也决定于两国货币购买力的变动。比如一个同样的汉堡包，在美国花1美元可以买到，而在日本则需花150日元，那么，我们就可以认为，1美元相当于150日元，美元对日元的汇率是1∶150。

可如果由于某种原因，汉堡包的价格上升到了200日元，美元对日元的汇率则为1∶200，这时我们就说日元贬值了，或者说美元相对于日元升值了；反之，如果汉堡包的价格上升到了1.5美元，而日本的售价仍为150日元，就说明日元升值了，美元对日元的汇率变为1∶100。

当然，卡塞尔所说的货币购买力，不只表现在汉堡包这一种商品上，而是就国内所有商品的平均水平而言的。因此，如果一个国家发生了通货膨胀，物价水平出现了普遍的上涨，那么和以前相比，等额货币的购买力无疑是下降了，这时，该国货币就会贬值。

不知读者是否发现这其中存在的一个难题："购买力平价理论"虽可以解决长期汇率的确定，但对说明汇率的短期波动无能为力。实际上，对于每天都在变动的汇率，一种最简单的解释就是：供求规律作用的结果。如果外币供给增加，会压低用本币表示的外币的价格，从而使外币贬值，本币升值；反之，外币供给减少，则会造成外币升值、本币贬值的局面。

影响货币供求关系的因素很多，其中贸易收支和利率变动是最基本的，尤其是利率变动，已越来越受到人们重视，甚至有学者建议按"利率平价"决定汇率，理由是利率作为金融资产的"价格"，它的变动会影响资金流动。如果一国的利率水平相对于他国提高，就会刺激国外资金流入，抑制本国资金流出，从而使外汇供给增加，本币汇率上升。反之，则致使本国汇率下跌。

由此说，要预测汇率变动，就必须关注各国金融政策，特别是利率变化动向。如果有一天早上醒来，美联储主席担心美国的通货膨胀会有所抬头，因而提高了银行利率，美元汇率就会与利率作同向变动，表现为升值。即使从长期看通货膨胀还会使汇率下跌，但从短期看，利率提高反而会造成货币升值压力。

除此之外，还有一个重要因素，即国际金融投机也会影响汇率变动。在当今国际金融市场上，有一笔专门以投机为目的的短期资金，叫作“游资”或者“热钱”，它们的数额很大。游资对各国政治、经济、军事等因素十分敏感，一有风吹草动，就到处乱窜，或为保值，或为攫取高额投机利润，常常给外汇市场造成很大冲击，引起汇率剧烈波动。

由于汇率波动对经济稳定往往造成不利影响，因此当今世界上的大多数国家，都要对汇率波动进行干预，这虽然无法从根本上改变汇率的长期走势，但在短期内，将对汇率的走向有所影响。比如由于某种原因，出现了外币升值、本币贬值，出于某种经济政策的需要，货币当局如果抛售外币，收回本币，就会抵消市场因素的作用，将汇率调节到一个合适的水平。

事实确实也是如此。从第二次世界大战结束到20世纪70年代初，各国货币当局就是用这种办法，将固定汇率维持了25年之久。这足以说明，货币当局的干预，也是影响汇率变动的重要因素。

最后我要说的是：汇率如何决定至今仍是一个大难题，我希望年轻一代的学者通过不懈探索，为人类提供一个科学的答案。

国际收支平衡的误区

世界上没有哪个国家不希望维持国际收支平衡。而对怎样维持国际收支平衡，却通常存在两大认识误区：一是维持国际收支平衡，需保持国际贸易平衡；二是维持国际贸易平衡，需保持双边贸易平衡。近年来美国对中国发动贸易战，据称是为了推动美、中贸易再平衡。

毫无疑问，将国际收支平衡等同于国际贸易平衡是一种误解。对此，只要我们看看国际收支平衡表就清楚了。众所周知，国际收支包括经常项目、资本项目、外汇储备三个项目，而经常项目（国际贸易）只是其中一项。从逻辑上讲，一国对外贸易不平衡对国际收支会有影响，但不能因此就推定该国国际收支不平衡。

要理解这个问题，需先弄清经常项目、资本项目、外汇储备间的关系。经常项目下的进口，是指将外国商品买入国内；出口则是指将本国商品卖出国境外。资本项目虽不同于贸易项目，但无实质区别。事实上，对外投资也是购买国外商品，只是未将外国商品买入国境内；引进外资也是出口商品，不过未将本国商品卖到国境外。

若这样理解，贸易项目与资本项目的关系便一目了然。简单说，在国际收支表中，贸易项目与资本项目互为消长。比如中国将100亿元商品出口到国外，商品离开了国境，在贸易项目的贷方记“100亿元”；同时出口换取外汇100亿元，于是在资本项目的借方也记“100亿元”。反过来，中国将50亿元外国商品进口到了国内，在贸易项目的借方记“50亿元”，同时由于资本流出50亿元，于是在资本项目的贷方也记“50亿元”。

上面例子中，中国出口商品100亿元，进口商品50亿元，贸易项目有50亿元的顺差；再从资本项目看，资本流出100亿元，流进50亿元，于是资本项目便有50亿元的逆差。

由此可见，若一个国家的贸易项目有顺差，资本项目就会有逆差；反之，若一个国家的贸易项目有逆差，则资本项目就会有顺差。将两个项目综合起来，该国的国际收支却是平衡的。

问题在于，当一个国家贸易项目与资本项目同时出现顺差或者逆差怎么办？这种情况虽不多见，但也确实存在。如我国的经常项目与资本项目就曾出现过双顺差。在此情况下国际收支能否平衡呢？回答这个问题，让我们再分析国际收支表。

前面说过，国际收支包括经常项目、资本项目、外汇储备三个项目，一个国家经常项目与资本项目同时出现顺差，外汇储备必然增加。要知道，外汇储备通常用于国外存款，购买外国国债或者公司股票，而购买境外银行存单、国债、股票皆可取得收益，这样看，外汇储备就相当于对外投资。将三个项目结合起来，国际收支也是平衡的。

双逆差的情形正相反。一个国家经常项目逆差，表明该国进口大于出口，购买了较多的外国商品；资本项目逆差，表明该国资本流出大于资本流入，购买了较多的外国资产。而经常项目与资本项目同时出现逆差，则外汇储备减少。将三个项目综合起来看，该国国际收支也是平衡的。这是说，无论一个国家出现双顺差还是双逆差，皆不会影响该国国际收支平衡。

将国际贸易平衡等同于双边贸易平衡，同样也是一种认识上的误区。长期以来，人们总是认为一个国家对另一国家有贸易逆差，逆差国就吃了亏，顺差国占了便宜。实则不然，经济学证明：国家间开展自由贸易是双赢，而且也并不要求两国之间的双边贸易平衡。

为何说国际贸易不要求双边贸易平衡？经济学的解释是，随着经济发展和分工的深化，国际贸易不单是双边贸易，而是多个国家一起进行的多边贸易。特别是人类进入21世纪后，产业分工已经全球化，如果两个国家分别处于产业分工的上下游，两国间的双边贸易就不可能平衡，而且也无需平衡。

让我们看下面的例子。

假定有甲、乙、丙三个国家，它们分别生产棉花、纱锭、布匹。甲将棉花卖给乙，而甲却不购买乙的纱锭，那么甲是贸易顺差，乙是贸易逆差；乙将纱锭卖给丙，而乙却不购买丙的布匹，则乙是贸易顺差，丙是贸易逆差；丙将布匹卖给甲，而丙却不购买甲的棉花，于是丙是贸易顺差，甲是贸易逆差。若仅从两个国家看，双边贸易皆不平衡，可从多边贸易看，整体却又是平衡的。

懂得了上面的道理，就不难明白美国为何对全球一百多个国家会有贸易逆差。其中一个主要原因，是美国处于国际分工的最高端，而广大发展中国家处于相对底端；同时，也与美元作为国际中心货币有关。在当今国际货币体系下，美国只要印出美元，就可在全球采购商品；而其他国家要进口美国商品，首先得出口商品换回美元，这样美国当然容易出现贸易逆差了。

再往深处想，双边贸易是否平衡其实并不重要，重要的是贸易是否自由。只要贸易自由，全球贸易最终一定会自动平衡。对任何一个国家来说，出口的目的都是换取外汇用于进口，并通过进口分享国际分工的红利。如果一个国家只出口而不从国外进口等额的商品，就等于自己主动放弃了分享国际分工收益的机会，请问世上有哪个国家愿意赔本赚吆喝呢？

国际储备的适度规模

对一个国家来说，要防范国际收支风险，就需要有适度的国际储备。国际储备制度是第二次世界大战后国际货币制度改革的重要内容之一。一个国家的国际储备，不仅可以反映该国调节国际收支和稳定汇率的能力，还会影响国内乃至全球的物价稳定。

在储备前面冠以“国际”二字，当然不是普通的储备。首先，国际储备资产要有广泛的公认性。要是别的国家不认，关键时刻就不起作用。其次，国际储备资产还要有充分的流动性，能够自由兑换。比如美元相对美国的中长期债券，流动性更强，故前者列入一级储备，后者只能列为二、三级储备。最后，国际储备要兼顾安全，内在价值要相对稳定，不会大起大落。

按照上述要求，迄今为止，可作为国际储备的资产主要是黄金、外汇，以及国际货币基金组织的储备头寸和特别提款权。

对黄金和外汇作为国际储备资产不必解释，我要重点介绍国际货币基金组织的储备头寸和特别提款权。我们知道，国际货币基金组织是一个会员制机构，各成员国需按规定缴纳“会费”，其中25%用外汇缴纳，称为“储备头寸”；其余75%则用本币缴纳，称为“债权头寸”。成员国需动用“储备头寸”可无条件提取，若超过自己缴纳的额度，基金组织还会用其他成员国缴纳的本币，即前面所说占75%的“债权头寸”出借。

特别提款权并非货币资产，仅是一种记账单位。准确地说，是国际货币基金组织为弥补国际储备不足所创造的“虚拟”资产。基金组织根据成员国的份额，分配这种资金使用权，它虽然不能直接用于国际贸易支付，但可以在分配的额度内，到国际清算银行冲抵国际收支逆差，或偿还所欠贷款。若要取得特别提款权，成员国需承担两项义务：一是向基金组织支付利息；二是当基金组织需要时必须按分配的提款权额度，兑换相同数额的货币。

我们在这里要讨论的是，国际储备并非“韩信用兵，多多益善”。对一个国家来说，国际储备过多就相当于把大量外汇资产存到国外，廉价供别人使用，自己只是赚点利息。而一旦外汇贬值还会跟着折财。那么国际储备规模究竟多大合适呢？对此问题，经济学家见仁见智，至今尚未形成一致意见。

1960年，特里芬在《黄金与美元危机》一书中指出，一国的国际储备与进口额存在着一定的比例，可以用储备与进口的比率来确定适度规模。根据他的计算结果，一国的国际储备与进口额的合理比例为40%，低于30%就需要调整，20%为最低限。这是说，一国的国际储备应至少能满足3个月进口的用汇需求，此说法后来成了许多国家确定外储适度规模的依据。

往深处想，特里芬的研究其实有一个缺陷。他只是从外汇支出角度分析国际储备，忽略了外汇收入，而且他是通过经验数据归纳出来结论的。科学研究重视证伪，结论只要被一个事实推翻便不成立。而事实证明，特里芬的结论并不可靠。1997年前，泰国、马来西亚、菲律宾和印度尼西亚的国际储备分别相当于该国上年度5.12个月、4.07个月、3.44个月和5.68个月的进口额，均高于上述标准，可是1997年却发生了金融危机。

有学者提出，可以将国际储备占外债总额的比例作为判断标准，并认为只要将此比值控制在50%以内便是适度的。显然，这种看法只是重视外债总量，却忽视了外债结构（中短期外债与长期外债的比例）。一般地讲，短期外债比重越高，短期内所需外汇会越多，国际储备就应多些；反之就可以少些。而可用于证伪的例子是，20世纪80年代前，马来西亚、泰国、印度、巴基斯坦等国的这一比例均不足20%，可在此之前，这些国家均未发生偿债危机。

国际货币基金组织评估国际储备，通常看五个指标，存在下列情况则为国际储备不足：一是国内利率较高；二是经常项目与资本项目下支出存在管制；三是把加大储备作为经济政策的主要目标；四是汇率持续不稳定；五是新增国际储备不是来源于经常项下收入与资本投资增加，而来自对外借款。若一个国家出现以上几种情况，就表明外储偏低，需要增加国际储备。

回到经济学基本原理，经济学讲适度规模，是指“边际成本等于边际收益”的规模。显然，这是从机会成本角度研究规模，也称“机会成本分析法”。20世纪60年代，海勒、阿加沃尔等学者曾在这方面作过尝试性的研究，提出了一个新的标准：当一个国家持有国际储备的边际成本等于边际收益时，其储备量就是适度的。

两位学者分析指出，一个国家的国际储备需求与机会成本成反比，与边际收益成正比。他们将机会成本定义为运用外汇进口资源要素所增加的边际产出（可用国内投资收益率表示）。边际收益是指运用储备弥补国际收支逆差所带来的收益。这样，当一个国家持有储备的边际收益等于其持有储备的机会成本时，表明社会福利达到最大化，因而是适度储备规模。

从理论上讲，上面这种分析思路是对的，而且定性与定量分析相结合，既克服了特里芬用经验数据归纳结论的局限，又可弥补国际货币基金组织分5个方面考察的不足。不过这种分析也存在技术上的困难。比如持有外储的边际成本勉强可用“国内投资收益率”代替，但持有外储的边际收益却很难找到合适的观测指标，只能靠主观判断（比如专家评估），问题是这样做科学性就要打折扣。

最后再多说一句。若有哪位读者能找到一个衡量外储边际收益的指标，这个指标不仅可以观察得到，而且还可以量化、可以比较，那么你的大名日后一定会载入经济学史册。

“特里芬难题”至今悬而未决

布雷顿森林体系刚建立不久，并正在给世界经济带来繁荣的时候，美国耶鲁大学教授、国际金融学家特里芬竟神奇地指出了它的先天不足，并预言了它的“死期”。

第二次世界大战结束时，美国不仅是军事上的战胜国，在经济上也以胜利者的姿态崭露头角。当时它拥有近2万吨黄金储备，约占世界黄金总量的75%，成为国际上实力最雄厚的经济大国。这样，财大气粗的美国就“挟黄金以令诸侯”，建立了一个体现自己意志的国际货币合作协定——布雷顿森林体系。

布雷顿森林体系的核心内容，简单说就是美国以黄金储备为保证，向世界各国提供美元，由美元来充当唯一的国际货币。美国政府承诺“美元和黄金一样可靠”，各国可以按照1盎司黄金等于35美元的官方价格，随时用美元向美国兑换黄金。

这一揽子货币安排有什么问题呢？让我先讲一个小故事：从前有个媳妇，心灵手巧，贤淑能干，深得婆婆的欢心。后来婆婆让她主持家务，负责给全家人煮粥。由于土地贫瘠，每年打的粮食很有限，然而这一家的香火却异常兴旺，年年添丁进口。为了让全家人都吃饱，媳妇只好不断往锅里加水，结果是粥越来越稀，家人的怨气越来越大，最后，婆婆怀疑她把粮食偷着背回了娘家，一气之下，将她赶出了家门。

与上面的例子类似，在布雷顿森林体系中，美国承担着两个基本职责：一是要保证美元按固定官价兑换黄金，以维持各国对美元的信心；二是要为国际贸易的发展提供足够的国际清偿力，即提供美元。然而这两个问题，信心和清偿力却是有矛盾的，美元过少会导致清偿力不足，美元过多则会出现信心危机。

这确实是个两难选择。美国要持续不断地向其他国家提供美元，只能让自己的国际收支始终保持赤字，由此留下的“大窟窿”，唯一能填补的办法就是开动印钞机，印刷美元现钞。这无异于往锅里加水，结果是美元越来越多。而问题就在这里，收支赤字意味着美国黄金储备不仅不能增加，反而会由于别国的兑换而减少。这样，一边是美元越来越多，一边是黄金越来越少，粥越来越稀，美元兑换黄金失去保证，美元出现信心危机。时间一长，布雷顿森林体系自然也就无法维持。

关于清偿力和信心之间的这种矛盾，最早由特里芬提出，因此被称为“特里芬难题”。实际上，由任何一种主权货币来充当唯一的国际货币，“特里芬难题”都会不可避免地存在。

事实不幸被特里芬言中。在第二次世界大战结束后的最初几年里，欧亚各国百废待兴，需要从美国进口商品，但由于缺乏美元，于是形成了“美元荒”。从20世纪50年代开始，美国的赤字缓解了国际清偿力不足的矛盾，但在50年代中期之前，美元基本上还是比较紧缺，各国仍然愿意积累美元。

可是到1958年后，“美元荒”却变成了“美元灾”，美国持续的收支赤字引起了许多国家的不满。其中尤以法国总统戴高乐的言辞最激烈，他认为，美元享有“过分的特权”，它的国际收支赤字实际上无需纠正，可以用印制美钞的方式来弥补；而其他国家，一旦发生了赤字只能采取调整措施，蒙受失业和经济增长下降的痛苦，甚至不得不勒紧裤带，省吃俭用节省外汇。

对于这些不满情绪，美国始终置若罔闻，仍对发行美钞乐此不疲。其原因在于，美元可以用于国际支付，因此，只要印钞机一转，不但能够轻而易举地抹平赤字，而且其他国家的商品和劳务也可以滚滚而来。

20世纪50年代末期，美国的黄金储备大量外流，对外短期债务激增。到1960年，美国的短期债务已经超过其黄金储备，美元的信用基础发生了动摇。当年10月，爆发了战后第一次大规模抛售美元、抢购黄金的美元危机。美国政府请求其他国家予以合作，共同稳定金融市场。各国虽然与美国有利害冲突，但美元危机直接影响国际货币制度，也关系到各自的切身利益，因而各国采取了协调冲突、缓解压力的态度，通过一系列国际合作来稳定美元。

除合作性措施之外，美国还运用政治压力，劝说外国政府不要拿美元向美国财政部兑换黄金，并曾就此与当时的联邦德国政府达成协议。但有些西方国家，比如法国政府就对美国的施压手法非常反感，丝毫不买美国的账，仍要求兑换黄金，带头冲击美元的霸主地位。

20世纪60年代中期，越南战争爆发，美国国际收支进一步恶化，到1968年3月，其黄金储备已降至120亿美元，只够偿付短期债务的三分之一。结果在伦敦、巴黎和苏黎世黄金市场上，爆发了空前规模的美元危机，在半个月内美国的黄金储备又流失了14亿美元，巴黎市场金价一度涨至44美元一盎司。于是美国政府被迫要求英国关闭伦敦黄金市场，宣布实行“黄金双价制”，即各国中央银行之间的官方市场，仍维持35美元一盎司的官价，私人黄金市场的价格则完全由供求力量自行决定。

到1971年夏天，美国黄金储备已不足100亿美元，美元贬值的形势越来越明显，由此引发了一场资金外逃的狂潮，并于当年夏天达到了顶点。面对着各国要求兑换黄金的巨大压力，1971年8月15日，尼克松总统被迫宣布实行“新经济政策”，切断美元和黄金的联系。其他国家所拥有的700多亿美元，到底还值多少黄金，美国政府从此再也没有作出回答。

美元不再和黄金挂钩，实际上等于废止了布雷顿森林协议，宣告了布雷顿森林体系破产。从此以后，美元不再兑换黄金，美国政府也不再承诺“美元和黄金一样可靠”，对美元的信心要求不存在了，信心和充足性之间的矛盾也最终消失了，历史终于以这样一种代价惨重的方式，佐证了特里芬的预言。

经济全球化浪潮浩浩荡荡、不可逆转，而今天“特里芬难题”仍悬而未决，看来，创建以增进人类共同福祉为目标的“国际货币制度”还任重道远，需要经济学家群体一起努力、继续探索。

公理性假设与研究方法

任何一门科学建立都需要以某些“公理性假设”为前提，经济学当然也不例外。但作为社会科学，经济学有立场。可马歇尔将“政治经济学”的“政治”二字省去，试图建立“一门如同力学和水力学一样的科学”，不过是自欺欺人而已。

巴斯夏认为，一个差的经济学家，常常局限于可以看得见的结果；一个好的经济学家，却能同时兼顾看得见与看不见的。看得见的结果似乎不错，而看不见的代价却非常高。

人们的行为是在成本约束下追求效用最大化。米塞斯强调说，效用是人们的主观感受，人际之间的效用估值既不能加总，也不能横向比较。推断人们的行为不宜从总体出发，应从个体推导总体。

经济学有立场

经济学是有立场的，这本来是不成问题的问题，可时下学界流行一种观点：经济学研究的是经济规律，而规律放之四海而皆准，故经济学不仅不应有国界之分，而且也不应该有立场。另一种更直白的说法是：经济学应该像物理学、化学等自然科学一样，只揭示客观规律，不能加进学者自己的价值判断。

价值判断是人们价值观的表达，说研究自然规律无需有价值判断我同意。比如“水往低处流”是自然规律，我们可根据水往低处流的规律建电站造福社会；另一方面，水往低处流也可能冲垮堤坑，给人类造成灾难性后果。是的，水往低处流是一种客观存在，无所谓好与坏，对自然规律，科学家当然不必作价值判断。

自然科学如此，可经济学并非如此。要知道，经济学毕竟不是自然科学，自然科学研究的是自然规律，经济学研究的是人类经济活动中的生产关系，研究生产关系怎可能没有立场呢？读者想想，经济学发展数百年，为何对“公平”至今未有一致的定义？究其原因，是由于经济学家的立场不同，对“公平”的定义才五花八门。

让我们一起回溯经济学的历史吧。学界公认，经济学的开山之作是威廉·配第1690年出版的《政治算术》。算术者，统计计算也。由此看，配第所说的“算术”其实就是经济学，或者说是经济学的代名词。问题是，配第为何要在“算术”之前加上“政治”二字呢？我理解，配第无非是想表明他的经济学有立场。正因为此，马克思称配第为“政治经济学之父”。

配第之后的一百多年，英国古典政治经济学的发展风生水起，其间产生了两位伟大的经济学家：一位是亚当·斯密，另一位是大卫·李嘉图。斯密1776年出版了《国富论》，李嘉图1817年出版了《政治经济学及赋税原理》。读者若是读过这两本书，会不难发现有鲜明的政治立场。这两位大师皆站在产业资本家的立场抨击地主阶级，为工业革命与自由贸易鸣锣开道。

众所周知，马克思的劳动价值论是来自斯密和李嘉图，可马克思的立场却不同于斯密和李嘉图。马克思的政治经济学站在劳动者大众一边，运用劳动价值论分析剩余价值的来源和劳动者受压迫、受剥削的根源，并揭示了剥夺者必被剥夺的历史规律。列宁曾经说过：只有马克思才阐明了无产阶级在整个资本主义制度中的真正地位。

到19世纪下半叶，经济学进入了新古典时代。早期的代表性著作主要有两本：一本是法国学者瓦尔拉斯1874年出版的《纯粹政治经济学要义》，一本是英国学者马歇尔1890年出版的《经济学原理》。请读者注意：瓦尔拉斯在“政治经济学”前加上“纯粹”，而马歇尔将“政治经济学”的“政治”省去，他们这样做显然是有用意的。是何用意？瓦尔拉斯自己说，目的是要抽象掉立场，建立起“一门如同力学和水力学一样的科学”。

新古典经济学真的没有立场么？非也。无论瓦尔拉斯还是马歇尔，他们的著作都有立场，而且都是要掩盖阶级对立，为资本主义制度辩护。20世纪30年代经济大危机后，西方经济学走向分化，出现了众多流派。有人问：西方经济学家若代表资本家阶级利益，怎会有流派之争？我的回答，流派之争只是主张之争：凯恩斯主张国家干预，货币学派主张经济自由。两派主张不同，但立场却相同，皆是为了资本主义长治久安。

另一个现象更具迷惑性，那就是今天西方经济学大量使用数学。给人的感觉，经济学似乎已经变成了数学，可以没有立场。读者若是这样看就大错特错了。我说过，经济分析可以借助数学，但数学不过是工具，经济学家构建数学模型仍然有立场。要记住，若有经济学家说自己的著述没有立场，那是自欺欺人，你千万别信他。

事实上，经济学家也并非都否认经济学有立场。经济学作为经世致用的学问，通常要采用实证分析与规范分析两种方法。实证分析回答“是什么”；规范分析则以一定的价值判断为标准，对经济行为或政策的好坏作评判。立场决定价值观。一个经济学家若没有立场，就等于没有价值标准，没有价值标准，何以评判经济行为或政策好坏呢？

写到这里，我想到了中国的政治经济学构建。习近平总书记多次强调，要发展中国特色社会主义政治经济学。如何构建我们自己的政治经济学？我认为最关键的是中国经济学家要有正确的立场。何为正确的立场？“以人民为中心”就是我们应该坚持的立场。这个立场当然也是马克思主义的立场。

由此再想，习近平总书记提出的新发展理念，其实是对“以人民为中心的发展思想”的具体展开。新发展理念是对我国经济发展实践规律的提炼，而且是一个完整体系：创新发展是动力；协调发展、绿色发展、开放发展是方式；共享发展是目的。从这个角度看，新发展理念可以作为构建中国版政治经济学的理论框架。

最后说怎样对待西方经济学。构建中国版政治经济学，不必排斥西方经济学。西方经济理论也是人类共同的文明成果，对反映市场运行一般规律的原理，我们可以借鉴；但对西方涉及价值判断的经济理论，就必须对其立场进行甄别，如果不符合人民大众的利益，不管那位经济学家的名头有多大，也不能照搬。

“经济人”是个假设

亚当·斯密在1776年出版的《国富论》中有一句名言：“我们每天所需的食料与饮料，不是出自屠户、酿酒家或烙面师的恩惠，而是出于他们自利的打算。”后来马歇尔根据斯密的这一思想，提出了“经济人”概念。其含义有二：人是自私的，也是理性的。

“经济人”作为经济学的第一个假设，两百多年来一直是经济学者推断人类行为的前提约定。不承想，近年来国内有学者却对此多有非议。反对的意见主要有三：第一，经济学并不能证明人为何自私；第二，现实生活里仅少数人自私，多数人不自私；第三，经济学假定人自私，实质是宣扬腐朽的人生观。

学术可以争鸣，但学术争鸣应恪守学术规则。事实上，“经济人”只是个假设，与倡导什么样的人生观扯不上关系；而且恰恰相反，作此假设是为了研究如何抑制或避免人们

“损人利己”的行为。

也有学者说，“经济人假设”是西方经济学的逻辑起点，中国经济学者研究人们的行为选择规律不应从这个假设出发。这显然是一种误解。看来，有必要对“经济人假设”作进一步的解释。

质疑者说，经济学并不能证明人为何自私。是的，经济学发展数百年，迄今还没有经济学家对人为何自私给出证明。之所以如此，并不是经济学家不想证明，而是经济学家对此无能为力。

严格地讲，人为何自私是心理学或生物学领域的课题，应该由心理学家或者生物学家去证明。不过即便如此，仍不妨碍经济学假定“人自私”，就如同数学家至今并未证明为何“1+1=2”，可数学运算却一律要遵从这个假设。

这样说吧，经济学家虽不能证明人为何自私，也不论现实生活中某个人或某群人是否自私，但若要研究人的经济行为，就需要将人假设为“经济人”。若不从这个起点出发，经济分析将无所适从，也不可能推导出人的行为规律。

1976年，英国著名生物学家道金斯出版了《自私的基因》，他研究发现，生物自私是源于基因自私。道金斯做过大量的验证，用基因自私解释生物自私不会错。然而人却不同于生物，人有“自私”和“理性”双重属性。自私是其自然属性，理性是社会属性。人与生物“自私”的区别在于，人是“理性自私”。

人是否具有理性？若仅从自然属性看，人无疑缺乏理性。但从社会属性看，人则具有理性。对此，弗洛伊德曾作过分析。

弗洛伊德把人性分为本我、自我和超我。所谓“本我”，是指人的自然属性，即以追求自身快乐为唯一原则，毫不自律（理性）；“自我”，是指在追求自己快乐的同时能够自律，即自私和理性并存，也是多数人遵循的原则；“超我”，则是以追求社会道德为首要原则，能够高度自律。

回头再说亚当·斯密。很多人知道斯密是著名的经济学家，却不知道他也是著名的伦理学家。早在《国富论》出版之前，斯密于1759年就出版了《道德情操论》。该书从“同情心”这一人类与生俱来的情感特质出发，提出人类应该“克己”（自律）。

美国经济学家弗里德曼曾经感慨地说：不读《国富论》，我们不知道何为利己；而读了《道德情操论》，才知道利他方能问心无愧。

对人类为何要克己，斯密的论证是：因为人存在自私心，所以需要克己。不然任由自己的私欲膨胀，长此必会触犯众怒，令自己陷入孤家寡人的境地。

而且斯密还指出：人处在一定的社会环境里，谁也离不开他人的支持，若失去了他人的支持，便无法生存。于是他得出的结论说：一个人为了获得他人支持，必须自律，要使利己心下降到他人能够接受的程度。

有质疑者说，在现实生活中，自私的人只是少数而不是多数。那么接下来我们要讨论的是，人类到底是否具有“自私”的属性？或者说在芸芸众生之中，有私心的人到底是少数还是多数？

如果有私心的人只是少数，那么“经济人假设”就没有现实基础，而由此推导的“规律”当然不会具有普遍性。如此，经济学的解释力会大大下降，而这一假设也就没有多大的现实价值。

不必怀疑，一个社会肯定有大公无私的人，但这样的人总是少数，不会是多数。读者不妨扪心自问：你希望增加工资吗？你希望住大房子吗？你希望受到良好的教育吗？

你不必回答，因为世上没人喜欢穷困潦倒，没人愿意一辈子身居陋室，也没有人愿意目不识丁。请读者再想想：政府为何要号召人们向道德模范学习？说到底，因为没有私心的人是少数，而多数人有私心。

不要说我们凡夫俗子，就连出了家的和尚也难免有私心。自古道：一个和尚挑水吃，两个和尚抬水吃，三个和尚没水吃。为何三个和尚没水吃？因为他们也希望能坐享其成。

经济学的任务，就是要通过某种制度安排（比如规定轮流挑水），保证三个和尚有水吃。而这个制度设计，必须有一个前提，即假定和尚是有私心的，否则就不存在设计这种制度的理由。

马克思早就说过，“人奋斗所争取的一切，都同他们的利益有关”。古今中外概莫如此。20世纪末，政府曾为银行储蓄过多而颇感头痛。当时居民储蓄近10万亿元，可是银行惜贷，不敢把钱放出去，结果银行收不抵支，每天赔利息。为了逼出存款，于是政府在提高国债利率的同时，连续调低了银行存款利率。政策出台后，果然不出政府所料，不少储户把存款提出来去买国债。为什么政府的调控政策会灵验？答案是多数储户追求私利。若储户都大公无私，国债利率再高人们不稀罕，银行利率再低也不怕吃亏，银行存款怎可能逼出来呢？

前面讲，让三个和尚有水吃要有相应的制度安排，问题是，制度设计应从何处着手？经验说：若从好人（无私）假定出发，会设计出“坏”制度；从坏人（自私）假定出发，会设计出“好”制度。

计划经济时期分配搞“大锅饭”，就是因为假定人们无私，不计较个人得失。可结果呢？由于干多干少一个样，大家都不肯多干。农村联产承包责任制能够大获成功，原因是默认农民的个人利益，破除了“大锅饭”：保证国家的，留足集体的，剩下是自己的。

监督机制设计是另一方面的例子。在过去较长一个时期，我们假定官员都是好人，所以监督是自上而下：由上级监督下级，正职监督副职，干部监督群众。其实，群众无职无权，是不可能腐败的。相反，那些握有公权力的官员，官位越高，监督却越少。近年来中央坚持“老虎”“苍蝇”一起打，查处了不少腐败高官；中央出台党内监督条例，指明要监督高官，说明高官中也有人为了私利贪赃枉法。

经济学假定人自私，绝非倡导人们自私。它是提醒人们：要惩恶扬善，制度设计必须注意人性自私。民间有句俗语：先小人，后君子。意思是说为了事后不伤和气，事前不妨把人从坏处看。比如朋友之间合作做买卖，明知彼此都是君子，可签合同时还得把“违约责任”写清楚。“经济人假设”也如此。对事不对人，不管张三、李四是否自私，要作经济分析，就得先假设人自私。

我再说一遍，经济学假设人“理性自私”，是为了研究人的行为规律，并据此设计出相应的制度安排，防止或抑制损人利己的行为。“经济人假设”无半点贬义，读者切不可误读。

资源稀缺假设的解释

我曾多次说过，任何一门科学的建立，皆需要有相应的前提假设。经济学研究人类行为的第二个假设，便是“资源稀缺假设”。想问读者：经济学为何要将资源稀缺作为前提假设？是在真实世界里资源并不稀缺，还是经济学者无法证明资源稀缺？我的看法是后者。若资源不稀缺，大可不必研究资源配置；如果资源是稀缺的，而经济学者又论证不了资源为何稀缺。

是的，因为资源稀缺，经济学才需要研究资源配置问题。可问题是，世上所有资源都稀缺么？从某些资源看，比如煤炭和石油储量急剧下降，要不了多少年就会枯竭，此类资源无疑是稀缺的。但也有一类资源，如江上清风、山间明月等，人们享之不尽、用之不完，这类资源似乎又不稀缺。那么“资源稀缺假设”能否成立呢？

不瞒读者，这问题也曾困扰我多年。后来要给中央党校学员授课，绕不开、躲不过，我曾提出过一种解释，有两个要点：第一，资源稀缺假设是为了划定经济学的研究范围，意思是经济学只研究稀缺资源的配置，供给无限的资源不研究；第二，所谓稀缺资源，是指有价格的资源。物以稀为贵，价格越高，说明资源越稀缺。

以上解释避开了资源是否稀缺的争论，听上去似乎也能自圆其说。可不承想，五年前我写《经济学讲义》时再次推敲，却发现是循环论证。比如我说经济学只研究稀缺资源的配置，而稀缺资源则是指那些有价格的资源。读者看出其中的破绽没有？事实上，资源的价格本来就是需要经济学研究的，而我却说有价格的资源经济学才研究，这不是循环论证是什么？

此路不通，那么就得另辟新径。后来经过反复思考，我又想出了一种新的解释：原来，对“资源稀缺假设”不应从资源的供给角度看，而应从需求角度看。换句话说，从需求角度看，资源稀缺的实质，是指人的生命有限。

人的生命有限与资源稀缺有何关联？笼统说读者不容易明白，让我分四个层次来论证。

第一层：人的欲望无限。说人的欲望无限应该不会错，欲望乃人之天性，而且人的欲望大小与身份、地位无关，与钱多钱少也无关。说我自己吧。我有自知之明，明知自己买不起直升机，可每次遇到交通堵塞却时常异想天开，希望自己有直升机，相信别人也会有类似的想法。你去问一个乞丐，假如有一套免费的别墅和茅草屋供他选择，他会怎么选？他一定会选别墅对不对？

第二层：人的欲望无限而需求有限。要提点的是，经济学所说的需求是指有效需求，而不是指人的欲望。何为有效需求？通俗的解释是，有购买力的需求。比如我希望拥有直升机却无钱购买，我的希望就是欲望，不是需求。这方面的例子多，也不难理解。但读者要明白，经济学但凡讲需求，不论是否提“有效”，皆是指购买力。欲望与购买力是两回事，不可混为一谈。

第三层：购买力有限源于生产有限。萨伊定律说：供给能自动创造需求。是的，人们卖出自己的商品，是为了购买别人的商品，既然大家都是为买而卖，有供给当然就会有需求。再往深处想，该定律还有一层含义，即购买力要受商品生产能力的约束。举个例子，假如你只能生产1万元商品，将商品卖出后你得到1万元货币，而1万元货币也只能购买别人1万元商品。由此见，一个人购买力有限，归根到底是他生产有限。

第四层：生产有限是由于人的生命有限。人生七十古来稀，说的是人的生命有限。今天科技进步、医疗发达，长命百岁的人不罕见，可即便活到一百岁，人的生命却仍然是有限的。前面我说一个人的欲望得不到满足，是因为他没有足够的商品去交换别人的商品。之所以如此，原因是他的生命有限。生命假若无限，他就能生产出无限多的商品。

综合以上分析，我的结论是：资源稀缺假设的依据，是人的生命有限。一方面，人的欲望无限；另一方面由于人的生命有限，有生之年的劳动时间有限，导致生产用于交换的商品有限，于是有效需求（货币购买力）有限，这样才使得人的欲望与需求之间出现了缺口。

对上述结论，我想再作三点补证。

众所周知，今天西方经济学只研究效用价格，不再讨论商品价值，但不讨论不等于不存在。马克思说，商品有使用价值与价值；劳动有具体劳动与抽象劳动。具体劳动创造使用价值，抽象劳动创造价值，商品价值量由社会必要劳动时间决定。可见在马克思看来，劳动的时间是最重要的资源，资源稀缺即为时间稀缺。此其一。

其二，经济学研究资源配置，另一原因是人们作选择存在机会成本。机会成本读者都熟悉，是指作一种选择而放弃另一选择的代价。要追问的是：人们在作一种选择的同时为何要放弃另一选择？答案当然是时间稀缺。理由简单，时间若不稀缺，不会有机会成本；没有机会成本，也就无需研究资源配置。

第三点补证，是对一种现象作说明。有人说，人类选择存在机会成本不单是劳动的时间稀缺，也可能是资本稀缺。

比如同一笔资金，投向甲项目就不能投向乙项目。我的看法，资本是物化劳动的载体，本身来自剩余价值的转化，而剩余价值由劳动创造，将资本还原，也是劳动时间。从这个角度看，资本稀缺其实就是时间稀缺，而归根到底，则是人的生命有限。

关于产权保护假设

经济学家通常认为，商品交换有两大前提：一是分工，二是产权保护。若没有分工，大家生产的产品相同，当然用不着交换；若产权不受法律保护，将别人的产品无偿占为己有而不受惩罚，这样弱肉强食也不会有交换。正因如此，经济学才将“产权保护”作为第三个前提假设。

说分工决定交换是对的。可亚当·斯密的观点却相反，认为是交换决定分工。在他看来，交换的范围多大，分工才能在多大范围内进行。斯密这样讲也不算错。然而从人类历史看，则是先有分工后有交换。原始社会末期就是先有部落内部分工，之后才出现部落间的零星交换；封建社会男耕女织（分工）已很普遍，可那时也没有普遍的交换。所以准确讲：分工决定交换，交换促进分工。

其实这道理不难理解，无需多解释。需要重点讨论的是：第一，从交换的角度看，保护产权的含义究竟是指什么？第二，公有制基础上何以产生商品交换？第三，产权私有是否就是指某个人独自占有？

早在三十多年前，邓小平在南方谈话时就指出："市场经济不等于资本主义，社会主义也有市场。"可当时就有人质疑，说马克思明确讲"私有权是流通的前提"，中国以公有制为主体怎能产生商品交换？时至今日，某些西方国家仍不承认中国的市场经济地位，据说理由也是我们中国是以公有制为主体。

难道公有制与市场经济真的水火不容？正本清源，还是让我从马克思说起吧。

不错，马克思在《政治经济学批判（1857—1858年手稿）》中确实讲过私有权是流通的前提；他在《资本论》第一卷中还说，交换双方"必须彼此承认对方是私有者"。有人推定马克思认为交换的前提是私有制，大概就是根据以上论述。不过我要指出的是，此推定其实是对马克思的误读，并不符合马克思的原意。

何以见得？我的依据有二。首先，马克思从未说过交换产生于私有制，相反他认为是产生于公有制。他在《政治经济学批判》第一分册中写道："商品交换过程最初不是在原始公社内部出现的，而是在它的尽头，在它的边界上，在它和其他公社接触的少数地点出现的。"在《资本论》中他也表达过相同的观点。原始社会实行公有制，这一点马克思怎会不清楚呢?

其次，马克思讲作为流通前提的“私有权”，也不是指生产资料私有权。比如他在《资本论》第一卷中说：“商品不能自己到市场去，不能自己去交换。因此，我们必须找寻它的监护人，商品占有者。”而且还说：“商品是物……为了使这些物作为商品彼此发生关系……必须彼此承认对方是私有者。”显然，马克思这里讲的“私有”并非生产资料私有而是产品私有。

想深一层，生产资料私有与产品私有的确不是一回事。以英国的土地为例。土地作为重要的生产资料，英国法律规定土地归皇家所有，但土地上的房屋（产品）却可归居民私有。也正因如此，房屋才可作为商品用于交换。这是说，产品能否交换，与生产资料所有权无关，关键在产品是否私有。只要产品私有，生产资料无论归谁，产品皆可交换。

读者若同意以上分析，我们便可讨论第二个问题：公有制基础上何以产生交换？上面说，商品交换的前提是产品私有。照此推理，公有制基础上的商品交换也同样要求产品私有。困难在于，生产资料公有，产品怎样才能私有呢？要说清这个问题，我们需要借助经济学的“产权”概念。

经济学说：产权不同于所有权，所有权是指财产的法定归属权；产权则是指财产的使用权、收益权与转让权。我曾以银行为例解释过两者的区别。银行的信贷资金来自储户，从所有权看，信贷资金归储户所有；可银行通过支付利息从储户那里取得信贷资金产权后，资金如何使用、收益如何分享以及呆坏账如何处置，银行皆可独自决定。

可见，信贷资金的所有权与产权是可以分离的。也许有人问，所有权与产权分离怎能证明生产资料公有而产品可以私有呢？

我的回答，产权的最终体现是产品占有权。所谓界定产权，说到底就是界定产品所有权。以农村改革为例，当初将集体土地的产权承包给了农民，于是保证国家的，留足集体的，剩下的是自己的。再比如国企，国企的厂房、设备等生产资料归国家所有，而企业之所以能将产品用于交换，也是因为国家将产权委托给了企业，让企业拥有了产品的所有权。

写到这里，细心的读者会问，农村土地承包后产品归农民私有，可国有企业产品归全体职工所有怎能说私有呢？这正是我们要讨论的第三个问题。

事实上，当年马克思讲“产品私有”并非指某人独自占有，而是说产品要有不同的占有主体。占有主体可以是一个人，也可以是一群人。比如原始社会部落间的交换，占有主体就不是部落首领，而是部落的全体成员；合伙制企业的产品私有，也非某人独自占有，而是合伙人一起占有。

我最后的结论是：第一，商品交换的产权保护，不仅要保护财产私有权，同时要保护产品私有权。第二，财产私有权必然形成产品私有权；而在财产权公有的前提下，产品也可以私有。第三，产品是否私有，关键在产权界定，只要政府明确界定产品私有权并严格保护，在公有制基础上可以搞市场经济。

理论提炼与理论验证

经济学作为一门科学，已探索出了一套提炼理论与验证理论的方法。不过在我看来，经济学的研究方法，皆来自哲学。经济学研究基础理论，其实就是用哲学逻辑寻找并发现规律。《资本论》是一部经济学著作，马克思用的就是“从具体到抽象、再从抽象到具体”的哲学方法。事实上，大多杰出的经济学家，同时也是哲学家。

下面，我来说说自己对经济学理论提炼与理论验证方法的理解。

先说提炼经济理论的方法。何为经济理论？简单地讲，经济理论是对经济规律的表述，如大家熟知的“需求定律”“供求原理”等皆为经济理论。我们为何需要经济理论呢？因为事实不能用事实解释，解释事实（认识实践）需要理论。一旦有了科学的理论，也就掌握了规律，掌握了规律便能指导实践。

那么怎样提炼经济学理论呢？经济学提炼理论的方法，不外有两种：一种是归纳法，另一种是演绎法。

所谓归纳法，是指从经济活动中寻找人类行为共性的方法，因为共性即为规律。

举个例子，德国学者恩格尔曾通过观察大量统计数据发现了一个带规律性的事实：收入低的家庭，食品支出在收入中的占比相对高；而收入高的家庭，食品支出的占比却相对低。这个发现后来通过事实验证一直未被推翻，于是学界将其定名为“恩格尔定律”。

由此见，归纳法具有三个特点：第一，归纳的依据必须是可以观察的事实，而且观察到的样本越多，所得判断被推翻的可能性越小；第二，归纳所得出的判断是对某类事实共性特征的描述，如“高收入决定高消费”“中等收入陷阱”等，此类判断一般是全称判断；第三，归纳形成的理论是定律（经验性事实）而非定理，如需求定律、恩格尔定律、奥肯定律等。

第二种是演绎法。演绎法不同于归纳法。从推理的过程看，演绎法是先提出假设，然后根据假设作逻辑推断；从推出的判断看，演绎推出的是假言判断（有逻辑前提的判断），也称“定理”。由此决定，演绎推理的重点也不是描述事实，而是解释事实。

比如前面提到的恩格尔定律是描述事实；而科斯定理

则是解释事实。科斯定理说："只要交易成本为零，产权界定清晰，产权无论界定给谁，市场皆能引导经济达到高效率。"显然，其中"交易成本为零"与"产权界定清晰"是假设，而"达到高效率"是判断。

想深一层，用演绎推理解释事实，其实就是寻找并指出事实存在的约束条件。黑格尔有句名言："存在即合理。"意思是任何存在都是有存在理由的。比如前些年国内房价高企，很多人认为不合理。可按黑格尔的观点，房价高必有房价高的道理。你认为不合理，是因为你不知道高房价存在的约束条件。假若我们不喜欢高房价，就应该找到高房价的约束条件并去改变它。若约束条件不改变，高房价就一定会继续存在。

以上说的是提炼理论的方法，下面再说怎样验证理论。由于归纳法不同于演绎法，对两种推断作验证也需用不同的方法。说过了，归纳法提炼理论的依据是事实，证明某理论成立的方法是举证大量的事实。而验证理论相反，验证理论也用事实，但验证的目的不是证实，而是证伪，证伪无需大量举证事实，只要举出一个反例，理论就被推翻；若举不出反例，理论才算成立。

凯恩斯曾提出一个理论："边际消费倾向递减规律"，说随着人们的收入增长，消费也会增长，但消费增长赶不上收入增长，导致消费率不断递减，储蓄率不断上升。在凯恩斯所处的时代，这现象确实是事实，但我们今天所观察到的事实是，美国的居民储蓄率自20世纪70年代以来却不升反降。仅此一例，足以证明消费倾向递减并非规律，至少不是永恒规律。

验证“演绎推理”要复杂些。演绎推理是假言判断，对假言判断作验证有三个重点：一是看“假设”是不是事实，若不是可观察的事实，其推论将无法验证；二是看推理的结论是不是事实，若结论不是可观察的事实，其推断也无法验证。这样说吧，只要假设与推断有一方不是事实，理论皆不可能被推翻。而不可能用事实证明错的理论，同样也不可能用事实证明对。

若假设是事实，推断的结论也是事实，那么验证理论的第三个重点，是看假设与推断是否存在内在的因果关系。要注意，相关关系不等于因果关系。比如你家门前的树长高是事实，你家的孩子长高也是事实，两者间有相关性，但并不存在内在的因果关系。胡适先生说“大胆假设，小心求证”。大胆假设是指从具体到抽象的研究，通过分析事实存在的各种可能性（原因），从而提出一种理论假说；小心求证，则是从抽象到具体的验证，即看能否找到一个反例（事实），将假说推翻。

世上没有绝对真理。理论通过事实检验而未被推翻，就算暂时成立。而这里我要特别指出的是，用归纳法提炼的经济理论，皆要受时空条件的约束，时空条件一旦改变，理论往往会失灵。用演绎法推出的理论，也要不断接受实践检验，对未经证实的西方经济学理论，我们切不可迷信，应该立足中国国情，坚持与时俱进。所谓理论之树常青，讲的应该就是这个意思。

从个体推导总体

20世纪70年代以来，经济预测在欧美悄然兴起，如今已蔚然成风。许多学者根据历史的面板数据，用“数学模型”对人们未来行为选择作预测。我不反对经济分析用数学模型，可我要指出的是，历史不会简单重复。对人们未来行为选择，只能从个体推导总体，不能直接根据历史面板数据作总体预测。

为何这样讲？让我细说理由。

我们知道，需求定律是研究行为选择的基本工具。该定律讲：人们行为选择是在成本约束下追求效用（收益）最大化。问题就在这里，效用是人的主观感受，同一物品的效用，不同的人估值会不同。比如你喜欢喝酒，对茅台酒的效用估值很高；而我不喜欢饮酒，对茅台酒的效用估值很低。再比如你不吃辣椒，而我嗜辣如命，我对辣椒的效用估值很高，而你估值却很低，也可能是负效用。

转从成本的角度看，成本是作一种选择而放弃其他选择的最高收益（效用），既然收益不能总体度量，成本当然也就不能总体度量。可是有学者说，将不同个体对效用或成本的估值加总，不就得到了总体收益和成本吗？奥地利经济学家米塞斯在1920年发表文章专门批评过这种观点，明确指出人际之间的效用估值是不能加总的，而且也不能做横向比较。

举个例子，张三、李四对酒的效用估值分别是7和3，加起来等于10。而对大米的效用估值分别为5和4，加起来等于9，那么我们能说酒就比大米更重要吗？显然不能。正因为人际间的效用估值不能加总作比较，也就决定了用成本收益分析方法研究行为选择需从个体出发，否则脱离个体直接研究总体，分析没有微观基础，得出的结论会差之毫厘，失之千里。

今天经济学者中不少人迷信大样本数据，殊不知样本数量越大，数据就越有可能失真。有两方面的原因。一是很多人见异思迁，偏好变化不定，甚至他自己也不知道到底偏好什么，更无法准确估值。而且即便自己知道，也未必愿意将真实估值告诉别人。这样把数据加总起来，真实性自然要打折扣。

再一个原因，人们出于趋利避害的本性，可能会制造假数据。比如有的官员为了显示自己治理一方的政绩，产值与利税等数据往往会夸大。而当税务部门在调查统计数据时，企业为了少缴税往往又会瞒报，将真实数据缩小。再比如贫困人口统计，若上级部门统计贫困人口是为了发放扶贫补贴，数据往往会偏高；若是为了考察当地政府抓脱贫工作成效，数据往往会偏低。

由于大样本数据（总体数据）容易失真，所以做经济分析应重点研究个体行为。数学模型可以用，但必须从个体入手。否则，无论数学用得多高深，也不过是故弄玄虚、糊弄人而已。

我曾经多次说过，用需求定律推断人的行为，不仅要求“假设”（约束条件）是可观察到的事实，而且推论也要有被事实证伪（推翻）的可能性，可能被推翻而未推翻，推论才算成立。若约束条件不是事实，其实也就约束不了推理。若推论不存在被事实推翻的可能性，别人当然不能证明你错，同时，你也并未证明你对。从这个角度看，大样本数据经过收集汇总，本身并非事实，若要推出对的结论，只能靠“撞大运”。

我不赞成用大样本数据预测总体，还有一个原因，那就是有些行为主体追求的效用不能用基数表示，只能用序数表示。基数效用，是指可用货币单位表示的效用，如1元、2元、3元、4元、5元……序数效用，则是指按偏好次序排列的效用，如第一、第二、第三、第四、第五……同一人的基数效用可以相加为总效用；而序数效用却不能加总，因为我们不知道第一与第三相加等于第几，也不知道排在第一比排在第四的效用大多少倍。

于是问题就来了，当“效用”用序数表示时，我们可以根据某行为主体的偏好排序，推断出他将会作何种选择。但如果把一群人放在一起，由于序数不能相加（人际间的基数效用也不能相加，上面已作分析），我们就无法对人们的偏好（效用）排序。而偏好不能排序，也就无法对行为选择作出推断。正因如此，经济学强调要先研究个体，然后由个体推导总体。

最后再说说推断行为选择的另一困难。比如西瓜可以按“个”卖，商家为何不按“个”卖却按“斤”卖？水可以按“斤”卖，可矿泉水却为何按“瓶”卖而不按“斤”卖？也许你会说：西瓜大小不同，按“个”卖会增加讨价还价的交易成本。可矿泉水为何不按“斤”卖呢？

我的解释是，矿泉水在为消费者提供“水”的同时，也提供了“方便携带”。为了把“方便”内化为商家收益，便将“方便”委托到了矿泉水瓶子上。这样看，我们就不难理解一瓶250毫升的矿泉水卖3元，而一瓶500毫升的矿泉水为何只卖4元。水多一倍而价格未高一倍，原来是“方便”没有变。

从委托品与委托量角度，可以解释或推断许多令人难解的经济现象。比如南方的某乡村，一口古井的游览门票高达100元，价格高过了颐和园的门票。我曾问该村旅游公司董事长，他回答说，他们建设美丽乡村花了大钱，现在游客到他们村可以望得见山、看得见水、记得住乡愁。可是游客享受了多少乡愁、乡愁多少钱一斤难以计量，只好把“乡愁”捆绑在古井门票上一起卖。

要看见“看不见的代价”

法国经济学家巴斯夏1850年发表了《看得见的与看不见的》一文，他开篇就说，经济学家有好坏之分。一个差的经济学家，常常局限于可以看得见的结果；一个好的经济学家，却能同时兼顾看得见与看不见的结果。大多数情况是，看得见的结果似乎不错，而看不见的代价却非常高。

在该文中，巴斯夏针对当时流行一时的“破窗理论”作了分析与批评。

何为“破窗理论”？事情是这样的。有一个店主的儿子不小心打破了一扇窗户的玻璃，于是有经济学者认为：打破玻璃并不是坏事，若这块玻璃值6法郎，打破玻璃不仅能给玻璃生产商带来6法郎的生意，同时还能加速资金周转，带动整个工业发展。对此巴斯夏批评说：“破窗理论”只看见能看到的一面，而忽视了看不到的一面。看不到的那一面是，店主花6法郎修补窗户，就不能用这6法郎买一双新鞋或一本新书。

巴斯夏的意思是，上面店主放弃买新鞋或新书，是他修补窗户所需付出的代价。可问题在于，店主花了6法郎修补窗户，与窗户玻璃没打破之前比，他的享受并未增加。要是窗户玻璃没有被打破，他可以拿这6法郎买鞋，在继续享用窗户的同时，还可得到一双新鞋。而且对社会来说，由于鞋的需求扩大，也一样可以带动整个工业发展。

从选择角度看，所谓“看不见的代价”，其实就是“机会成本”。经济学定义的“机会成本”，是指人们面临多种选择时，作一种选择而放弃其他选择的最高收益。巴斯夏说，由于既定选择的收益可以看见，而所放弃其他选择的收益（机会成本）却看不见。若仅仅依据“看得见的结果”作决策，往往会得不偿失。

我自己完全认同巴斯夏的观点，而我写这篇文章，就是要用巴斯夏提供的分析视角，对目前几种流行的观点作澄清。比如有人认为：实施扩张性财政政策可以创造就业，商业银行贷款不该嫌贫爱富，高关税壁垒可以保护本国就业。骤然听，以上说法似乎有理，可从“看不见的代价”分析，其实皆似是而非。

下面让我们分别讨论。

第一，关于扩张性财政政策。说财政扩张可以增加就业，反对的人恐怕不多。以地方政府发公债建造商业大楼为例，为了证明建商业大楼的决策正确，地方的主事官员通常会告诉公众，建造该大楼新增加了多少就业岗位、创造了多少利润和税收，而且还能列出了一大串数字予以佐证。商业大楼已经建成，有目共睹，何况人家又是用数据说话，你凭啥反对呢？

这位官员所讲的当然是实话，可我要提醒读者的是，他所说的只是看得见的结果。地方债的最大买家是银行，设想一下，若地方政府少发债，而让银行用这笔钱发放企业贷款，请问企业用这些钱是否也能建造商业大楼？是否也同样可以创造就业、利润和税收？只是后者并未发生，这样的结果人们看不见而已。

第二，关于银行贷款。近些年我时常听到不少企业家指责银行嫌贫爱富，对亏损企业见死不救；也曾见过有地方官员给银行施压，要求银行给当地亏损企业贷款。结果银行真的放了贷款，而且也真有亏损企业起死回生，这样不仅稳定了就业，也为国家创造了税收。于是有人说，银行原本就应雪中送炭，优先照顾那些亏损企业。

不能否认，银行给亏损企业贷款，有些企业确实扭亏为盈了。可这只是我们看见的结果。看不见的代价是：由于信贷资源有限，当银行将贷款给了亏损企业，那些盈利企业可能因为得不到贷款发生亏损。而盈利企业一旦亏损，也会增加失业减少税收，而且由此付出的代价往往更高。弊大于利，当然不是可取之策。

再从贷款风险看，银行的信贷资金，主要来自储户存款，银行当然有责任保护储户的存款安全。要是不对客户进行严格挑选，一旦出现大量呆坏账，不仅银行自己要破产，储户也会血本无归。所以商业银行作为企业，必须在商言商。由此看，那种希望银行优先照顾亏损企业的想法是错的，对银行嫌贫爱富的指责也是错的。

第三，关于高关税壁垒。若从看得见的结果看，一个国家对进口商品征收高关税，的确可以保护本国的企业与就业。举个例子：甲国生产衬衣，每件价格为500元；而从乙国进口同样的衬衣，价格为450元。甲国为了保护本国的衬衣企业，对进口衬衣加征100元关税，让进口衬衣价格升至550元。如此一来，进口衬衣不再有竞争力，国内生产衬衣的企业和就业皆得到了保护。

然而从看不见的结果看，代价非常高。还是用上面的例子：若不加征关税，消费者可用450元买到进口衬衣，对消费者显然有利；而加征关税后，消费者要用550元才能买到衬衣。这样生产衬衣的企业虽然得到了保护，可付钱的却是本国的消费者。再有，消费者若不多花100元买衬衣，则可用这100元买食品，而食品企业销售增加，也同样可扩大就业。

最后让我对上述分析作小结。总的结论是，一个好的决策者，在作经济选择时一定要有“机会成本”意识，要重视“看不见的结果（代价）”。也就是说，决策者必须有“眼光”。“眼光”不同于眼力：眼力是指别人看得见的结果你也能看见；而“眼光”则是别人看不见的结果（代价），而你却可以推测得出。

博弈论是一种研究方法

博弈论是研究在某一特定条件下，如何针对别人的选择而作出自己的选择。在今天许多经济学者看来，它是现代经济学前沿的理论课题之一。可在我看来，博弈论虽高深莫测，但其本身并不是经济理论，而是一种可以用于研究经济问题的方法。

下面是教科书中解释博弈论常用的例子：甲、乙两人由于偷汽车而被捕，他们为此要被判处两年的监禁。在审问的过程中，警长感到，这两个人很可能参与了上月的银行抢劫案。不过，这仅是一种猜测，除非其中有一个坦白交代，否则，警长不会得到任何证据。于是警长就想了一个主意，他把两人分开关闭，使他们无法联系，并跟两个囚徒单独谈话。

警长分别对他俩说："我已经掌握了足够的证据，证明你们上月参与了银行抢劫，将偷汽车和抢银行二罪并罚，你们将被判处10年监禁。不过如果你单独坦白，主动交代对方的问题，就可以争取宽大处理，将监禁期缩短为1年，你的同伙则要被监禁10年。但若你们都坦白交代，则两人都将被监禁5年。”

在这种情况下，两个囚徒的反应是什么呢？甲会想，对我最有利的选择是我交代而他不交代，这样我只被判1年，而他则要坐10年牢，不过如果他也这样考虑，我们两个就都被监禁5年。相比之下，还是两人都不交代要好一些，因为这样只会由于偷车而被判两年，但是，万一对方出卖了我，等待我的将是10年铁窗啊。是交代好还是不交代好呢？乙方也处于一样的两难境地，要是他能知道甲方的想法该有多好，因为甲的选择同样影响他的决策。

博弈论是美国数学家约翰·冯·诺伊曼在1928年提出的，后来，冯·诺伊曼和奥斯卡·摩根斯坦联手出版了《博弈论与经济行为》一书，首次将博弈论运用到经济学中。这个从棋弈、桥牌中借用来的术语，看起来好像无关宏旨，实际上具有重大意义，而且得到了广泛的应用。1994年的诺贝尔经济学奖，就是由纳什、泽尔藤和海萨尼这三位对博弈论应用作出了重大贡献的学者所分享。

让我们重新回到上面的例子，来看看两个囚徒博弈的结果：从甲的角度来说，他的结果取决于乙的行动，如果乙不交代，他最好的选择是交代，因为这样就可以只被监禁1

年；反过来，如果乙选择了交代，甲最好的选择仍然是交代，因为在这种情况下，他宁愿被判5年，而不愿被监禁10年。这样，甲的推理就是，无论乙如何选择，他最好的选择是交代。

同样的道理，乙也会选择交代。所以，最后甲、乙二人都被监禁5年，这就博弈的均衡。这种均衡最早由约翰·纳什从理论上作了归纳，故名“纳什均衡”。对两个囚徒来说，纳什均衡并非最好的结果，因为如果他们两个都不交代，每个人就只判两年。但不交代不符合各自的最好利益，因为他们都有争取一年监禁的机会，于是，两个囚徒都选择了交代，他们都得到了比较坏的结果。

曾有学者对“纳什均衡”提出过质疑，认为博弈双方之所以不合作，很大程度上是因为博弈只进行一次，参与者无法根据这次博弈的结果再作一次选择。而在现实生活中，却经常存在重复博弈的情况，若博弈可以重复，“纳什均衡”则不能成立。

举个例子。两家百货公司展开价格战，一方宣布将商品价格降低10%，虽然可以暂时赢得较多客户，但这很可能惹恼竞争对手，用更大幅度降价进行报复。可见，在博弈可以重复进行的情况下，一个参与者总有机会惩罚另一个参与者的“坏”行为。这是说，如果一方在前一时期合作，现期另一方也会选择合作。

反过来，如果一方在前一时期违约，另一方在现期也会采用违约策略。这种反应与对抗反应的博弈，结果必然是两败俱伤。长此以往，参与者则有可能从中汲取教训，化干戈为玉帛，寻求一种有效的合作。这样，博弈的结果就不是“纳什均衡”，而是以合作告终，即“合作均衡”。如上面两家百货公司，有可能会制定协议价格，去获取垄断利润。

事实上，这种价格竞争导致的合作，历史上也的确存在过。著名的例子，是美国所谓“不可信任的电子行业勾结”。在20世纪50年代，美国三十多家主要的电气设备生产商，包括通用电气公司和西屋电气公司这样的大企业，达成了一个固定价格协议，所涉及的物品从2美元的绝缘子到价值几百万美元的汽轮发电机。尽管这个协议在50年代一直起作用，但由于电气行业的这种勾结运用了一些保密方法，直到美国司法部门发现并终止了它之前，大多数人并不知道这个协议的存在。

另一个公开而持久的“合作均衡”是OPEC（石油输出国组织）。第二次世界大战以后，产油国的出口竞争导致世界原油市场价格暴跌，从20世纪70年代开始，一些主要石油输出国便加强合作，联手组成了一个石油卡特尔，它们制定配额，削减产量，实行统一价格，从而获取高额利润。由于OPEC具有有效的监督和惩罚违规者的手段，该卡特尔一直比较稳定。但也出现过例外情况，有好几次，尼日利亚、伊朗、厄瓜多尔等几个小国，拒绝削减石油产量，结果在1982年，OPEC被迫降低了石油价格，“合作均衡”曾一度遭到了破坏。

博弈论在实践中的应用非常广，它不仅可用来分析寡头竞争，而且可以应用于政治、军事、社会学、心理学等许多领域。比如将前面甲、乙两个囚徒比作两个国家，把“交代”与“不交代”比作“部署核武器”与“不部署核武器”，博弈论就可用来分析两国的军备竞赛。不管是研究价格战、外交策略还是其他，都需要运用博弈论这种分析方法。从这个角度看，我认为经济学家对博弈论应该予以重视。

怎样研判经济形势

目前国内经济专家在分析研判经济形势时，所用方法近乎惊人一致：首先根据GDP增长率对经济形势作总体判断；然后再分别用消费、投资、出口的数据与上年对比，要是今年增长速度高于去年同期，就认定经济形势向好；反之，则认为形势不乐观。

回想起来，当年我读大学时老师就是这样教的，而且也不见学界对此有何异议。想来也是，那时候刚改革开放不久，中国经济正处于“起飞阶段”，而1987年召开的党的十三大明确提出：到2000年，国内生产总值要比1980年翻两番。在那样的背景下，根据“增长速度”研判经济形势，当然无可厚非。

然而今非昔比。2010年，中国GDP总量超过了日本，成为全球第二大经济体；2013年，中国经济发展进入新常态，同时中央提出要“稳增长”。读者应该记得，在此之前中央强调的则是“保增长”（保增长率8%）。从“保增长”到“稳增长”，这一变化所释放出的信号，是不再追求高速度，而要更加重视经济发展质量。

特别是最近几年，这方面的信号已越来越强烈。2017年，党的十九大报告指出，现阶段，我国经济的基本特征是从高速增长阶段转向高质量发展阶段。2020年召开党的十九届五中全会，习近平总书记又指出，我国已进入新发展阶段，并强调新发展阶段是我们党带领人民迎来从站起来、富起来到强起来历史性跨越的新阶段。

于是就引出了一个问题：在高速增长阶段，我们根据增长速度研判经济形势，那么进入高质量发展阶段后，应该怎样分析经济形势呢？不知读者有何高见，有一点我可以肯定，那就是不能再用过去的老办法。因为无论GDP增速还是投资、消费、出口的增速，皆是数量指标，并不反映一个国家（地区）的经济发展质量。

可对比下面两组数据。第一组数据：2010年，我国GDP增长为10.3%，总产值为39.7万亿元，新增产值约4万亿元。第二组数据：2019年，我国GDP增长率为6.1%，总产值为99.1万亿元，新增产值近6万亿元。2019年GDP增长率虽比2010年低4.2%，可新增产值却多出2万亿元。

由此见，GDP增长率与经济形势不可以画等号，不能说增长率高，形势就好；也不能说增长率低一些，形势就不好。事实上，进入工业化中后期，增长率放缓在所难免。如西方工业七国，他们在经济起飞、向成熟推进以及高额消费阶段，皆保持了较高增长率；而进入追求生活质量阶段后，增长率却明显放慢，且无一例外。

再往深处想，用投资、消费、出口的增长率判断经济形势也并不可取。从经济学角度看，"投资、消费、出口"皆属于一定时期的支出。支出增加，并不保证收益就一定增加；有些时候，支出增加反而可能令收益下降，因为支出增加后收益能否增加，要受诸多条件的约束。此点重要，让我分别解释。

关于投资与收益，经济学有一个基本规律："投资边际收益递减"。意思是，如果其他条件不变而增加投资，新增投资与新增收益的比率会不断下降。举个例子：某企业大规模增加了投资，产出也会随之增加，可若市场需求未增加或者产品适销不对路，结果形成大量库存。倘如此，投资增加后利润不会增加，甚至可能亏损。

关于消费与收入。一般地讲，消费支出要由收入决定。这是说，一定时期消费支出增加，表明同期居民收入在增加。但这并非铁律。比如发生通胀后，消费支出增加也许是消费品涨价所致，而非收入增加；而有了消费信贷后，人们贷款买车买房，消费增加也不代表当期收入增加。

关于出口与进口。本国将商品出口到国外可以换回外汇，但换汇本身并不是目的，出口的目的是进口。说得更直白些，外汇的实质是外国对本国的欠债（或借条），若不用于进口，外汇就不过是一串数字或者一堆纸。也正因如此，在大多数经济学家看来，外贸顺差和外汇储备并非越多越好，最佳状态是进出口平衡。

读者要是同意以上分析，那么我国进入新发展阶段后，研判经济形势就不应再看支出，而应重点看发展质量。发展质量怎样看？我认为应从收益角度看，具体可以分三个层面。

第一层面，看总收入。总收入包括居民收入、企业利润、政府收入。这三大主体的收入，加总起来就是国民收入。不同于国内生产总值（GDP），国民收入是一个反映经济质量的指标，一定时期国民收入增加，说明经济发展质量在提升；国民收入减少，说明经济发展质量在下降。

第二层面，看经济基本盘。所谓经济基本盘，是指失业率、通胀率、宏观债务率以及国际收支状况等。若失业率和通胀率适度，而宏观债务率可控，国际收支保持平衡，表明经济运行质量稳定。反之，如果失业率和通胀率大幅上升，宏观债务率超出警戒线、国际收支出现逆差，表明经济运行存在隐患，发展质量不佳。

第三层面，看收入结构。生产的目的是满足消费，既如此，分析经济形势还应从收入结构看。若居民收入、企业利润、政府税收保持同步增长，说明投资与消费的比例协调；反之，若居民收入增长低于企业利润增长，意味着国内消费需求不足；而企业利润增长低于政府税收增长，说明税负偏重，经济发展缺乏后劲。